买方势力的经济效应和
反垄断规制研究

李 伟◎著

Research of Economic Effect and
Antitrust Regulation of Buyer Power

经济管理出版社
ECONOMY & MANAGEMENT PUBLISHING HOUSE

图书在版编目（CIP）数据

买方势力的经济效应和反垄断规制研究/李伟著 . —北京：经济管理出版社，2021.2
ISBN 978 - 7 - 5096 - 7780 - 3

Ⅰ. ①买…　Ⅱ. ①李…　Ⅲ. ①买方市场—反垄断—研究　Ⅳ. ①F713.58

中国版本图书馆 CIP 数据核字（2021）第 031092 号

组稿编辑：申桂萍
责任编辑：赵亚荣
责任印制：赵亚荣
责任校对：陈晓霞

出版发行：经济管理出版社
　　　　　（北京市海淀区北蜂窝 8 号中雅大厦 A 座 11 层　100038）
网　　址：www. E - mp. com. cn
电　　话：（010）51915602
印　　刷：唐山昊达印刷有限公司
经　　销：新华书店
开　　本：720mm × 1000mm/16
印　　张：17.5
字　　数：314 千字
版　　次：2021 年 3 月第 1 版　　2021 年 3 月第 1 次印刷
书　　号：ISBN 978 - 7 - 5096 - 7780 - 3
定　　价：78.00 元

序

    当前，我国经济正处于从投资驱动发展向创新驱动发展转变的重大历史关头，能否实现成功转型直接决定了社会主义现代化国家建设和中华民族伟大复兴的成败。制度经济学和发展经济学的理论已经表明，实现经济发展方式的转变是一个系统性的工程，其中最为重要的就是要推动支撑经济发展的制度体系进行适配性重构。改革开放以来，以政府干预为核心的产业政策在我国经济政策体系中占据重要地位，这一政策体系在经济基础薄弱、技术能力低下、要素和成本优势突出的历史时期对经济赶超的推动作用不可否认。但是，当前我国已经是世界第二大经济体，制造业规模连续11年位居全球第一，通信、高铁等很多产业领域都已经接近技术前沿面，有些还处于全球领先地位。在这一背景下，以干预、赶超、对标为核心的产业政策不再能适应经济发展的要求，迫切需要强化企业之间竞争，需要通过多种技术路线、产品种类、商业模式的竞争，来激发经济内在活力、提升资源配置效率。也就是说，要推动产业政策体系向竞争政策体系转变。正是在这一背景下，党中央国务院近年不断强化竞争政策的部署，2015年，中共中央国务院发布《关于推进价格体制改革的若干意见》，提出要"加强市场价格监管和反垄断执法，逐步确立竞争政策的基础地位"；2016年国务院下发《关于在市场体系建设中建立公平竞争审查制度的意见》，正式确立了公平竞争审查制度在我国经济体系中的重要地位；党的十九届四中全会进一步明确要"强化竞争政策基础地位，加强和改进反垄断和反不正当竞争执法"；近年随着平台企业垄断势力的不断增强和垄断行为的不断凸显，党中央国务院又提出要强化反垄断和反不正当竞争执法，防止资本无序扩张。这些战略部署体现了党中央国务院坚决推动制度体系和政策体系变革，支撑经济发展方式转变和新发展格局构建的决心。而如何推进政策体系变革和制度重构、确立竞争政策基础地位则是学术界需要重点研究的理论问题。

本书正是在这一背景下出版的。我们知道，竞争政策的核心就是维护市场竞争秩序，防范企业垄断行为，充分发挥市场竞争的静态效率和动态效率。而垄断的本质就是企业市场势力的滥用，所以研究企业市场势力的作用机理和经济效应便成了反垄断实践和竞争政策制定的理论基础。从现有理论来看，无论是奉行结构主义的哈佛学派，还是秉持市场绩效优先的芝加哥学派，抑或是继承和批判芝加哥学派的后芝加哥学派，无不将企业市场势力的作用机理和经济效应作为理论分析的核心。这些理论将市场势力与市场竞争画上等号，认为企业的横向竞争内生了市场势力，而市场势力的行使影响了市场绩效和经济活力，也就是用市场势力来揭示企业横向竞争与市场绩效内在联系的本质和机制。根据已有理论，在横向竞争程度较高的情况下，企业市场势力较弱，市场绩效较高；而在横向竞争程度较低的情况下，企业市场势力较强，从而就会滥用市场势力进而降低市场绩效。但是，美国经济学家加尔布雷斯对美国战后经济的研究却发现，尽管战后美国钢铁、通信、交通等产业都出现了较强的垄断，但并没有导致市场绩效的降低。同样地，我国通信、高铁等产业也都是市场竞争较弱、垄断因素相对较强的产业，而恰恰是这些产业实现了技术的赶超。这些现象与已有的理论相矛盾，一定存在横向市场竞争和市场势力之外的另一种因素影响了市场绩效。那么，这种市场因素是什么呢？加尔布雷斯1952年的著作《美国资本主义：抗衡势力的概念》对这一问题进行了回答，认为在企业横向竞争形成的市场势力之外，还存在企业纵向交易关系内生的下游企业相对于上游企业的抗衡势力，正是这种抗衡势力抵消了上游企业的垄断市场势力，从而提升了市场绩效。与横向竞争决定企业市场势力不同，抗衡势力来源于上下游企业的纵向交易关系，是下游买方相对于上游卖方的市场势力。为了区别传统的市场势力研究（即卖方市场势力研究），后续学者多用买方势力来指代抗衡势力。

随着工业化的发展，企业生产能力不断提升、技术创新的周期不断缩短，市场产品的数量和种类都大量增加，传统供不应求的市场结构逐渐转变为供过于求。例如，美国产品开发与管理协会（PDMA）在21世纪初的一项调研表明，相对于20世纪90年代，企业产品开发的周期要缩短12~40个百分点。再加之产业组织结构和商业模式的变革，市场中买方相对于卖方的势力则逐渐增强。最为典型的代表就是大型零售组织相对于制造商的势力、整车企业相对于零部件供应商的势力。近年来平台企业对商家的"二选一"从某种角度来说也是买方势力增强的一种表现。在这种情况下，强化对买方势力的理论研究就显得越来越必要。但是，与买方势力不断增强的现实以及不断迫切的理论研究需求相比，当前学术界对买方势力的理论研究还很缺乏，对买方势力的作用形式、作用机理以及经济效应，买方势力与卖方势力作用和规制策略等问题还很不清晰。本书所要回答的正是这些问题。本书的研究内容和创新点主要包括如下几点：

第一，构建了买方势力研究的基本逻辑框架，阐明了买方势力的主要研究内容，为后续研究提供了参考。本书在对现有研究进行系统全面梳理的基础上，从买方势力的基础研究（主要包括买方势力的概念、来源和衡量）、买方势力的理论研究（主要包括买方势力的作用机理和经济效应）以及买方势力的应用研究（主要包括反垄断实践应用和企业竞争战略应用）三个方面，构建了买方势力的理论研究体系，并提出了重点研究内容。

第二，基于不同的市场竞争条件，对买方势力的价格效应和创新效应进行了深入的理论研究，揭示了买方势力的作用机理和经济效应。在构建理论研究框架之后，本书从市场竞争切入，构建了不同市场竞争条件下的企业决策模型，通过严谨的博弈论方法研究了企业行为机理，探讨了买方势力发挥作用的路径、机制和经济效应，为观察买方势力的作用提供了一个理论切口。

第三，初步提出了买方势力的规制路径和规制策略，为反垄断规制提供了有益的参考。基于理论研究结果，本书从市场竞争和行业研发密度两个维度出发，提出了不同市场竞争程度、不同研发特征条件下，买方势力的一般规制策略，为买方势力的规制实践提供了理论参考和依据。

本书作者李伟博士是我的学生，自 2012 年硕士入学开始李伟就跟随我的团队进行买方势力的相关理论研究。而我正式研究买方势力则是在 2011 年，至今正好十年了，李伟是我团队中最早一批参与买方势力研究的学生。十年对于个人以及团队的学术研究生涯都是一个重要时间周期。十年来，我们的研究视野逐渐从买方势力扩展到纵向控制、产业链纵向关系，初步形成了自己的理论研究体系，并且在这一研究领域获得三个国家自然科学基金面上项目的资助，累计在这一研究领域发表了学术论文 70 余篇，培养了博士 15 名、硕士 30 余名。李伟博士的这本专著不仅是他个人近十年学术研究成果的结晶，也是我们团队十年研究成果的一个集中体现。希望这本专著能够为学术界研究提供一些启发，也希望李伟能够在以后的科研道路上砥行致远。

李凯

2021 年 3 月 10 日

前　言

市场势力是决定企业行为、影响市场绩效的核心因素之一，也是经济学研究和反垄断规制的重要对象。但是，传统经济学所探讨的市场势力多是指卖方（一般指企业）相对于买方（一般指消费者）的势力，这种市场势力实际上是卖方市场势力。近30年来，另外一种相反形式的市场势力引起了学术界和反垄断部门的关注，这种市场势力是下游买方（多指企业）相对于上游卖方的势力，理论界称之为买方势力。买方势力最为突出的表现就是零售产业中大型零售商相对于上游制造商的势力。此外，在医药、煤电等产业中买方势力的表现也较为明显。这些产业中的买方势力引发了一系列的产业矛盾和经济问题，激发了学术界对买方势力的研究兴趣。买方势力的本质是什么？买方势力会对企业行为和市场绩效产生哪些影响？这些影响背后的机理是什么？反垄断部门是否应该对其进行规制？如何规制？这些问题都是值得仔细探讨的理论和现实问题，也是目前学术界关注的重点。本书从买方势力所处的现实产业环境入手，以横向市场竞争和纵向交易模式两种微观市场环境为重点，探讨企业买方势力与市场环境之间的相互关系，考察不同市场环境下买方势力经济效应，揭示买方势力作用机理；进而尝试以市场环境为起点，以买方势力经济效应为重点，以其作用机理为核心，构建买方势力作用的一般理论。基于这些研究，本书对买方势力的反垄断规制问题进行探讨，试图构建买方势力的一般规制路径，并给出零售、医药和煤电这三个典型产业中买方势力的具体规制策略。此外，本书还对买方势力在企业战略实践中的应用进行探讨。

本书分为五部分，共十二章。第一部分是研究问题及研究框架，包括本书第一章、第二章和第三章。主要结合我国现实产业环境以及买方势力理论研究现状，提出并论证本书的研究问题；同时，构建买方势力研究理论体系，总结买方势力研究应遵循的一般分析框架，并给出本书研究的逻辑框架。第二部分是下游市场竞争条件下的买方势力价格效应，包括本书第四章、第五章和第六章。这部分以上游制造商和下游零售商组成的纵向市场结构为例，在下游零售市场竞争背景下，考察买方势力变化对上下游交易价格以及市场价格的影响，即买方势力价格效应。结合我国现实产业环境，本书提炼了上下游交易过程中常见的三种纵向交易模式，即上下游非合作交易模式、上下游合作交易模式以及定价权争夺模式，分别在这三种不同的纵向交易模式下考察买方势力的价格效应，以捕捉上下游纵向交易环境对买方势力效应的影响。第三部分是上游市场竞争条件下的买方势力价格效应，包括本书第七章和第八章。本部分的研究一方面和第二部分的研究形成互补，共同完成一般性市场竞争条件下买方势力价格效应理论构建的研究目的；另一方面是为了考察买方势力对我国本土制造业市场的影响。具体地，本部分在充分描述本土制造业市场竞争特征的基础上，构建国外制造商和本土制造商差异化竞争的市场模型，进而探讨制造商和零售商采用不同交易模式时，下游企业买方势力对制造业批发价格和零售价格的影响。第四部分是市场竞争条件下的买方势力创新效应，即买方势力变化对上游制造商创新激励的影响，包括本书第九章和第十章，分别在下游零售商竞争和上游制造商竞争的条件下，考察买方势力对制造商创新的影响，揭示不同市场环境下买方势力影响制造商创新的机理，并探讨竞争环境变化对买方势力创新效应的作用。第五部分是买方势力理论构建与应用，包括本书第十一章和第十二章。此部分对本书的研究进行总结提炼，形成买方势力的一般性理论，并对该理论的应用价值进行探讨。具体地，本部分从基本市场环境特征出发，以买方势力的价格效应和创新效应为核心，以背后的作用机理为重点，构建买方势力作用的一般理论。在此基础上，探讨买方势力的反垄断规制政策，主要包括买方势力一般规制路径的构建以及具体产业中买方势力规制策略的制定。此外，还对买方势力理论在企业战略决策中的应用进行简要探讨。

通过上述研究，本书得出了如下四个方面的主要结论：

第一，买方势力与市场环境之间的关系。买方势力与市场竞争之间存在双向作用关系。一方面，上游市场竞争和下游市场竞争都会影响买方势力的存在和大小，同时也影响了买方势力的作用效果；另一方面，买方势力的作用也会在一定程度上改变上游市场竞争结构和下游市场结构。

第二，买方势力的价格效应。买方势力的价格效应可以分为横向价格效应和纵向价格效应两种。横向价格效应是指买方势力增强后会改变零售商的横向价格决策模式，进而导致市场零售价格发生变化。买方势力横向价格效应在本质上是买方势力增强导致的企业卖方势力变化及其影响，它倾向于提高市场零售价格。纵向价格效应是指买方势力变化对上下游交易价格的影响。纵向价格效应的作用效果与上下游纵向交易环境有关：在上下游非合作交易模式下，买方势力的纵向价格效应会降低具有买方势力的交易价格，对其他零售商交易价格的影响不确定；在上下游合作交易模式下，买方势力不会影响交易价格；上下游在定价权争夺模式下，买方势力的纵向价格效应会降低具有买方势力零售商的价格，对其他零售商交易价格没有影响。市场零售价格的变化同时受横向价格效应和纵向价格效应的影响，横向价格效应倾向于提高零售价格，纵向价格效应对零售价格的影响不确定，但多数情况下纵向价格效应会降低市场零售价格。从综合作用效果来说，买方势力的增强在短期内往往会降低市场零售价格，提高消费者福利。

第三，买方势力的创新效应。在买方势力的创新效应方面，零售商相对于某一制造商买方势力的增强会降低该制造商的创新投入。这种结果的出现存在两种不同的作用途径：一方面，买方势力的增强降低了制造商获得的利润，减少了其用于创新的利润基础；另一方面，买方势力的增强降低了制造商产品的边际收益，从而降低了创新的边际收益，抑制了制造商的创新投入。此外，在上游制造商竞争的条件下，零售商相对于某一制造商买方势力的增强还会影响竞争制造商的创新投入。从作用结果来看，买方势力的增强会促进竞争制造商的创新投入。根据这一结论，我国制造业中下游企业相对于本土制造商买方势力的增强不仅抑制了本土制造商创新，还促进了国外制造商创新，从而降低了本土制造商的自主创新能力。此外，从制造商竞争程度的影响来看，制造商竞争程度的加强会减弱买方势力对创新的负面作用，加强买方势力对创新的正面作用。

第四，买方势力的规制和应用。本书的研究表明，买方势力的增强存在有利于社会福利的一面，主要表现为降低市场价格；同时也具有不利于社会福利的一面，主要表现为买方势力对创新的抑制作用。所以，对于买方势力的规制要综合考虑这两种相反效应的作用。具体地，反垄断部门应该从下游市场竞争环境、上游市场竞争环境、上游市场创新特征三个方面综合分析买方势力的福利效果，进而制定科学合理的规制策略。具体地，本书以市场竞争和产业创新特征为标准，构建了可供反垄断部门参考的买方势力一般规制路径。此外，结合我国市场环境特征，本书还提出了具体产业中的买方势力规制建议：对于零售产业，本书认为在当前我国零售产业市场集中度较低的情况下，对买方势力问题不需过多的规制；对于医药产业，本书认为政府和相关医疗机构可以通过集中采购的方式增强

买方势力的经济效应和反垄断规制研究

自身买方势力，降低采购成本，但需注意买方势力可能会对制药企业创新造成的负面影响，最好的措施是根据药品创新特征采用不同的采购模式；对于煤电产业，本书认为加强煤电企业纵向合作，完善电煤需求、价格等数据的监控和发布机制有利于破解煤电谈判矛盾，促使产业良性发展。

我2012年硕士入学便开始跟随导师李凯教授从事产业组织理论研究，买方势力是我硕博期间的主要研究方向，也是我工作后一直跟踪研究的重点领域。尤其是进入工作岗位以后，对现实问题的了解逐步深化，理论视野也越来越开阔，对买方势力相关问题也有了一些新思考。这本书即为我这些年研究和思考的成果，希望能为理论研究和反垄断规制实践提供一些启示。由于个人能力限制，书中还有很多不完善的地方，也请学界同仁包容、指正。在我学术研究的道路上，得到了很多老师、同事以及朋友的指导和帮助，在此表示感谢。感谢国家自然科学基金对我研究的资助，感谢中国社会科学院创新工程学术出版资助项目对本书的出版资助。感谢经济管理出版社编辑、校对老师在本书出版过程中付出的辛勤工作。

目　录

第一部分　研究问题及研究框架

第二部分　下游市场竞争条件下的买方势力价格效应

第三部分　上游市场竞争条件下的买方势力价格效应

第四部分　市场竞争条件下的买方势力创新效应

第五部分　买方势力理论构建与应用

第一部分

研究问题及研究框架

　　本部分是本书的开篇，主要结合现实背景和已有理论研究提出并论证本书的主要研究问题，设计本书的基本研究内容和研究框架。本部分共包括三章内容：第一章是绪论，重点对零售产业、医药产业和煤电产业中的买方势力现象及其引发的经济问题进行总结，并尝试将这些现实经济现象和问题上升到理论层面，进而提出本书的研究问题；同时，本章还对本书的研究内容、研究思路等内容进行探讨。第二章是文献回顾，主要对买方势力的现有研究进行系统总结和梳理，一方面从理论研究角度进一步论证本书的研究问题，另一方面寻找本书在现有理论研究中的地位，探寻本书研究的理论意义。第三章是买方势力理论研究体系和研究框架，主要包括买方势力理论研究体系、买方势力的一般分析框架和本书具体的逻辑框架。其中，在研究体系部分，笔者将结合现有文献以及个人近年对买方势力的研究，梳理买方势力理论研究应包括的基本内容，构建买方势力理论研究体系；在分析框架部分，笔者将借鉴传统SCP分析框架，分析并构建买方势力理论研究应遵循的一般分析框架；基于以上研究体系的构建，本章还进一步总结和梳理本书的研究内容，定位这些研究内容在买方势力研究体系中的地位；并结合买方势力研究的一般分析框架，具体构建本书的逻辑分析框架，为下文具体研究内容的展开做铺垫。

第一章 绪 论

[**本章提要**] 本章从现实和理论两个方面提出本书的研究问题，分析研究的价值和意义；同时，对本书的主要研究内容、研究思路和技术路线进行设计和说明。具体来说，本章首先对零售产业、医药产业以及煤电产业中的买方势力现象以及由此引发的问题进行总结；在此基础上，分析提炼这些现象和问题背后反映出的理论问题，确定本书研究方向；然后结合现有买方势力理论研究，凝练本书的具体研究问题；基于研究问题分析，本章还从核心研究内容和具体研究内容两个角度阐述本书的主要研究内容；最后对本书的研究思路进行说明。

第一节 研究背景及研究问题提出

市场势力（Market Power）及其引发的企业行为和市场绩效等问题一直是经济学研究的核心问题，也是反垄断规制关注的重点问题。从本质上来看，经济学研究所关注的这种市场势力是作为卖方的企业相对于买方（主要指消费者）的势力，故可以称之为卖方市场势力，或卖方势力（Seller Power）。然而，近几十年来，市场中另外一种相反形式的市场势力逐渐引发了学术界的关注（Galbraith，1952；Synder，1996；Chen，2003；Gaudin，2017；程贵孙，2010）。① 与卖方势力不同，这种市场势力是下游买方（多数情况下指企业）相对于上游卖方的势力，学术界将其称为买方势力（Buyer Power）（Dobson and Waterson，1997；von Ungern Sternberg，1996；Chen，2008）。买方势力表现最为显著的产业

---

① 关于这种市场势力形式的具体研究发展脉络参见第二章文献回顾部分。

就是零售业。随着沃尔玛、家乐福、乐购等大型零售组织的发展和规模的扩大，零售商相对于上游供应商的买方势力逐渐增强。除此之外，在医药产业、煤电产业中买方势力也有所表现。这些产业中买方势力的增强对传统产业链纵向关系（Vertical Relation）产生了较大的影响，改变了产业链中企业的行为，甚至成为造成诸多产业问题和矛盾的重要因素。以下分别对零售产业、医药产业和煤电产业的买方势力现象，以及由此引发的产业链纵向关系变化和产业问题进行具体说明。

一、零售产业中的买方势力

零售市场中的买方势力是伴随着零售产业结构的改变而出现的。20 世纪，发达国家的零售市场经历了两方面的显著变化：一方面，在 20 世纪初，连锁零售商通过向批发环节甚至制造环节后向一体化大大提高了自身市场效率，从而获得了相对于小型零售商的竞争优势，扩大了自身市场规模；另一方面，在 20 世纪中期，超级市场（Supermarket）这一新兴零售业态开始出现，凭借巨大产品多样性、"一站式"采购模式以及零售价格优势，这种零售业态迅速得到了消费者的认可，获得了大量消费者资源。零售市场这方面的变化，加之零售商之间的兼并重组以及零售技术的发展，使零售市场集中度不断提高，少数几家大型零售商占据了零售市场的主导地位（Inderst and Mazarotto，2008）。英国竞争委员会（UK Competition Commission）2008 年发布的数据表明，英国四家最大的零售商市场份额在 2002 年达到了 65%。[①] 澳大利亚最大两家食品零售商控制了 65% 的市场份额（*European Retail Handbook* 2003/4）。由于这些大型零售商掌握了大量的消费者资源，成为了产品通往消费者手中的"守门人"，上游制造商对零售商的依赖逐渐增强，使零售商获得了较强的买方势力。大型零售商买方势力的增强改变了传统零售商和制造商之间的纵向关系，零售商凭借自身买方势力对制造商的产品质量、供货条款等提出各种苛刻要求，由此引发了国外学术界和反垄断部门对买方势力影响的担忧（Chen et al.，2016）。

在我国，随着零售领域对外资的开放，国外大型零售商纷纷进入我国市场。这些零售商进入后，一方面在我国市场兼并重组，另一方面其先进运营模式和技术也对本土零售商运营产生了溢出效应和竞争压力，带动了本土零售商的发展壮大。在此背景下，我国零售市场集中度逐渐提高（陈阿兴和陈捷，2004；赵凯，

---

① UK Competition Commission. The supply of groceries in the UK market investigation ［R］. 2008.

2007；仲伟周等，2012）。① 目前，以苏宁、国美、华润万家、家乐福、乐购、沃尔玛等为代表的本土零售商和国外大型零售商在市场中的主导地位逐渐凸显，相对于上游制造商的买方势力也不断增强。这些大型零售商买方势力的增强改变了原有的产业链纵向均衡关系，引发了一系列的零供冲突。据笔者不完全统计，2003 年至今，我国零售商市场中发生了十多起较大的零供矛盾，其中影响较大的有 2004 年国美电器与格力的争端以及 2010 年家乐福与康师傅的冲突。②

二、医药产业中的买方势力

医药产业也是买方势力影响较为突出的产业，这种影响一方面表现在药品市场价格形成方面，另一方面表现在制药企业的研发创新方面。长期以来，困扰我国医疗市场的一个重要问题就是"看病贵"问题，为了降低药品价格，规范医药产业价格体系，政府出台了一系列的规制政策。但是，在实践中有些规制政策并没有达到预期目标，甚至出现了诸如"降价死""零中标"的现象（张庆霖，2013）。这些现象以及药价过高现象背后很重要的原因就是医药市场的买方势力作用。作为一种特殊的商品，患者对药品的使用选择主要由专业的医生来决定，这样就使医生成为了患者的代理人，也成为了药品是否能够被患者使用的决策方。这一角色类似于零售商在零售市场中的"守门人"，而且这种"守门人"的角色在医药产业中表现得更为突出。医生的这种地位使其拥有了相对于上游制药企业的买方势力。在医药服务补偿机制设计不合理的情况下，医生和医疗机构具有利用自身买方势力获取利润的强烈动机。为了使药品能够被医药使用，制药公司会通过回扣、赞助、学术推广费、红包等形式给予医生和医药机构补偿（朱恒鹏，2011）。这些不合理的利润补偿一方面会转化为制药企业的价格加成，推高药品价格；另一方面也影响了医生处方的合理性，促使医药选择高回扣的药品，而非高效低价的药品；此外，在政府对药品价格进行规制的条件下，还会导致制药公司研发"假新药"来迎合政府规制，从而排挤了质优价廉的药品。由此可见，医生和医药机构拥有的买方势力对药品价格形成机制造成了重要影响，是影响当前"看病贵"问题的重要因素。

此外，从药品研发方面来看，医生和医疗机构的买方势力问题也具有重要的影响。制药产业是一个典型的创新密集型产业，但是我国制药产业中一直存在企

---

① 与国外零售市场相比，我国零售市场集中度还相对较低，关于我国零售市场集中度的演化参见赵凯（2007）、陈阿兴和陈捷（2004）、仲伟周等（2012）。

② 附录一中给出了近年来国内零供冲突的部分案例。

业创新投入低、专利药品比重低的现象。美国《制药经理人》（Pharm Exec）杂志公布的基于处方药销售的《全球制药企业50强》数据显示，2017年度排名前十的制药公司总研发投入为634.5亿美元，默克公司的研发投入更是高达97.6亿美元，前十企业研发投入占销售收入的比例均在15%以上。[①] 但是，反观我国制药产业，除了个别企业研发投入强度在5%以上，大部分制药企业的研发投入都处于较低水平（张庆霖和郭嘉仪，2013）。造成我国制药企业研发投入较低的因素固然很多，但是作为制造商公司下游的医药机构所拥有的买方势力可能也会对这一问题产生影响。

三、煤电产业中的买方势力

每年的电煤价格谈判都会吸引广泛的社会关注，这一时期也是煤电企业矛盾集中爆发的时期。煤电矛盾一直是困扰相关产业和政府的重要问题，也在一定程度上制约着经济发展（于立宏和郁义鸿，2006；白让让，2009；曲创和秦洋阳，2009；于立宏和郁义鸿，2010）。在煤炭价格完全市场化、消除价格双轨制之前，造成煤电矛盾的是所谓的"市场煤、计划电"的体制冲突问题。在这种体制下，煤炭价格由市场机制形成，煤炭企业不愿意以"计划指导价"将煤炭卖给发电企业，从而导致了重点合同不能执行。从2000年开始，我国开始放开电煤价格，逐步实现了电煤价格的市场化。[②] 但是这种条件下，煤电企业谈判过程中依然发生了很多冲突，甚至出现双方谈判不能达成的情况。出现这种情况的原因一方面是电价形成机制的问题。由于电价受到政府的规制，使电煤成本不能顺畅地向下游传递，从而使发电企业在煤电谈判中处于进退两难的境地。另一方面是发电企业的买方势力问题。我国煤炭市场中，电力企业对煤炭需求量占到了总需求量的50%，而且这些需求又主要集中于五大发电集团（中国华能集团公司、中国大唐集团公司、中国华电集团公司、中国国电集团公司、中国电力投资集团公司）。因此，从买方角度来说，煤电市场属于典型的寡头买方市场结构。从煤炭产业来看，虽然全国煤炭供给企业众多，市场集中度低，但是由于煤炭运输成本较高，市场运力有限，从而使煤炭企业在与下游发电企业谈判过程中也具有较强的市场势力。煤炭生产企业的卖方势力、发电企业的买方势力相互作用，使两者在谈判过程中互不让步，进而导致了煤电谈判的矛盾。可见，买方势力也是造成煤电矛

盾的重要因素。

四、研究问题提出

通过对以上三个现实产业案例的分析可知：①买方势力增强已逐渐成为许多产业中的一种普遍现象；②作为决定产业链纵向关系的一种重要力量，买方势力的增强改变了产业链原有的纵向关系状态，引发了企业行为的改变，甚至造成了产业链纵向关系矛盾的出现；③在不同的产业环境下，买方势力的作用和影响各不相同。比如，在上述零售产业中，买方势力的增强导致了零供矛盾的激化；在医药产业中，买方势力的增强导致了药品价格以及制造企业创新的变化；在煤电产业中，买方势力的增强导致了煤电谈判的破裂。

面对上述现实产业问题，应该思考的深层次理论问题是：第一，为什么不同产业中买方势力都在逐渐增强？即买方势力的来源是什么？第二，为什么买方势力的增强导致了产业链纵向关系矛盾的出现？即买方势力的增强会产生哪些影响？背后机理是什么？第三，为什么不同产业中买方势力导致的产业矛盾各不相同？即影响买方势力产生不同作用和影响的因素是什么？对于以上问题，笔者认为应该从买方势力所处的基本市场环境出发寻找答案。具有买方势力的企业总是处于不同的产业环境中，这些产业环境一方面很大程度上影响了企业买方势力的存在与否；另一方面也影响了买方势力的作用。所以，本书即尝试从市场环境入手，考察买方势力与市场环境之间的作用关系，探讨不同市场环境下买方势力的作用及机理。

以上研究问题较为宽泛和模糊，在具体研究过程中还需要进一步细化，将其分解为具体的研究点。为此，首先需要对市场环境的概念进行分析和细化。罗党论和唐清泉（2007）研究认为，市场环境是指对处于市场经济下的企业生产经营活动产生直接或间接影响的各种客观条件和因素，其包含的范围较广。但是，从产业组织理论研究的角度来看，笔者更关注基本的市场结构环境。从这一角度来看，笔者认为，可以将市场结构环境分为横向市场环境和纵向市场环境两种。横向市场环境是指影响企业横向竞争的市场结构因素，比如市场中企业数量、企业规模、市场竞争程度、产品差异化特性等，其中最为重要的就是市场竞争；纵向市场环境是指影响企业纵向交易的市场因素，其中最为重要的是交易上下游企业之间的交易模式。上下游交易模式反映了上下游企业之间的交易关系，常见的有上下游非合作交易和上下游合作交易。此外，下文还将对我国本土零售商市场中的一种特殊纵向交易模式进行分析和提炼。

综上所述，本书以横向市场环境和纵向市场环境为切入点，并将其细化为横向市场竞争和纵向交易模式，进而考察不同市场竞争和纵向交易模式下买方势力的作用和影响，探讨市场环境与买方势力之间的作用关系。

从理论研究来看，相比传统卖方势力的研究，学术界对买方势力的理论研究起步较晚。学术界较为明确地提出与买方势力相关的概念是在 1952 年。美国经济学家 Galbraith 在 1952 年出版了《美国资本主义：抗衡势力概念》（*American Capitalism：The Concept of Countervailing Power*）一书，提出了"抗衡势力"（Countervailing Power）的概念。这一概念是指上游企业相对于下游企业市场势力的增强会产生另外一种相反的市场势力，即抗衡势力。抗衡势力在本质上即是下游企业相对于上游企业的势力，是买方势力的一种形式。[①] 但是抗衡势力的概念提出后，受到了学术界的广泛批评，其中一个重要原因就是 Galbraith 认为抗衡势力可以抵消上游企业的卖方势力，提高消费者福利，而多数学者认为这种观点缺乏理论依据（Hunter，1958；Stigler，1954；Whitney，1953）。在随后的几十年内，买方势力似乎被学术界遗忘。直到 20 世纪 90 年代，零售业态的变化和创新以及零售技术的发展使西方发达国家零售商的规模迅速扩大，大型零售商买方势力问题越来越显著，这一现象引发了反垄断部门的关注。在此背景下，学术界对买方势力的研究越来越重视，开始对买方势力的经济效应和反垄断问题进行深入探讨。

虽然买方势力的理论研究在近几十年引发了学术界的关注，得出了很多有意义的研究结论，但是通过对这些研究进行系统总结可以发现，现有研究还存在一些不足和有待深入之处：[②] 第一，现有理论很少对买方势力的基本理论研究体系和一般分析框架进行探讨。笔者认为，作为一种重要的市场势力形式，买方势力的理论研究应该构建完整的理论研究体系，同时提炼买方势力理论研究的一般分析框架。买方势力理论研究体系和一般分析框架的研究和构建不仅有利于深入理解买方势力的效应和作用机理，而且有利于认识买方势力在现有理论研究中的地位，同时为未来买方势力理论研究提供方向。但是，从当前研究来看，学术界还很少对这些问题进行研究和探讨。第二，很少有研究系统考察市场环境与买方势力之间的相互作用关系。根据以上分析，买方势力的存在和作用离不开基本的市场结构环境，这些市场环境因素一方面决定了买方势力存在与否，另一方面也影响了买方势力的作用。现有部分文献只是零散地考察市场环境与买方势力之间的

---

① 关于买方势力的概念第二章和第三章将进行详细辨析。

② 第二章将对买方势力的理论研究进行系统性的总结和梳理。

关系，缺乏对市场环境与买方势力之间作用关系的系统分析。第三，较少有文献对买方势力理论的应用进行全面探讨。同卖方市场势力一样，买方势力本身并不一定是抑制市场竞争的，这样就决定了买方势力具有两面性：一方面可能促进市场竞争，提高社会福利；另一方面也可能抑制市场竞争，降低社会福利。在这种情况下，买方势力的理论研究一方面可以为反垄断部门的规制决策提供参考；另一方面也可以为企业战略决策提供指导。也就是说，买方势力的理论研究一方面可以应用于买方势力反垄断实践，另一方面可以用于企业战略实践。但是，目前买方势力理论的应用研究多关注买方势力反垄断实践，很少有学者对买方势力在企业战略实践中的应用进行探讨。

综合以上对现象背景和理论背景的分析，可以将本书的研究问题进一步凝练。本书以买方势力这种市场势力形式作为研究对象，以横向市场竞争和纵向交易模式为背景，尝试完成三方面的研究内容：①构建一般性的买方势力理论研究体系和分析框架。②构建不同市场环境下买方势力作用的一般理论。本书从买方势力所处的横向和纵向市场环境入手，考察在不同市场竞争和纵向交易模式下，买方势力的影响以及背后机理；同时，对买方势力与市场环境的相互作用关系进行探讨，试图考察买方势力与市场环境之间的相互作用机理，揭示买方势力作用机理，进而构建买方势力的一般理论。③探讨买方势力的理论研究应用。基于这些理论研究，本书最后尝试对买方势力理论的应用进行探讨，主要包括两个方面：第一，买方势力理论的反垄断规制应用，着重关注不同市场环境下买方势力的一般规制路径和具体产业中的买方势力规制策略；第二，买方势力理论的企业战略实践应用，主要探讨企业如果获取买方势力，并制定与买方势力相关的竞争战略以增强自身绩效。

第二节　研究意义

一、理论研究意义

第一，本书将对不同市场环境下的买方势力效应进行研究，构建基于市场环境的买方势力一般理论。这一研究工作可以丰富现有理论研究，主要体现在传统产业组织研究和现有买方势力研究两个方面。从传统产业组织理论研究来看，市场势力（包括买方势力和卖方势力）是经济学研究的核心内容之一，① 但是传统经济学研究着重关注对卖方势力的研究，很大程度上忽略了买方势力的影响。这种研究范式对于最终产品市场具有很强的适用性，因为最终产品市场的买方多是分散的消费者，其买方势力较弱，可以忽略。但是，对于中间产品市场而言，买方多是企业，往往具有很强的买方势力，这种市场势力的存在会与卖方势力相互作用，共同影响中间产品市场的交易，从而对中间产品市场的均衡和福利效应具有很大的影响。此外，买方势力引发的中间产品市场交易还会向最终产品市场传导，进而影响最终产品市场的市场均衡。所以，从这一角度来看，对于买方势力的研究可以丰富有关市场势力作用的研究，形成包含买方势力和卖方势力的完整的市场势力理论研究体系。从买方势力的理论研究来看，本书尝试对市场环境与买方势力之间的相互作用关系进行探讨，一方面考察市场环境影响买方势力存在与否和大小的机理；另一方面考察不同市场环境下买方势力的作用、影响及其机理，进而构建基于市场环境的买方势力一般机理。这一研究工作可以补充现有买方势力理论研究，丰富买方势力的理论体系。

第二，本书尝试构建买方势力的理论研究体系和买方势力研究应遵循的一般分析框架，这一研究工作可以为买方势力的后续研究提供借鉴。具体地，一方面有助于探寻买方势力相关的研究问题；另一方面为买方势力问题的研究提供分析思路的参考。

二、反垄断实践意义

从我国产业实践来看，不同产业的买方势力都在增强，尤其以零售产业最为明显。这些产业中买方势力的增强使企业采取了一些可能具有反竞争效应的行为，从而为反垄断部门提出了一个重要问题：是否需要对买方势力进行规制？如何规制？本书拟在考察买方势力经济效应以及作用机理的基础上，给出买方势力的一般规制路径，并给出典型产业中的买方势力规制建议。这一研究工作可以为反垄断部门的规制政策制定提供理论参考。

三、企业战略实践意义

买方势力本身是一个中性概念，在不对社会福利造成损害的情况下，企业可以利用自身买方势力提升竞争力。从这一角度来看，买方势力在企业战略决策过

---

① 关于市场势力、买方势力和卖方势力三者之间的关系本书第二章和第三章将进行详细探讨。

程中具有重要的意义。本书将结合买方势力的理论研究，探寻买方势力在企业竞争战略实践中的应用，考察企业通过买方势力相关战略提高自身绩效的途径和方法，从而可以为企业战略决策提供理论指导。

第三节　研究内容与研究目标

本书在构建买方势力理论研究体系和一般分析框架的基础上，从买方势力所处的市场环境入手，以横向竞争环境和纵向交易模式环境为重点，探讨买方势力与市场环境之间的作用关系，考察不同市场环境下买方势力的影响及其机理，并尝试构建买方势力的一般理论。基于这些研究，本书尝试对买方势力的应用进行探讨。为了更加清晰地阐述本书的研究内容，以下从核心研究内容和具体研究内容设计两个方面进行说明，其中核心研究内容是本书重点探讨的理论，具体研究内容则是对核心研究内容的进一步分解，是核心研究内容的具体研究途径。

一、核心研究内容

1. 买方势力的理论研究体系和一般分析框架

任何理论问题的研究都需要遵循一定的逻辑分析框架，并尽量形成一般性的理论体系，对于买方势力的研究同样如此。具体来说，在对买方势力进行具体理论探讨之前，需要思考如下几个问题：买方势力是什么？它在企业行为和市场运行中起到什么样的作用？产生哪些影响？这些影响的机理是什么？买方势力的理论研究整体上应该包括哪些内容？进行这些研究应该遵循什么样的逻辑顺序？对于这些问题进行细化和思考的过程即是构建买方势力理论研究体系和一般分析框架的过程。这些工作的进行一方面可以指导理论研究的方向，另一方面可以启发具体研究问题。所以，本书第一个重要研究内容就是在对上述问题进行进一步细化和深入思考的基础之上，尝试构建买方势力理论研究体系和买方势力研究应遵循的一般分析框架。

2. 基于市场竞争环境的买方势力一般理论

本书第二个重要研究内容就是构建市场竞争环境下的买方势力一般理论。如上文所述，买方势力所处的市场环境（尤其是市场竞争环境以及上下游企业之间的交易特征）是买方势力存在和作用的基础。所以，本书尝试从上下游市场竞争特征以及企业纵向交易特征入手，考察不同竞争特征以及交易特征条件下，买方势力的经济影响及其机制，并探讨买方势力与这些市场环境之间的相互作用关系。在此基础上，尝试构建基于市场竞争环境的买方势力一般理论。由于这一研究内容较多、难度较大，所以在具体研究过程中，本书将采用层层分解的方法完成这一研究内容。具体地，本书首先从市场竞争环境入手，将研究内容分为上游市场竞争条件下的买方势力理论问题研究和下游市场竞争条件下的买方势力理论问题研究。在上述两个研究内容中，分别研究如下内容：第一，市场竞争环境与买方势力之间的逻辑关系；第二，上下游企业不同交易模式下买方势力的价格效应；第三，上下游企业不同交易模式下买方势力的创新效应；第四，市场竞争环境和上下游交易模式对买方势力创新效应和价格效应的影响。然后综合提炼这些研究结果，形成买方势力的一般理论。

3. 买方势力理论的应用

基于上述买方势力的理论研究，本书第三个重要研究内容是买方势力的应用。具体地，将从两个方面探讨买方势力的应用：第一，买方势力的反垄断规制。本书尝试以市场竞争环境、上下游企业交易模式为基础，构建不同市场条件下买方势力的一般规制路径；同时，针对零售产业、医药产业和煤电产业的买方势力提出具体规制策略。第二，企业战略决策应用研究。在买方势力不损害社会福利的情况下，企业可以利用买方势力形成自身竞争力，获得更高的利润。那么，企业如何采用买方势力提高自身绩效也是本书所要探讨的重要内容。

二、具体研究内容设计

1. 买方势力的文献研究

本书重点探讨不同市场环境下买方势力作用机理以及买方势力与市场环境因素之间的作用关系，已有买方势力理论研究是本书研究的基础，为本书提供了理论基础和启发。为此，本书首先将对已有买方势力的相关文献进行研究，总结已有研究成果，提炼现有理论研究中买方势力的作用机理。具体地，本书将从以下几个方面对买方势力的文献进行研究：①买方势力研究的基本发展脉络；②买方势力的概念及来源；③买方势力的影响及其机理；④买方势力的规制。

2. 买方势力理论研究体系和分析框架构建

本书首先构建买方势力理论研究体系，梳理买方势力理论研究应该包括的内容，一方面为本书的具体研究提供基础，另一方面也为未来的研究提供借鉴。然后，分析总结买方势力理论研究应该遵循的一般分析框架。具体地，本书将从以下几个方面构建买方势力理论研究体系和研究框架：①买方势力的概念和内涵；②买方势力在产业组织理论研究中的地位和作用；③买方势力理论研究的基本内容；④买方势力理论研究应遵循的逻辑步骤。

3. 下游市场竞争条件下买方势力价格效应及机理研究

零售商所处的下游市场竞争特征是买方势力所处的重要市场环境，[①] 本书将对买方势力与零售市场横向竞争之间的关系进行探讨，考察买方势力与下游市场的竞争关系；同时，探讨下游市场竞争条件下，买方势力对企业批发价格决策以及零售价格决策的影响及其机理。即使在下游竞争的条件下，上下游企业之间的交易模式差异也可能会对买方势力的作用产生影响。所以，本书将在下游竞争背景下，分别考察上下游不同交易模式下买方势力的影响。具体的研究内容如下：①买方势力与下游市场竞争之间的逻辑关系；②下游市场竞争特征描述和理论模型化；③上下游合作模式下买方势力的影响及机理研究；④上下游非合作模式下买方势力的影响及机理研究；⑤上下游争夺定价权条件下买方势力的影响及机理研究；⑥下游竞争条件下买方势力影响的一般理论总结。

4. 上游竞争条件下买方势力价格效应及机理研究

除下游市场竞争外，上游市场竞争特征也会与买方势力之间产生相互作用，进而影响买方势力的作用及其机理。所以，本书还将探讨上游市场竞争条件下买方势力的影响，具体研究逻辑与上一研究内容类似。基于这些研究，本书还将探讨上游市场竞争和下游市场竞争对买方势力作用影响的差异。具体的研究内容如下：①买方势力与上游市场竞争之间的逻辑关系；②上游市场竞争特征描述和理论模型化；③上下游企业合作模式下买方势力的影响及机理研究；④上下游企业非合作模式下买方势力的影响及机理研究；⑤上下游企业争夺定价权条件下买方势力的影响及机理研究；⑥上游竞争条件下买方势力影响的一般理论总结；⑦上游市场竞争和下游市场竞争对买方势力效应影响的差异比较。

5. 下游市场竞争条件下买方势力的创新效应

买方势力对批发价格和零售价格的影响都属于买方势力的短期效应。除了短期效应以外，从长期来看，买方势力可能会对上游制造商的创新激励产生影响。买方势力对企业创新的影响也是已有研究关注的重点。为此，本书还将在不同的市场竞争条件下，考察买方势力的创新效应。由于买方势力的长期效应和短期效应可能存在一定关系，所以本部分的研究内容不按照上文短期效应的研究逻辑进

---

① 本书将以制造商和零售商组成的纵向市场结构为例进行研究，但是研究结论也适用于其他市场结构，比如中间产品供应商和最终产品制造商之间的纵向结构。

行，即不分别考察上下游不同交易模式下买方势力的长期效应，而是以一种交易模式为例，探讨买方势力的长期创新效应以及这一效应与短期价格效应的关系，然后进行扩展分析。具体的研究内容如下：①下游市场竞争条件下的制造商创新决策模型构建；②零售商没有买方势力时的制造商创新决策；③零售商具有买方势力时的制造商创新决策；④买方势力对制造商创新决策的影响；⑤下游市场竞争对买方势力创新效应的作用；⑥基于上下游交易模式的扩展讨论。

6. 上游市场竞争条件下买方势力的创新效应

根据上一研究内容，本书还将探讨上游制造商竞争条件下买方势力的创新效应。在对这一问题进行探讨时，本书重点以本土制造业的竞争特征为背景进行考察。本土制造业中存在国外制造商和本土制造商之间的竞争，而且多数时候国外制造商相对于本土制造商具有较强的竞争优势，这种优势一方面表现为横向竞争优势，另一方面表现为买方势力的差异。为此，本部分重点考察下游零售企业相对于国外制造商和本土制造商买方势力差异不同时，买方势力变化对本土制造商创新的影响。具体的研究内容包括：①本土制造业竞争特征描述和模型化；②买方势力差异下制造商最优创新决策模型；③买方势力对本土制造商创新的影响研究；④买方势力影响本土制造商创新的一般机理；⑤上游市场竞争条件下买方势力创新效应的一般机理。

7. 买方势力一般理论和应用研究

基于以上具体研究内容，本书还将提炼总结市场竞争条件下买方势力的一般理论，并对买方势力理论的应用进行探讨。具体的研究内容包括：①市场环境与买方势力相互作用关系；②基于市场环境的买方势力价格效应；③基于市场环境的买方势力创新效应；④买方势力的一般规制路径；⑤零售产业、医药产业和煤电产业买方势力规制策略；⑥买方势力在企业竞争战略中的应用。

三、研究目标

（1）构建买方势力理论研究体系和一般框架。本书在对买方势力相关研究进行系统总结的基础上，梳理买方势力理论研究体系，并对买方势力的一些基本问题进行总结分析；在此基础上，构建买方势力的一般研究框架。买方势力理论研究体系和一般研究框架的构建一方面可以为未来研究提供借鉴，另一方面也为本书的研究奠定基本理论基础。

（2）构建基于市场环境的买方势力理论。通过对不同市场环境下买方势力的价格效应、创新效应的研究，本书尝试构建基于不同市场环境的买方势力一般理论。这一买方势力理论主要包括三方面的内容：第一，买方势力与市场环境之间的相互作用关系；第二，不同市场环境下买方势力价格效应及其机理；第三，不同市场环境下买方势力创新效应及其机理。

（3）给出买方势力的一般规制路径和具体规制策略。基于对买方势力作用的研究，本书将给出买方势力规制的一般路径。具体地，本书将从不同市场环境出发，以买方势力的净福利效应为标准，以买方势力作用机理为重点，构建因市场环境而变的买方势力规制路径。同时，本书还将给出零售产业、医药产业以及煤电产业买方势力规制的一般策略。

第四节　研究思路、技术路线及研究方法

一、研究思路与技术路线

1. 基本研究思路

本书研究的核心是考察不同市场环境下，买方势力的经济效应、作用机理，以及市场环境对买方势力作用的影响。为达到这一研究目的，首先需要确定买方势力所处市场环境的核心特征。通过对现实产业情况进行总结提炼，本书从横向和纵向两个方面分析买方势力所处的市场环境特征。在横向市场环境特征方面，买方势力总是处于市场竞争的情境下，包括上游制造商竞争和下游零售商竞争；在纵向市场环境特征方面，买方势力所处的产业链中的上下游可能采用不同的交易模式，常见的有非合作交易、合作交易以及定价权争夺模式。基于以上对市场环境特征的提炼，本书设计了具体研究内容：首先，在下游市场竞争的条件下，考察上下游采用不同交易模式时，买方势力的价格效应；其次，在下游市场竞争的条件下，考察上下游采用不同交易模式时，买方势力的价格效应；最后，考察在上下游市场竞争条件下，买方势力的创新效应。

本书的具体研究思路如下：

第一步，在上文现实产业问题的分析基础上，对买方势力的现有文献进行分析总结，进一步论证并细化本书研究问题。

第二步，构建买方势力理论研究体系和一般分析框架。买方势力理论研究体系和分析框架是对买方势力进行具体研究时应遵循的一般逻辑，它一方面可以指

导本书研究内容的设计，另一方面可以为未来研究提供方向指引。在构建买方势力理论研究框架时，重点对买方势力的概念和内涵、买方势力在产业组织理论研究中的地位、买方势力理论研究的基本内容以及买方势力理论研究的一般逻辑进行分析。

第三步，下游零售市场竞争条件下的买方势力价格效应研究。主要在下游零售市场竞争的背景下，考察零售商买方势力的变化对上游交易价格以及市场零售价格的影响，并分析市场竞争特征对买方势力价格效应的影响。由于上下游交易模式也可能会影响买方势力的效应，所以这一步需要区分不同的纵向交易模式进行探讨。具体地，分别探讨上下游非合作模式、上下游合作模式以及定价权争夺模式下，买方势力变化对价格的影响，以及竞争特征和买方势力效应之间的作用关系。

第四步，上游制造商竞争条件下买方势力价格效应研究。这一步的基本研究思路与上一步相同，主要在上游市场竞争的背景下，考察买方势力价格效应以及制造商竞争特征对买方势力价格效应的影响。从理论上来说，本部分也应该区分三种不同的上下游交易模式分别进行探讨。但是，由于不同的上下游交易模式背后的作用机理具有共同点，所以上一步中的部分作用机理在本步骤中可能同样适用。故本部分主要对上下游合作交易模式以及定价权争夺模式的情况进行探讨，对非合作交易模式的情况只进行简单逻辑推演。

第五步，买方势力的创新效应研究。分别在下游零售市场竞争和上游制造商竞争的条件下，考察买方势力变化对制造商创新投入的影响，即买方势力的创新效应；并探讨不同市场竞争特征对买方势力创新效应的影响及其背后机理。

第六步，买方势力理论构建和反垄断规制研究。在以上研究的基础上，总结提炼核心研究结论，并以市场环境为基本出发点，以买方势力的价格效应和创新效应为重点，以买方势力作用机理为核心，构建市场竞争条件下买方势力作用的一般理论。在此基础上，探讨买方势力的反垄断规制问题，试图构建买方势力的一般规制路径，并给出零售产业、医药产业以及煤电产业中买方势力的具体规制策略。此外，对买方势力在企业竞争战略实践中的应用进行探讨。

2. 技术路线

基于以上研究思路的分析，形成本书研究的技术路线，如图 1-1 所示。

二、基本研究方法

（1）文献研究法。已有买方势力的研究文献是本书研究的基础，一方面为本书研究问题提供了理论线索，另一方面为本书具体研究的开展提供了启发。所

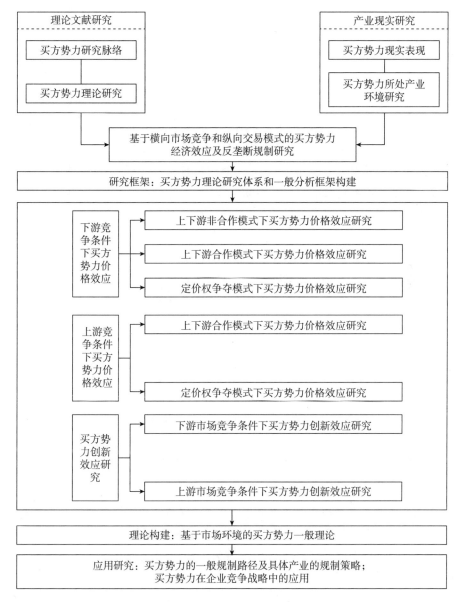

图 1 – 1 本书研究的技术路线

以，本书采用文献研究的方法对买方势力的已有文献进行分析，总结提炼买方势力理论和反垄断研究的基本发展脉络，厘清买方势力的概念，提炼买方势力经济效应和作用机理。

（2）案例研究法。本书采用案例研究的方法对零售产业、医药产业以及煤电产业中的买方势力进行考察，初步评估这些产业中买方势力的强弱程度、买方势力的表现形式以及引发的产业问题。同时，采用案例研究的方法对这些产业的市场环境特征进行调研，提炼买方势力所处的实际产业特征，为下文的理论研究做铺垫。

（3）博弈论和数理模型法。数理模型分析法是本书最核心的研究方法，本书将在不同的市场环境下，构建上下游企业纵向决策的数理模型，采用博弈论的方法分析企业决策行为，进而考察买方势力对企业决策行为的影响以及背后机理。

（4）仿真分析法。在对企业决策行为进行理论模型分析的基础上，本书对关键市场环境参数进行赋值，对企业实际决策进行模拟，以更加直观地反映市场环境以及买方势力变化对企业决策行为的影响。

第五节　本书结构安排

本书共十二章，可以分为五部分。

第一部分为研究问题及研究框架。主要从现实和理论两个角度提出并论证本书的研究问题，并构建买方势力理论研究体系和一般分析框架，为下一步研究做铺垫。本部分包括本书第一章、第二章和第三章，每章的具体研究内容如下：

第一章为绪论。本章主要包括本书的研究背景、研究意义、研究内容设计、研究目标以及研究思路和本书结构安排等。

第二章为文献回顾。本章主要对买方势力的现有理论研究进行总结回顾。具体地，首先对买方势力的理论研究和反垄断规制发展脉络进行提炼概括；其次对买方势力的基本概念和内涵进行分析；再次分别对买方势力的来源、买方势力经济效应的理论研究进行总结提炼；接着对买方势力的反垄断规制研究进行分析；最后对已有研究进行评述。

第三章为买方势力理论研究体系和研究框架。本章主要分析买方势力理论研究应遵循的一般逻辑框架以及买方势力理论研究体系应包括的基本内容。具体地，本章首先构建买方势力理论研究体系；然后对研究体系中的一些基本问题给出个人思考结论，主要包括买方势力的概念和内容、买方势力作用机理；紧接着，构建买方势力理论研究的一般分析框架；最后，结合本书研究内容，分析本书在买方势力理论研究体系中的定位，并构建本书研究的具体框架。

第二部分为下游市场竞争条件下的买方势力价格效应。本部分主要在下游市场竞争的条件下，考察买方势力对上下游交易价格以及市场零售价格的影响，即买方势力的价格效应；揭示买方势力价格效应背后的机理，并对买方势力价格效应与下游零售市场竞争环境之间的作用关系进行探讨。由于在下游零售市场竞争的条件下，上下游企业之间的交易环境也可能存在不同，所以本部分通过对现实产业中上下游交易模式进行总结，提炼出三种上下游交易模拟，并在这三种交易模式下分别探讨买方势力的价格效应。本部分包括本书第四章、第五章和第六章，每章的具体研究内容如下：

　　第四章为下游市场竞争、非合作交易与买方势力价格效应。本章构建上游制造商垄断，下游零售商双寡头竞争的纵向市场结构模型，并假设上下游企业采用非合作模型进行交易，进而探讨下游零售商买方势力对上下游交易价格以及市场零售价格的影响，并探讨买方势力影响与市场竞争环境的作用关系。

　　第五章为下游市场竞争、合作交易与买方势力价格效应。本章在第四章基本模型基础上，假设上下游企业采用合作模式进行交易，进而探讨买方势力变化对交易价格以及市场零售价格的影响。

　　第六章为下游市场竞争、定价权争夺与买方势力价格效应。上下游定价权争夺是我国本土市场中特有的纵向交易特征，本章首先对上下游定价权争夺的表现形式和内涵进行分析。在此基础上，利用第四章的基本市场结构模型，将上下游交易模式修正为定价权争夺，进而探讨买方势力的价格效应。此外，本章还对第四章、第五章和第六章的研究进行总结，考察下游市场竞争背景下，不同纵向交易模式对买方势力价格效应的影响，并提炼下游市场竞争条件下的买方势力价格效应一般结论。

　　第三部分为上游市场竞争条件下的买方势力价格效应。本部分在上游制造商竞争的条件下，考察买方势力对交易价格以及市场零售价格的影响。按照第二部分的研究逻辑，本部分也应该分三种不同的纵向交易模式进行探讨。但是，由于不同的纵向交易模式存在一些本质特征，这些本质特征在不同的市场竞争环境下不会发生概念，所以本书只需选择代表性的交易模式进行研究，然后结合第二部分的研究进行逻辑推演即可。具体地，本部分重点对定价权争夺和上下游合作交易的模式进行探讨，对这两种情况的探讨构成了本部分的核心研究内容，分别是本书第七章和第八章。这两章具体的研究内容为：

　　第七章为上游市场竞争、定价权争夺与买方势力价格效应。本章首先对我国制造业市场竞争特征进行分析和概括，提炼出我国制造业中本土制造商和国外制造商竞争的基本特征，并对此进行理论模型化。然后以上下游定价权争夺模式为例，考察下游零售商相对于本土制造商买方势力变化对不同制造商交易价格以及市场零售价格的影响。

第八章为上游市场竞争、上下游合作交易与买方势力价格效应。本章基于第七章基本市场结构模型，假设上下游企业采用合作交易的模式，进而探讨买方势力变化对交易价格、市场零售价格的影响，揭示买方势力价格效应背后的机理。同时，本章还对上游市场竞争环境与买方势力价格效应之间的作用关系进行探讨。此外，本章还对上下游非合作交易的情况进行扩展讨论。在此基础上，结合第七章的研究，总结上游市场竞争条件下，买方势力价格效应的一般理论及其机理。

第四部分为市场竞争条件下的买方势力创新效应。本部分在不同的市场竞争背景下，考察买方势力创新效应，即买方势力变化对上游制造商创新投入的影响。本部分包括本书第九章和第十章，每章具体研究内容如下：

第九章为下游市场竞争与买方势力创新效应。本章主要在下游零售市场竞争的条件下，考察零售商买方势力变化对上游制造商创新投入的影响，揭示买方势力影响创新投入的机理。此外，本章还对下游市场竞争环境对买方势力创新效应的影响及机理进行分析。

第十章为上游市场竞争与买方势力创新效应。本章主要在上游制造商竞争的条件下，考察零售商买方势力对不同制造商创新投入的影响，探讨制造商竞争环境对买方势力影响的作用，并对其背后的一般性机理进行分析。

第五部分为买方势力理论构建与应用。本部分在第二部分、第三部分和第四部分研究的基础上，尝试构建买方势力的一般理论，并以此为基础，探讨买方势力理论的应用，主要包括反垄断实践应用和企业竞争战略决策实践应用。此外，本部分还对全书的结论进行总结提炼，归纳未来研究方向。本部分包括本书的第十一和第十二章，每章具体研究内容如下：

第十一章为基于市场环境的买方势力理论构建及应用研究。本章在上述研究结论的基础上，以市场竞争环境和上下游纵向交易环境为基础，以买方势力经济效应为重点，以买方势力作用机理为核心，构建买方势力的一般理论。在此基础上，尝试对买方势力反垄断规制问题进行探讨，以市场环境和买方势力经济效应为依据，构建买方势力的一般规制路径，并对零售产业、医药产业以及煤电产业的买方势力具体规制策略进行探讨。

第十二章为结论和未来研究展望。本章对全书研究进行系统性总结，提炼本书核心研究结论，并分析本书研究的不足，总结买方势力问题的未来研究方向。

第二章 文献回顾

[**本章提要**] 本章对买方势力的相关理论文献进行回顾。通过本章的回顾，一方面试图从理论角度进一步论证本书的研究问题，另一方面寻找本书的理论定位。具体地，本章首先对买方势力理论研究的基本发展脉络进行总结和提炼，勾画出买方势力理论研究发展的图景；然后，在系统总结梳理现有研究的基础上，将已有买方势力文献分为定义、来源、影响和反垄断规制四类，分别对每类研究进行详细回顾和总结，并从笔者的角度对每类研究进行评述。由于相对于国外研究来说，国内关于买方势力的研究起步较晚，具有突破性的理论成果不多，所以文献回顾主要以国外研究为主。为了补充对国内研究的分析，本章单独列出一节对国内买方势力的理论研究进行总结梳理。基于对国外和国内研究的梳理，本章将从整体上对现有研究进行总结，并对已有研究进行评述。在此基础上，进一步论证本书的研究问题，界定本书的理论定位。

第一节 买方势力理论研究的基本发展脉络

第一章的分析已经指出，传统经济学研究的市场势力是卖方相对于买方的市场势力，很少关注买方相对于卖方的势力。出现这种情况的原因之一在于：传统经济学的研究对象多是最终产品市场，且假设制造企业直接将产品销售给最终消费者，很少关注产品的中间分销环节。由于最终消费者是分散的个体，相对于制造企业几乎没有势力。所以，买方势力便淹没于传统经济学的这一假设中。直到近几十年来，学术界才开始关注分销环节的研究，下游企业相对于上游企业的买方势力才逐渐受到重视（Majer，2008）。本节以学术研究和反垄断规制作为两条主线，对买方势力研究的基本脉络进行总结和提炼，尝试构建买方势力理论研究的背景。值得说明的是，本节中的买方势力泛指下游企业相对于上游企业的市场势力，对买方势力的概念和内涵以及相关概念的区别和辨析将在下一节中进行具体讨论。

笔者认为，较早关注到买方相对于卖方市场势力的学者应该是琼·罗宾逊（Joan Robinson），在其 1933 年的《不完全竞争经济学》（*Economics of Imperfect Competition*）一书中，罗宾逊提出了买方垄断势力（Monopsony Power）的概念。① 这一概念是类比卖方垄断势力（Monopoly Power）而提出的。罗宾逊认为，当市场中只有一个买方，但卖方市场处于完全竞争时，垄断买方会通过降低购买量来使边际收益与边际成本相等，从而降低价格。此时，市场均衡的价格低于完全竞争状态时的价格，均衡的数量也低于完全竞争时的数量。② 从买方垄断势力所处的市场结构特征以及作用机理中可以看出，买方垄断势力是传统垄断势力（卖方垄断势力）的镜像，其分析范式和传统垄断势力的分析范式基本类似。加之买方垄断势力所处的市场结构较为特殊，一般只有劳动力市场中才会近似出现这种情况。所以，学术界（尤其是产业组织理论领域）对买方垄断势力的研究并没有投入过多的精力，其研究多见于劳动力市场的相关问题研究中。③ 从对买方垄断势力的分析中可以看出，这一概念与传统市场势力概念存在本质的区别，反映的是下游买方相对于上游卖方的市场势力，只是罗宾逊将这种势力形式赋予了上游完全竞争、下游垄断的特殊市场结构。而现实经济中，买方势力所处的上游市场结构也不是完全竞争的，下游市场结构也不是垄断的。由此可见，只要突破这种特殊的市场结构假设，便可以将买方垄断势力扩展到一般的买方势力情形，进而也就可以研究一般性的买方势力的经济作用。但遗憾的是，很长时间内学术界都没有跨出这一步。

在买方势力理论研究发展中，另一个具有标志性的事件是抗衡势力（Countervailing Power）概念的提出。"二战"以后，美国经济快速发展，进入黄金发展时期。但是，从微观市场结构来看，美国市场集中度较高，很多产业被少数几家寡头企业所垄断。这种高度集中的市场结构与整体经济的繁荣似乎矛盾，因为传

---

① 也可参见：Joan Robinson. The Economics of Imperfect Competition［M］. St Martins Press, 1969.

② 买方垄断势力最具代表性的市场即是劳动市场。在某一区域内，如果只有一个企业可以吸纳劳动力就业，那么这个企业在劳动力市场上就具有买方垄断势力（不考虑劳动力的跨区域流动）。劳动力市场中的买方垄断势力分析可以参见 Boal 和 Ransom（1997）、Ashenfelter 等（2010）。

③ 关于买方垄断势力的系统研究可以参见 Blair 和 Harrison（2010）的著作，此书是目前对买方垄断势力经济效应和反垄断规制进行全面探讨的代表性著作。

统经济学认为寡头垄断的市场结构会导致企业市场势力增加，从而降低资源配置效率，减少社会福利。针对这一现实和理论的冲突，美国经济学家 Galbraith 在 1952 年的著作《美国资本主义：抗衡势力概念》（*American Capitalism：The Concept of Countervailing Power*）中提出了新解释。[①] Galbraith（1952）认为，企业市场势力的增强会产生另外一种与其相对抗的市场势力，这种市场势力即是买方相对于卖方的抗衡势力。抗衡势力的存在会降低下游企业支付的价格，抑制上游企业市场势力的发挥，从而给最终消费者带来福利。[②] Galbraith 的这一观点提出以后并没有得到学术界的普遍认同，相反遭到了 Stigler 等著名经济学家的质疑甚至批评，其中一个重要原因就是抗衡势力给消费者带来福利的推断并没有理论依据（Stigler，1954；Hunter，1958；Whitney，1953；Adams，1953）。笔者认为，姑且不评论 Galbraith 理论观点的正确性及其争议，单就抗衡势力这一概念的提出就具有重要的理论意义。首先，抗衡势力是与传统卖方市场势力相反的势力形式，它的提出标志着学术界开始关注传统市场势力以外的势力形式；其次，Galbraith 认为抗衡势力可以给消费者带来福利，而传统卖方势力会损害消费者福利，这说明 Galbraith 认识到买方势力的作用不同于传统卖方市场势力的作用。虽然 Galbraith 没有揭示完整、科学的抗衡势力作用机理，但是这一概念的提出在经济学研究中无疑具有突破性的意义。正因如此，在买方势力的研究中很多学者都认为 Galbraith 是买方势力理论研究的起点（Raff and Schmitt，2009）。

虽然 Galbraith 的观点在当时受到了批评，也没有引起学术界足够的重视，但是抗衡势力概念在提出后的几十年引起了学术界和反垄断部门的重视。在 20 世纪 50 年代以后，美国经济进一步繁荣，其中一个重要的表现方面就是零售业。在 20 世纪中叶，新的零售模式快速发展，零售商之间的兼并重组不断发生，加之新技术在零售产业中的应用大大提高了零售销售，从而形成了很多大规模的零售商（Inderst and Mazzrotto，2008）。这些大型零售商具有较强的买方势力，凭借自身势力对上游制造商进行压榨，同时影响了市场中小型零售商的生存环境。在此背景下，大型零售商的买方势力问题引发了许多国家反垄断部门的担忧，各国反垄断部门纷纷对大型零售商买方势力问题进行反垄断调查。表 2－1 总结了各国反垄断部门和相关组织对买方势力的调查情况。

---

①　关于这一矛盾的传统解释有两种：一是可竞争市场理论；二是熊彼特的垄断理论。关于这一问题的详细阐述可以参见 Stigler（1954）。

②　Galbraith 的这一观点具有重大的学术意义，因为根据这一学术观点，抗衡势力可以成为治理市场垄断的重要途径，国内部分学者将其称为治理垄断的第三条路（吴绪亮，2005）。

表2-1　各国反垄断部门或组织对买方势力的调查情况

机构	年份	主题	重点调查内容
经合组织	1998	多产品零售商的购买势力	大型零售商的购买势力及其影响
	2004	农业中的竞争和规制：买方垄断购买和联合销售	农产品销售中的买方垄断势力效应及其规制策略
	2008	买方垄断势力和买方势力	买方垄断势力和买方势力的概念、影响及其规制取向
联邦贸易委员会	2000	百货零售业中的通道费	买方势力导致通道费出现的机理；通道费的福利效应及其规制
欧盟	1999	欧盟市场零售业的买方势力及其影响	食品零售产业中买方势力对食品价格、消费数量的影响；食品零售业中买方势力的规制策略
美国反垄断协会	2004	买方势力和反垄断	买方势力的反垄断政策
英国竞争委员会	2008	英国百货零售业的市场调查[a]	对英国百货市场中零售商买方势力的基本情况进行调查，评估买方势力对最终消费者和小型零售商的影响

注：a. Market investigation into the supply of groceries in the UK。

从表2-1可以看出，经济合作发展组织（Organization for Economic Co - operation and Development, OECD）分别在1998年、2004年和2008年进行了三次与买方势力相关的调查，调查范围涉及农业和零售业，调查内容主要涉及买方势力对市场竞争的影响。美国联邦贸易委员会（Federal Trade Commission, FTC）在2000年对大型零售商收取通道费的现实情况进行了调查，并就通道费可能产生的市场竞争效应组织专家进行了讨论。欧盟（European Union, EU）在1999年也对欧盟市场零售业的买方势力问题及其影响进行调查。英国竞争委员会（Uinted Kindom Competition Commission, UKCC）还专门组织了专家对英国百货零售业中的买方势力进行了调查。此外，美国反垄断协会（American Antitrust Institute, AAI）2004年的年会也以"买方势力和反垄断"（Buyer Power and Antitrust）为题，对买方势力的相关反垄断问题进行了集中讨论。

零售商买方势力的增强不仅引发了反垄断部分的担忧，还引发了学术界对买方势力的关注。从20世纪末开始，学者陆续开始对买方势力的经济影响及相应的反垄断问题进行研究，发表了一系列的成果，其中早期的学术研究包括Dobson

和 Waterson（1997）、von Ungern Sternberg（1996）、Synder（1996）、Chen（2003）、Erutku（2005）等。自此以后，买方势力的理论研究逐渐受到了学术界的关注，越来越多的学者开始对买方势力相关问题进行探讨，逐渐形成了当前的买方势力理论研究局面。

目前，买方势力的理论研究已初步形成体系，从研究内容来看，学术界不仅对买方势力的概念和作用等基本问题进行探讨，还对买方势力的影响进行了细致考察；从研究方法来看，除了博弈论和数理模型方法以外，很多学者开始对买方势力相关问题进行实证探讨。买方势力相关问题的研究现状下文将重点说明，同时，第三章将在现有研究基础上，尝试总结构建买方势力的理论研究体系。

综合以上分析可以看出，买方势力的理论研究和反垄断规制发展大致可以分为三个阶段：第一阶段是买方垄断势力概念提出和研究阶段；第二阶段是抗衡势力的提出和争论阶段；第三阶段则是反垄断部门对大型零售商买方势力进行调查以及学术界开始对买方势力进行集中研究的阶段。但由于买方垄断势力概念提出后，学术界并没有对其进行过多的理论探讨，所以很多学者认为买方势力的理论研究实际上开始于 20 世纪 50 年代抗衡势力的提出。笔者梳理了与买方势力相关性最高的 100 篇国外理论文献，[①] 其发表时间分布如图 2-1 所示。

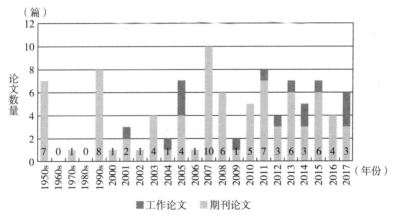

图 2-1 国外买方势力文献分布

从图 2-1 可以看出，买方势力理论文献发表情况基本反映了上述买方势力理论研究脉络。结合上述分析，对买方势力理论研究的基本发展脉络总结如下：

---

① 包括 85 篇正式发表论文和 15 篇工作论文。

20世纪50年代Galbraith提出抗衡势力的概念，其后学术界对其展开了一些辩论，在整个50年代，买方势力的相关文献共有7篇。20世纪60~80年代，学术界并没有对买方势力进行过多研究，反映在图2-1中只有1篇关于买方势力的文献（Lustgarten，1975）。20世纪90年代以后，随着反垄断部门对买方势力的担忧，买方势力的理论研究也逐渐发展起来。

第二节 买方势力的定义和内涵研究

对于买方势力这一概念，学术界还没有形成一个统一和公认的定义。但是，通过近30年的研究，[①] 目前对于买方势力的内涵基本达成一致。本节首先分析买方势力的定义的逻辑起点；然后回顾不同学者对买方势力的定义，呈现这些定义之间的异同；在此基础上，总结提炼学术界对买方势力概念和内涵的共识；最后，分析目前学术界对买方势力概念认识的不足和有待深入之处。

学术界对买方势力的定义多是与传统（卖方）市场势力的类比而展开的。传统经济学认为，在完全竞争市场中，企业数量众多，任何企业都不能对市场价格造成影响，只是价格的接受者。在这种市场结构下，资源达到了最优的配置，社会福利也达到了最大化。但是在不完全竞争市场中，企业具有一定的定价能力，可以将价格提高到完全竞争水平之上而不至于失去所有市场需求。特别地，在垄断这种极端的市场结构下，单一垄断企业可以根据自身利润最大化制定高于完全竞争水平的价格。基于不完全竞争和完全竞争两种市场结构的对比，经济学家把（卖方）市场势力定义为企业"将价格定在边际成本即完全竞争均衡价格之上"的能力（沃德曼和詹森，2009；Carlton and Perloff，2005；Viscusi et al.，2005）。[②] 从对（卖方）市场势力的分析可以看出，（卖方）市场势力的定义中存在两个要点：①（卖方）市场势力的定义起点是完全竞争市场，即将完全竞争市场看作（卖方）市场势力定义的基准。②（卖方）市场势力有两种表现情形：

---

① 通过上一节买方势力理论研究脉络的梳理可以发现，学术界真正对买方势力进行集中研究是从20世纪90年代开始，所以到目前有近30年的时间。

② 参见沃德曼，詹森. 产业组织理论与实践（第三版）［M］. 李宝伟等译. 北京：机械工业出版社，2009：45；Carlton, D. W., Perloff, J. M. Modern Industrial Organization（4th edition）［M］. Boston: Pearson Addison – Wesley, 2005：783；Viscusi, W. K., Harrington, J. E., Vernon, J. M. Economics of Regulation and Antitrust（4th edition）［M］. Cambridge: MIT Press, 2005：294.

当市场结构为垄断的市场时，（卖方）市场势力表现为纯粹的垄断势力；当市场结构为不完全竞争的市场时，则表现为一般的市场势力。由于纯粹的垄断市场结构很少见，所以传统经济学研究中很少区分垄断势力和市场势力，基本将其看作等同的概念（Chen，2007）。上述（卖方）市场势力的定义为分析买方势力提供了参考，多数学者对买方势力的定义都是类比（卖方）市场势力的定义进行的，但是由于对（卖方）市场势力定义的认识和关注点不同，对买方势力的定义也有所不同。

一、买方势力的不同定义比较

1. 以完全竞争市场为基准的买方势力定义

在（卖方）市场势力的定义中，最核心的要点就是将卖方完全竞争条件下的价格作为定义（卖方）市场势力的基准。一些学者以此为启发，以完全竞争市场下买方支付的价格作为基准来定义买方势力。例如，Noll（2005）认为买方势力是买方迫使卖方将价格降低到竞争市场水平之下的能力。类似地，Blair 和 Harrision（2010）将买方势力定义为企业通过限制购买将价格压低到竞争水平之下的能力。[①] 与 Noll（2005）不同，Blair 和 Harrision（2010）还将买方势力降低价格的机理纳入买方势力的定义中。在（卖方）市场势力的作用中，具有买方势力的企业往往通过限制产量来提高市场销售价格。Blair 和 Harrision（2010）的定义则完全仿照了（卖方）市场势力的作用机理，认为买方势力的作用是通过降低购买量来获取更低的价格。

实际上，以完全竞争作为基准定义的买方势力在本质上就是 Robinson（1933）提出的买方垄断势力概念。所以，有些文献也将这种情况下的买方势力称为买方垄断势力。与传统的（卖方）市场势力相同，以这种方式定义的买方势力也具有不同的表现，当买方市场结构为垄断时，此时买方势力表现为纯粹的买方垄断势力；当买方市场结构是寡头时，买方势力则表现为一般性的买方垄断势力。可见，以完全竞争市场作为基准定义的买方势力就是（卖方）垄断势力的简单镜像。

2. 以其他基准定义的买方势力

虽然以完全竞争市场为基准定义买方势力较为直观，也具有较强的理论基

---

① 参见 Blair 和 Harrison（2010）第 53 页。Blair 和 Harrison（2010）一书中使用的是 Buying Power，使用这一概念的文献还有 OECD（1981）、Erutku（2005）、Bhattacharyya 和 Nain（2011）、Skitol（2005）。正如 Chen（2008）所述，Buying Power 还可能指货币的购买力，所以后来很多学者多使用 Buyer Power。

础，但是与传统（卖方）市场势力一样，这种定义方法较为严格，现实经济中完全竞争的卖方市场很少见，垄断的买方也很少见，所以这一定义的适用范围有限。基于此，很多学者对这一定义进行了扩展。在 1981 年 OECD 限制商业行为专家委员会（Committee of Experts on Restrictive Business Practices）撰写的一份题为"购买力——主导买家的市场势力"（Buying Power：The Exercise of Market Power of Dominant Buyers）的报告中，对买方势力进行了如下定义：买方势力是指由于企业或者企业集团在产品或服务购买过程中具有主导地位，或者因其自身规模或其他特征在购买过程中具有策略性或者杠杆性优势，从而使其获得较其他买方更加优惠条款的情形。[①] 与上述定义相比，OECD 对买方势力的定义具有如下特点：

第一，突破了将完全竞争作为买方势力定义基准的做法，将买方势力的比较基准设定为"其他买方"获得的交易条款。也就是说，在定义买方势力时，比较的基准是市场中其他的参与者。类似地，Clarke 等（2002）、Mills（2017）都将买方势力定义为大型买方从供应商处获得小型买方不能获得的优惠交易条款的能力。[②] 此外，在 1998 年 Dobson、Waterson 和 Chu 为英国公平竞争委员会（Office of Fair Trading）撰写的研究论文中，他们将买方势力定义为：企业或企业集团获得比其他买方更加优惠的交易条款，或者获得正常竞争条件下，更加优惠的交易条款的能力。[③] 可以很容易地看出，Dobson 等的定义在 OECD（1981）的定义基础上，又增加了一个比较基准，即"正常竞争条件"下的交易条款。这里的"正常竞争"和"完全竞争"相比，存在很大差别，"正常竞争"可能是完全竞争，也可能是不完全竞争。

与完全竞争的基准相比，"其他买方"和"正常竞争"的比较基准就显得较为宽泛，对"其他买方"和"正常竞争条件"的理解不同，就可以得出买方势力的不同定义，所以这种基准定义的买方势力内涵和外延都较为丰富。具体地，

① OECD (1981). Buying power：the exercise of market power by dominant buyers. Report of the Committee of Experts on Restrictive Practices. p. 10："Buying power may be defined as the situation which exists when a firm or a group of firms, either because it has a dominant position as a purchaser of a product or a service or because it has strategic or leverage advantages as a result of its size or other characteristics, is able to obtain from a supplier more favourable terms than those available to other buyers."

② Mills (2017), p. 66："the ability of large buyers to obtain preferential terms of sale from suppliers that are not available to small buyers."

③ Dobson et al. (1998), p. 5："This report considers the social welfare effects resulting from the exercise of buyer power – whereby a firm or group of firms obtain from suppliers more favourable terms than those available to other buyers or would otherwise be expected under normal competitive conditions."

当其他买方获得的交易条款是完全竞争条件下的交易条款，或正常竞争条件指完全竞争条件时，买方势力就是上述定义的买方垄断势力，此时，买方势力将价格从完全竞争下的价格往下拉；当其他买方获得的交易条款是不完全竞争下的条款，或正常交易条件是非完全竞争条件时，买方势力则不是买方垄断势力。由于此时基准情形的交易价格是非完全竞争条件下的价格，所以买方势力的作用会将市场价格从非完全竞争的价格下拉。由此可见，买方势力定义的基准不同，买方势力的作用效果会发生较大变化。

第二，与完全竞争基准下买方势力的定义相比，OECD（1981）的定义不仅关注买方势力对价格的影响，还关注了买方势力对非价格条款的影响。同样地，Inderst 和 Shaffer（2008）对买方势力的定义也没有局限于价格条款。美国反垄断协会（American Antitrust Institute，AAI）2008 年提交给美国第 44 届总统的竞争政策的过渡报告中的第三章也明确定义买方势力为一个买方压低购买价格的能力，或获取更加优惠的非价格交易条件的能力。① Dobson（2005）的研究也指出，买方势力还表现在其他的合约条款（Contractual Obligations）中，比如通道费、上架费以及数量折扣等。

综上分析可知，以"其他买方"和"正常竞争"作为基准定义的买方势力概念比以完全竞争作为基准定义的买方势力内涵更加丰富，前一种比较基准定义的买方势力包含了后一种基准定义的买方势力。

3. 以谈判理论为基础的买方势力定义

不管是以"其他买方""正常竞争"，还是以"完全竞争"作为基准定义买方势力，其关注点都是买方势力导致的最终结果。除此之外，有部分学者还从买方势力行使过程出发来定义买方势力。一般情况下，具有买方势力的买方往往会与上游卖方谈判确定交易合约，而买方势力的作用正是体现在上下游谈判过程中。在上下游谈判过程中，用到了谈判理论，所以一些学者就从谈判理论出发对买方势力进行定义。例如，Inderst 和 Mazzarotto（2008）将买方势力定义为买方和供应商讨价还价的能力。Chen（2014）的研究则更加全面，将买方势力划分为买方谈判能力、买方谈判地位和卖方谈判地位三个方面。OECD（1998）则从谈判过程双方的威胁入手，将买方势力定义为：如果一个企业能够施加给至少一家供应商某一可信的威胁，例如将增加其长期机会成本（如损失的增加或收益的减少），那么，这个企业就具有买方势力。类似地，Kirkwood（2005）也把买方

---

① The new kid on the block：buyer power. Chapter 3 in "The next antitrust angenda：the American Antitrust Institute's transition report on competition policy to the 44th president of the United States"，2008.

势力解释为"零售商通过向供应商施加利润受损的威胁，以获得供应商交易协议的退让，如果零售商具备这种能力，则称为买方势力"。

综上分析，笔者认为可以将买方势力的定义方法总结为两类：第一类是以作用结果为要点的定义方法。这种定义方法都认为买方势力的增强可以使企业获得更加优惠的交易条款，但是对优惠交易条款的理解不同又可以得到不同的定义。首先，不同的比较对象得出了买方势力的不同定义；其次，对价格条款和非价格条款的关注不同也会出现不同的定义。第二类是以买方势力作用过程为要点的定义方法。这类定义方法多以买方势力发挥作用的过程作为分析要点，进而定义买方势力。这两种方法定义的买方势力之间存在一定的联系。在以买方势力作用过程为要点定义的买方势力中，上下游企业之间谈判，这就暗含上游企业具有一定的势力。所以，此时市场的比较基准应该是非完全竞争条件下的基准。

二、买方势力定义研究总结及评述

通过上述分析可以发现，虽然采用不同的方法对买方势力进行定义得到的结果不同，但是这些定义之间存在一定的内在联系，其内涵基本一致。具体地，笔者认为买方势力的内涵可以总结为如下几点：

第一，买方势力是下游买方相对于上游卖方的势力，这种势力最本质的功能是使买方获得更多的利润。无论如何定义买方势力，买方势力都是下游企业相对于上游企业的势力；无论买方势力通过哪种方式发挥作用，买方势力的最终作用结果就是使企业获得更高的利润。

第二，买方势力有两种不同的表现形式和作用机理。在上游完全竞争、下游垄断的市场结构下，买方势力表现为买方垄断势力，此时买方势力通过降低购买量来降低市场价格；在上下游均是非完全竞争的市场结构下，买方势力表现为买方谈判势力，此时买方势力通过上下游谈判来获得更加优惠的交易条款。

应该说，目前学术界对买方势力概念的认识基本达成一致。但是，笔者认为在这一概念中还有一些细节需要进一步思考。首先，如前文所述，买方势力和卖方势力是企业市场势力的两种表现形式。那么，买方势力和卖方势力之间存在什么关系？其次，买方势力的本质是什么？对这些细节的回答对于深入理解买方势力具有重要的意义。笔者将在第三章中阐述个人对这些问题的思考。

第三节 买方势力的来源研究

上文分析表明，买方势力是企业获得更加优惠的交易条款，进而提高自身利润的能力。这一概念确定以后，一个很自然的疑问便是为什么有些企业具有这种能力，而其他企业没有这种能力？也就是说，什么因素使企业具有买方势力？买方势力的来源是什么？这个问题也是买方势力理论研究的重要问题之一。

从现有研究来看，很多学者都对买方势力的来源进行了探讨。那么，如何对影响买方势力来源的因素进行分类，以更加清晰地梳理这些文献呢？笔者认为可以从分析纵向市场结构的构成中得到一些启发。在典型的纵向市场结构中，往往存在三类参与者。以制造商和零售商组成的纵向市场结构为例，产业链的参与方分别是上游制造商、下游零售商和最终消费者。从企业行为决策的角度来看，这三类参与者的行为会相互影响。从理论上来说，影响这三类参与者行为的因素可能都会形成零售商买方势力。所以，本节重点从下游市场层面、上游市场层面和消费者层面三个角度梳理形成买方势力的因素及机理，然后对其他影响因素进行补充说明。由于本书以制造商和零售商组成的纵向市场结构为例进行研究，所以下文下游市场和零售商市场、下游企业和零售商、上游市场和制造商市场、上游企业和制造商含义相同，可以相互替代。

一、下游市场因素

1. 企业规模与买方势力

现实经济中，具有买方势力的企业往往都是规模较大的企业。这种现实现象导致一种直观认识，即规模大的企业具有买方势力。从理论研究的角度来看，对于这个命题需要思考如下问题：规模大的企业一定具有买方势力吗？如果是，规模导致企业具有买方势力的机理是什么？围绕这些问题，已有文献进行了探讨。从研究结果来看，学者们认为规模增大会导致下游企业买方势力增强的机理主要有如下几点：

（1）增强买方的外部选择价值。以 Katz（1987）为代表的学者认为，规模大的企业更容易进行后向一体化，成为自身投入品的供应商。这是因为后向一体化往往需要付出一定的成本，规模大的企业可以更好地分摊这些成本，从而使后向一体化更加有利可图。后向一体化提高了下游企业在谈判过程中的外部选择价值，进而使其可以在谈判过程中获得更加优惠的条款（Sheffman and Spiller，1992；Innes and Sexton，1993；Inderst and Wey，2007）。此外，即使不进行后向一体化，大规模的买方也可以很容易找到可替代的供应商，从而也可以提高自身外部选择价值，增强买方势力（Fumagalli and Motta，2008）。

（2）降低卖方的外部选择价值。当卖方与大规模的买方交易时，如果双方交易破裂，则会导致卖方的大量产品无法销售。此时，卖方为了找到可替代的买方就必须降低产品价格。但是，当与小规模的买方谈判失败后，卖方则可以较容易地找到替代买方。这种情况降低了卖方与大规模买方交易时的外部选择价值，从而提高了下游企业的买方势力（OECD，1999；Inderst and Wey，2007）。

（3）增强买方的谈判能力。Inderst 和 Shaffer（2008）认为，在与大规模的买方进行交易时，上游制造商的谈判耐心程度会降低，这样就会增强下游企业买方势力的谈判能力，从而使买方可以获得更加优惠的交易条款。

不管是外部选择价值还是谈判能力，都是从谈判理论的角度考察企业规模生成买方势力的机理。Inderst 和 Montez（2015）则认为规模会影响上下游企业之间的依赖程度（Dependency），进而形成买方势力。其具体机理在于：规模影响了上下游企业之间的相互依赖程度。但是上游企业对下游企业的依赖程度与下游企业对上游企业的依赖程度会受到买方规模的影响，大规模的买方导致了上游企业更加依赖下游企业，因而便增强了下游企业的买方势力。同样地，Sutton－Brady 等（2015）的实证研究也表明制造商对零售商的依赖是产生买方势力的重要原因。

除上述研究外，还有一些实证研究也证明了大规模企业具有买方势力，可以降低支付给上游的价格。例如，Chipty（1995）及 Chipty 和 Snyder（1999）对有线电视市场的实证研究也发现，大规模运营商（Cable Operators）相对于内容商（Program Service）来说具有较强的买方势力。

但是，企业规模带来买方势力的观点并没有得到所有学者的认可，还有部分学者认为规模只是影响买方势力存在的一个因素，大规模的企业是否具有买方势力还与其他市场因素有关，比如市场竞争因素、企业成本因素等。Ellison 和 Snyder（2010）的实证研究表明，只有在上游市场竞争条件下，大规模买方才会具有买方势力。Chipty（1995）的研究也表明，买方势力的存在除了与规模有关外，还与上游市场的竞争程度有关。

2. 自有品牌与买方势力

自有品牌是近几十年来零售市场出现的一种重要现象，欧美的大型超级市场、连锁商店、百货商店几乎都出售标有自有品牌的商品。例如，英国最大的跨国商业零售集团玛莎百货销售的产品中80%都是自有品牌"圣米歇尔"。美国零售榜样 Trader joe's 的自有品牌产品比例也超过80%。又如，日本最大的零售商大荣连锁集团有40%的商品是自有品牌。此外，自有品牌的出现与大型零售商买方势力增强在时间上表现出较强的重合性，所以，有部分学者认为，零售商自有品牌的引入增强了其买方势力。[①] Mills（1995）、Bontems 等（1999）对自有品牌与买方势力关系进行了研究，认为零售商引进自有品牌可以增加其谈判势力，进而降低零售商支付给上游制造商的批发价格。Narasimhan 和 Wilcox（1998）、Sayman 等（2002）、Ailawadi 和 Harlam（2004）的研究也认为自有品牌的引入可以降低零售商向全国品牌制造商支付的批发价格。Lal（1990）的研究表明，自有品牌除了可以降低批发价格外，还可以使零售商获得其他优惠条款。Scott – Morton 和 Zettelmeyer（2004）则通过构建理论模型正式考察了自有品牌增强零售商买方势力的机理，发现自有品牌的引入提高了零售商在零供谈判过程中的外部选择价值，进而可以使其获得优惠的交易条款。Meza 和 Sudhir（2010）的实证研究证明了 Scott – Morton 和 Zettelmeyer（2004）的结论。

除企业规模和自有品牌外，许多学者还认为零售商会通过一些策略性行为来主动增强自身买方势力。比如，企业会通过兼并（Inderst and Shaffer, 2007; Carlton and Israel, 2011）、形成购买集团（Dana, 2012; King, 2013; Caprice and Rey, 2015; Jeon and Menicucci, 2017）等方式增强其采购规模，形成买方势力。[②] 此外，Chambolle 和 Villas – Boas（2015）的研究表明，下游竞争零售商会选择向差异化制造商购买产品，以增强自身买方势力。

二、上游市场因素

除下游市场层面的因素外，还有很多学者认为上游制造商层面的因素也会形成下游企业的买方势力，其中最为重要的因素就是上游制造商的成本特征。Chipty 和 Snyder（1999）、Inderst 和 Wey（2003, 2007）等的研究发现，只有当上游制造商边际生产成本递增时，零售商才能够在交易中得到折扣或有利的交易条件。Chipty 和 Snyder（1999）在研究兼并对于买方势力的影响时发现，兼并对

---

① 可以确定增强买方势力不是零售商引入自有品牌的唯一原因，自有品牌还可以增强零售商利润，提高消费者忠诚度，增强零售商竞争优势等。关于自有品牌的更多研究可以参见 Hoch 和 Banerji（1993）、Corstjen 和 Lal（2000）、Ru 等（2015）等。

② 关于现实经济中零售商形成买方集团的案例可以参见 Caprice 和 Rey（2015）。

于买方势力的影响很大程度上依赖于供应商总剩余的曲率。当供应商的总剩余为凹函数时，兼并能够增强买方势力。Inderst 和 Wey（2003）在研究中构建了一个双边寡头市场，分析市场中的兼并激励与技术选择问题。研究结果表明，当供应商单位成本递增时，下游零售商倾向于兼并，下游零售商的兼并会使上游供应商的谈判地位下降，从而增强了下游零售商相对于制造商的买方势力。Inderst 和 Wey（2007）的研究结果表明，大型零售商的存在能够削弱制造商的外部选择价值，且当制造商在生产能力约束或者成本为严格凸函数时，大型零售商能够从制造商处获取更有利的交易条件，提高自身买方势力。Raskovich（2003）也从成本的角度对买方势力的存在进行了研究，同样发现，当制造商成本为凸函数或利润为凹函数时，零售商能够获得买方势力，得到更有利的交易条件。此外，Normann 等（2007）还通过实验分析，检验了关于制造商收入函数的曲率对于买卖双方谈判的影响。通过比较不同成本形式，发现只有当上游制造商边际成本递增时，零售商能够得到数量折扣。该研究验证了 Chipty 和 Snyder（1999）、Inderst 和 Wey（2003，2007）与 Raskovich（2003）等的理论研究结果。

以上研究主要关注了制造商的成本特征对于买方势力形成的影响，并得到了较为一致的结论，认为只有当上游制造商的边际成本递增，也就是制造商的总剩余函数为凹函数时，买方势力才能够存在。

三、消费者层面因素

以上分析的买方势力来源不管是企业规模、自有品牌，还是上游成本特征都是从上下游交易方的角度来寻找产生买方势力的因素。但是，从产业链纵向关系的角度来看，下游零售商购买产品是为了转售给最终消费者，最终消费者的需求直接影响了下游零售商的需求和规模。所以，从这一角度来看，最终消费者的特征因素也可能影响买方势力的形成。基于这一想法，一些学者对消费者特征与零售商买方势力之间的关系进行了探讨。

学术界的初步研究发现，消费者偏好特征是形成下游零售商买方势力的重要因素，其中最为重要的就是消费者采购偏好。随着生活节奏的加快以及购物成本的提高，越来越多的消费者偏好"一站式"采购的模式。[①] 在"一站式"采购过程中，消费者不仅关注单个产品的价格，更关心商品篮子的价格，这样就使即使不相关的产品之间也会产生替代性（Baye et al.，2018；Caprice and Schlippen-

---

① 关于消费者"一站式"采购的特征说明可以参见 Caprice 和 Schlippenbach（2013）。

bach，2013）。这一替代性的出现会改变制造商和零售商之间的谈判模式，从而可能影响零售商的买方势力。Johansen（2011）构建了多产品零售商（Multiproduct Retailer）和单产品零售商（Single Product Retailer）竞争的模式，并在模型中引入了"一站式"采购消费者（One-stop Shopper）。研究发现，"一站式"采购消费者数量的增多加剧了零售商之间的竞争程度，降低了产业链总利润。与此同时，也增强了多产品零售商相对于上游制造商的买方势力，使其获得更多的产业利润。但是，Heimeshoff 和 Klein（2014）通过对德国啤酒市场中两个啤酒制造商联合抵制下游零售商的案例进行分析发现，消费者"一站式"采购的偏好提升了啤酒制造商的谈判能力，降低了下游零售商的买方势力。可见，Heimeshoff 和 Klein（2014）与 Johansen（2011）的研究结论恰好相反，出现这一情况的原因可能在于 Johansen（2011）考虑了零售商之间的竞争，零售商竞争进一步影响了制造商和零售商之间的谈判。无论原因何在，从目前的研究来看，消费者"一站式"采购偏好对零售商买方势力的形成都具有较大的影响，但具体影响结果如何，还需要更加深入的研究。

从目前研究现状来看，学术界对消费者特征产生买方势力的机理研究相对较少，而且这些研究多从消费者"一站式"采购特征的角度进行考察。实际上，除了"一站式"采购特征以外，消费者更加一般性的偏好特征可能也是影响零售商买方势力的重要原因。笔者导师所带领的团队则从消费者基本偏好特征入手，系统地研究了消费者偏好形成买方势力的机理。[1] 研究发现，消费者偏好是买方势力的重要来源，其对买方势力形成的作用主要体现在两个方面：第一，在消费者偏好外生的情况下（不考虑企业行为对消费者偏好的影响），消费者偏好呈现异质性分布，这种异质性分布受消费者生活习惯、购买习惯以及个人认知等因素的影响，且呈正态分布特征。正态分布的异质性偏好使位于消费者偏好分布均值处的企业可以获得较多的消费者资源，进而获取大量的销售规模，销售规模的增大使上游企业对其产生渠道依赖，从而形成了下游企业相对于上游企业的买方势力。第二，外生异质性偏好带来的买方势力为企业进一步改变、操纵消费者偏好提供了基础，下游企业可以利用买方抗衡势力带来的额外收益投资于广告、服务等营销行为中，从而改变、操纵消费者的偏好，获取更多的消费者资源和买方抗衡势力。由此可见，外生的消费者偏好具有正向反馈效应，会形成下游企业竞争优势的良性循环。

---

[1] 这一研究工作主要依托于国家自然科学基金项目"消费者背景下买方抗衡势力形成机理及其影响研究"。关于消费者偏好形成买方势力的具体研究成果可以参见李凯和陈浩（2011）、李凯等（2016）。

以上对买方势力来源的分析主要关注产业链纵向市场结构因素。实际上，在特定行业中，一些行业政策、行业特征等因素也会影响企业的买方势力。例如，Ikonnikova 和 Zwart（2014）的研究表明，在国际贸易市场中，贸易配额（Trade Quotas）会影响进口企业相对于国外出口企业的买方势力。

第四节　买方势力的影响研究

在厘清买方势力的概念和来源之后，学术界面临的另外一个重要问题就是：买方势力会产生哪些影响？买方势力的影响是各国反垄断部门关心的核心问题，也是学术界研究的重点所在，占据了买方势力相关研究的很大比重。从以上对买方势力的分析中可以看出，与传统的卖方市场势力不同，买方势力具有对抗传统卖方市场势力，提高社会福利的可能；但买方势力同时也具有压榨上游、降低社会福利的可能。目前，学术界对买方势力影响的研究也正是伴随着这两方面效应的争议而展开的。

一、买方势力与"加尔布雷斯假说"

Galbraith 认为，买方势力的增强会带来更加优惠的交易条款，这一优惠会进一步向下游传递，从而降低市场零售价格，提高社会福利，学术界称这一论断为"加尔布雷斯假说"（Galbraith Hypothesis）。从本质上看，"加尔布雷斯假说"反映的是买方势力对市场零售价格的影响，对于这一假说是否成立学术界进行了大量的探讨。

Von Ungern - Sternberg（1996）、Dobson 和 Waterson（1997）的研究表明，当下游竞争激烈时，随着买方势力的增强，零售价格下降。Chen（2003）通过构造上游一家供应商、下游一家主导零售商与多家边缘零售商的理论模型，用主导零售商的利润分成能力衡量其买方势力，进而研究了主导零售商买方势力的增强对零售价格与社会福利的影响。研究结果表明，抗衡势力的增强可以导致零售价格的下降，但对总剩余的影响是不确定的。Erutku（2005）对 Chen（2003）的模型进行了扩展，引入了连锁零售商和当地零售商之间的价格竞争，发现买方势力的增强会降低连锁零售商的零售价格，但对当地零售商零售价格的影响不确定。Christou 和 Papadopoulos（2015）也在 Chen（2003）的模型基础上进行了扩展，发现买方势力的作用是"中性"的，既不会提高价格，也不会降低价格。Matsushima 和 Yoshida（2017）则引入了主导零售商的促销功能，进一步对 Chen（2003）的研究进行了扩展。Matsushima 和 Yoshida（2017）认为，主导零售商往往是品牌知名度较高的零售商，这样制造商产品在主导零售商处销售时会向外界发送产品质量较好的信号，从而会增加其产品需求。在这种情况下，若制造商和主导零售商谈判失败，其产品不能得到主导零售商的质量认证，则需求下降。在零售商具有促销功能的条件下，Matsushima 和 Yoshida（2017）发现买方势力的增强也会降低零售价格。Mills（2010）的研究表明，买方势力是否会降低零售价格与上游制造商的结构特征以及制造商和零售商之间的相互作用关系有关，在上游制造商产品的供给弹性无限大的情况下，主导零售商的买方势力不会影响零售价格；在上游制造商产品的供给函数是向右上方倾斜的情况下，买方势力的增强会降低零售价格，但是由于买方势力也降低了制造商的利润，所以对社会总福利的影响不一定为正。

还有一些学者从买方势力的来源入手，分析买方势力的影响问题。买方势力的一个重要来源是兼并，通过下游零售商的兼并，企业可以获得相对于上游企业的买方势力。但是，兼并同时也提高了零售商相对于最终消费者的市场势力，而这种势力的增强会提高市场零售价格。所以，即使买方势力增强会降低批发价格，并向下游传递，其对最终价格的影响也是不确定的。Gaudin（2017）就对这种情况进行了研究，发现下游零售商之间的兼并一方面提高了零售商相对于消费者的市场势力，具有提高市场零售价格的倾向；另一方面零售商兼并也提高了相对于制造商的买方势力。但是买方势力的提高能否降低中间产品批发价格还与零售价格的传递率（Pass-through Rate）有关。只有在传递率递增的情况下，买方势力才会导致中间产品批发价格降低。因为零售市场兼并提高了零售商的定价能力，在传递率上升的情况下，给定批发价格零售商的定价较高，此时制造商会降低批发价格来降低定价压力。由此可以看出，买方势力增强也不一定降低市场零售价格。Chen 等（2016）的研究也发现买方势力的增强会降低零售价格，提高社会福利。但是与上述研究不同，Chen 等（2016）还重点探讨了零售市场竞争程度对买方势力作用的影响，发现零售市场竞争程度越弱，买方势力的作用效果越强。也就是说，买方势力和下游零售市场竞争对最终零售价格的影响具有替代关系。

通过以上总结可以发现，多数学者认为在一定条件下，买方势力的增强可能会降低市场零售价格，加尔布雷斯假说确实成立。但是 Caprice 和 Shekhar

（2017）的研究却认为零售商买方势力的增强会提高市场零售价格，这是因为他们考虑了消费者的购物成本。Shaffer（1991）的研究也表明，在双边双寡头的市场结构，且上下游采用两部收费制进行交易的条件下，买方势力的增强会提高市场零售价格。这是因为买方势力的增强使零售商具有了合约的选择权，加之上下游双寡头和一对一交易的情况下，上下游形成了竞争产业链的纵向市场结构，此时交易双方在交易价格决策时具有策略性效应，从而会导致零售价格的上升。

以上研究多通过构建数理模型，采用博弈论的方法对企业行为进行分析，进而揭示买方势力对价格的影响及其机理。虽然这些研究从理论上揭示了买方势力在一定条件下可以降低价格，提高社会福利，但是现实经济中这种条件是否满足、买方势力是否真的降低了价格还需要进行实证检验。Sutton – Brady 等（2015）采用文本分析和深度访谈的方法对澳大利亚零售产业的买方势力情况进行了调查，并评估了买方势力的影响。研究表明，澳大利亚零售产业中买方势力确实在增强，从而导致了制造商和零售商不对等的情况出现。从短期角度来看，零售商买方势力的增强对消费者有利，但是从长期来看，买方势力可能会损害零售产业。除了实证的方法以外，还有少数学者采用经济实验的研究方法，通过进行经济实验考察买方势力的影响。Orland 和 Selten（2016）的实验证据就表明，当市场中买方数量较少时，市场价格会降低，即买方势力的存在确定降低了价格。但是需要注意的是，在这些实验研究中，买方势力都是指最终消费者的买方势力，而不是指企业的买方势力。Chambolle 和 Villas – Boas（2015）的研究表明，在零售商通过制造商差异化来获取自身买方势力的情况下，由于零售商会选择低质量产品以增强自身买方势力，所以此时买方势力增强会降低社会福利。Li 和 Moul（2015）认为，零售商买方势力的增强会导致上下游交易模式的变化，以中国手机市场的具体案例为例，Li 和 Moul（2015）采用结构模型的实证方法具体探讨了买方势力增强带来的影响。结果表明，买方势力的增强使上下游交易模式从制造商主导转变为零售商主导，进而提高市场的服务水平和社会福利。

二、买方势力与"水床效应"

目前，学术界普遍认同买方势力的增强会降低零售商自身交易价格，或者带来其他更加优惠的交易条款。但是，零售商交易价格的降低也减少了上游制造商的利润，这时制造商可能会通过提高其他零售商的价格来弥补损失。也就是说，零售商买方势力增强给自身带来优惠条款的同时也可能恶化竞争对手的交易条件，学术界称之为"水床效应"。"水床效应"本质上反映的是买方势力变化对竞争对手的影响，但学术界对这一影响并没有达成一致的认识，一些学者认同"水床效应"的存在；另一些学者认为买方势力的增强不会恶化竞争对手的交易条件，相反还会给竞争对手带来优惠，即出现"反水床效应"；还有少数学者认为买方势力的出现不影响竞争对手价格，即"水床效应"和"反水床效应"都不会存在。

具体地，Inderst 和 Valletti（2011）认为，随着有势力零售商买方势力的增强，其获得的批发价格下降，但是供应商为了弥补利润损失会提高没有买方势力的零售商的批发价格，即会出现"水床效应"。Majer（2008）对"水床效应"的强弱以及影响进行了深入的研究，通过构建上游垄断、下游双寡头竞争的市场模型，并假设下游双寡头企业都通过和上游谈判确定交易合约，作者证明了"水床效应"的存在性，并且进一步发现"水床效应"的强弱与下游市场的竞争程度有关。King（2013）则重点研究了"水床效应"出现的条件，发现"水床效应"的出现与下游竞争、上游成本特征以及市场需求特征等因素有关。Dertwinkel-Kalt 等（2015）以零售商的外部选择价值作为买方势力的衡量标准，发现在上游制造商统一定价的情况下，买方势力的增强会提高其他企业购买投入品的价格。与这些研究不同，Chen（2003）的研究表明，买方势力的增强降低了边缘零售商的批发价格，即出现"反水床效应"，其原理在于买方势力的增强降低了制造商的利润，此时制造商会通过降低边缘零售商的批发价格增强边缘零售商的竞争力，从而提高从边缘零售商处获得的利润。Erutku（2005）在买方势力较强的情况下，得到了与 Chen（2003）类似的结论。

三、买方势力与制造商创新

随着买方势力研究的深入以及现实经济中买方势力的不断增强，反垄断当局以及学者们开始担心买方势力会影响上游供应商的长期创新决策。因为从直观上来说，买方势力的增强会降低供应商的利润，如果供应商利润长期处于降低的状态，那么势必会影响供应商创新的激励，所以很多学者开始研究买方势力对制造商创新的影响。Inderst 和 Wey（2011）构造了一个谈判模型，通过规模内生出买方势力，研究了买方势力对供应商创新激励的影响。Chen（2004）通过构建垄断制造商、主导零售商和边缘零售商的纵向市场结构模型，认为买方势力的增强会降低制造商产品的多样性。Battigalli 等（2007）在制造商创新提高产品质量的条件下，发现买方势力的增强会降低制造商的质量创新激励，损害社会福利。而且 Battigalli 的研究还发现，此时买方势力的增强产生的影响对零售商自身也是不利的。Inderst 和 Wey（2011）用零售商的外部选择价值衡量其买方势力，发现买方势力的增强会促进上游的创新，其原因在于上游制造商通过提高创新决策可以降低零售商的外部选择价值。Chen（2014）则将买方势力分解为买方谈判势力、买方谈判地位和卖方谈判地位三种形式，发现买方势力的这三种形式表现对制造商工艺创新和产品创新的影响不同。Inderst 和 Shaffer（2007）、Faulí 等（2011）则用下游市场集中度来反映买方势力的强弱，研究发现买方势力的增强会促进上游企业的创新。而 Johansen（2012）则引入了消费者"一站式"购物的特征，发现"一站式"购物消费者的增加会增强大型零售商的买方势力，进而提高制造商的创新激励。Inderst 和 Wey（2007）考察了制造商产能限制以及成本函数特征形成买方势力的机理，并发现由此形成的买方势力也会促进上游制造商的创新决策。

除了以上影响以外，买方势力的存在可能还会对上游市场结构产生影响。这种影响的机理可能在于下游买方势力的增强会促进上游企业兼并，进而抵抗买方势力的激励。Baye 等（2018）在消费者"一站式"采购背景下，考察了买方势力变化对上游制造商的兼并激励。Mérel 和 Sexton（2017）考察了买方势力对上游市场进入的影响，发现买方势力的增强会促进上游进入。

四、买方势力对纵向控制的影响研究

纵向关系本质上是上下游企业之间的交易关系。在这种交易关系中，连接交易双方的最基本要素就是交易价格，多数文献称之为批发价格。从直观上来看，在上下游交易过程中，上游只需制定产品批发价格，下游按照这一价格进行购买即可，双方企业应该具有其他方面行为的自由，包括购买对象、购买数量、购买后的产品处置等。在这种交易模式中，双方都不会对对方的行为进行干预，类似于"一手交钱，一手交货"，所以有些文献也称之为现货市场（Spot Market）。但是，现实经济中很多交易关系不具有这种特征，而是表现出一方企业对另一方企业的行为进行限制的特征。比如，上游企业要求下游企业只能购买自己的产品，上游企业要求下游企业购买产品后必须按照指定价格转售等。这种纵向关系状态即是上下游企业的纵向控制状态。为了表述方便，笔者称前一种纵向关系状态（现货市场）为非纵向控制状态。

由此可见，上下游纵向关系中有两种基本形态——纵向控制和非纵向控制。这种纵向关系的基本形态构成了买方势力发挥作用的基本条件。在不同的纵向关系形态下，买方势力的作用及影响会有所不同。上文总结的买方势力影响文献多

是在上下游非纵向控制的状态下进行研究的。实际上，还有部分学者考察了上下游纵向控制条件下买方势力的影响。本节即对这部分研究内容进行回顾。①

在传统的纵向控制关系中，往往是上游企业对下游企业进行纵向控制，已有文献也称这种纵向控制为制造商主导的纵向控制，或上游主导的纵向控制。在制造商主导的纵向控制中，上游企业相对于下游企业具有较强的卖方势力。但是，随着产业链纵向关系的改变，下游企业相对于上游企业的买方势力不断增强。这种情况下，下游企业必然想突破上游企业对其进行的纵向控制，所以，买方势力的增强会对原有纵向控制的实施产生影响，甚至会出现下游买方主导的新型纵向控制。这种情况下，买方势力的影响即是纵向控制条件下买方势力的影响。②

按照以上的分析逻辑，买方势力对纵向控制的影响理论上可以分为两方面：第一方面，买方势力对传统纵向控制实施条件和效果的影响。传统制造商主导的纵向控制是出于制造商利益而对零售商进行的限制，这种限制对于零售商不利。那么，零售商买方势力增强后传统纵向控制还能否实施？如果能够实施，传统的纵向控制效果会发生哪些改变？从理论上来说，这些研究问题是成立的，而且具有研究意义。但是，从现有研究来看，很少有学者对这些问题进行研究，笔者对这一问题进行了初步探讨，具体可以参见李凯等（2014）及李凯等（2017）。买方势力对纵向控制影响的第二方面就是零售商主导的纵向控制问题研究，这一问题是目前学术界研究的重点。从现有研究来看，学术界多关注零售商通道费的机理和效应的研究。

通道费最早出现在20世纪80年代中期的发达国家，起初是零售商销售制造商的新产品时，向制造商索取的固定费用。后来不仅在新产品中会出现通道费，而且在一些成熟产品中零售商也要收取通道费。通道费的形式也更加多样化，常见的有上架费、堆头费、促销费、店庆费等。目前，关于通道费的研究可以分为两个派别：以 Chu、Lariviere、Padmanabhan、Sullivan 等为代表的效率促进派认为，通道费解决了制造商与零售商之间的信息不对称问题，提高了效率。以

---

① 纵向控制状态和非纵向控制状态是笔者个人对纵向关系形成的概括和分类，在已有文献中很少见到这种分类方法，故其合理性还需与读者探讨。第三章构建的买方势力理论研究体系也是基于这一分类思想。

② 传统纵向控制的研究多假设上游企业相对于下游企业具有较强的卖方势力，进而考察卖方主导的纵向控制出现原因以及福利效应。传统纵向控制理论研究已形成较为完整的理论体系，关于这一研究可以参见 Tirole（1988）、Mathewson 和 Winter（1984）、Bolton 和 Bonanno（1988）、Mathewson 和 Winter（1983）、Rey 和 Tirole（1984）、Stiglitz 和 Rey（1995）、Rey 和 Vergé（2010）、Dobson 和 Waterson（2007）等。

Shaffer 为代表的市场势力派认为，通道费是零售商买方势力的体现，是零售商的强权行为，通道费的出现损害了消费者福利。在效率派的研究方面，Kelly（1991）、Bloom 等（2000）认为，新产品上市时能否成功具有很大的不确定性，零售商销售产品面临着巨大的风险，零售商收取通道费是将其面临的风险转移给制造商。Chu（1992）、Lariviere 和 Padmanabhan（1997）、Sullivan（1997）等的研究发现，通道费具有发送产品质量信号的作用，通过收取通道费零售商可以甄别出高质量的产品。Lariviere 和 Padmanabhan（1997）、Desai（2000）、Sullivan（1997）的研究还发现，通道费除了起到发送信号的作用外，还起到了分担成本的作用。Foros 等（2009）发现，零售商收取通道费可以提高制造商的边际利润，激励制造商提供服务。在市场势力派的研究方面，Shaffer（1991）构建了上游完全竞争、下游双寡头竞争的纵向关系模型，在下游企业具有完全势力的假设下，分析了通道费的效应。研究发现，通道费具有辅助行为的作用，促进了企业之间的默契合谋，提高了零售价格，降低了下游企业之间的竞争，损害了社会福利。Foros 和 Kind（2008）将 Shaffer（1991）的模型扩展到下游企业进行差异化竞争的情况，也得出了类似的结论。Shaffer（2005）认为，主导企业可以通过向下游零售商提供通道费将边缘企业排挤出市场，从而获取垄断利润。此时，市场中的产品种类减少，消费者支付的价格上升，因而通道费降低了消费者福利。

除了通道费以外，还有部分学者对零售商主导的独占交易进行了探讨。Mills（2017）的研究表明，具有买方势力的零售商还可能要求上游制造商实施独占交易，从而将部分制造商排挤出市场。在这种条件下，买方势力导致的独占交易会降低存在于市场中产品的价格，因为只有降低价格才能鼓励消费者进行产品转移。但是，由于消费者也失去了其他产品的选择，所以买方势力最终对福利的影响不确定。类似地，Gabrielsen 和 Johansen（2015）也从买方势力影响独占交易的角度入手，考察了买方势力的影响。研究发现，与卖方势力相对，买方势力条件下，独占排他发生的概率更低，市场零售价格也更低。所以，即使从排他交易的角度看，买方势力也具有提高社会福利的效应。

第五节 买方势力的规制研究

买方势力理论研究的一个重要目的就是反垄断规制。但是，关于买方势力的作用和影响的理论研究只能给买方势力反垄断规制提供决策的理论依据。在具体的买方势力反垄断实践中还有很多其他问题需要进一步探讨，比如相关市场界定、买方势力的认定以及买方势力效应的评估等。

在市场界定方面，由于买方势力涉及上下游两层市场，所以相关市场的界定就分为上游市场的界定和下游市场的界定。以制造商和零售商之间的纵向关系为例，Chen（2007）认为，在下游零售市场界定过程中，由于零售商面临的买方是最终消费者，所以卖方市场的界定方法与传统市场界定方法相同。但是，在买方市场界定过程中，则需要更多的讨论。Clarke 等（2002）还区分了相关产品市场和相关地域市场，对买方势力反垄断过程中的相关市场界定进行了分析。

在相关市场确定以后，就可以对买方势力的大小进行评估。Clarke 等（2002）认为，可以通过买方市场份额、供给弹性、价格成本边际等方法衡量买方势力大小。在买方势力效应评估方面，Dobson 和 Waterson（1999）在结合英国零售业反垄断的实践经验研究中，提出了一个分析买方势力的反垄断政策分析框架。这个分析框架由相应的五个问题组成：第一，零售商是否具有很大的垄断势力？第二，零售商是否针对相对无势力的供应商实施了买方势力？第三，买方势力本身是否有利于消费者？第四，零售商是否会约束供应商除价格之外的行为？第五，伴随着买方势力是否存在生产效率的改进？这五方面的问题又可以细分为更小的具体问题，从而使这一分析框架具有很强的可操作性。Clarke 等（2002）以欧洲食品行业为例，针对如何评估买方势力的影响，提出了四个步骤：步骤一，买卖双方市场的界定；步骤二，市场集中度；步骤三，企业纵向限制行为的实施；步骤四，市场绩效。Kirkwood（2005）结合具体案例分析买方势力导致的排他交易的规制方法。Inderst 和 Mazzarotto（2016）对严重阻碍有效竞争标准（Significant Impediment to Effective Competition，SIEC）在买方势力效应评估过程中的应用进行了讨论。

从现有研究来看，学术界对买方势力反垄断实践中的具体问题探讨较少，对于一些关键性的问题还没有得出较为确定的结论，例如买方势力条件下的相关市场界定以及买方势力具体评估等。

第六节　国内学者对买方势力的研究

以上从买方势力的定义、来源、影响和规制四个方面对国外相关理论研究进行了总结和分析。相对于国外研究来说，国内对买方势力的理论研究起步较晚，但近几年也取得了较为丰硕的理论研究成果。本节即对国内买方势力的理论研究进行回顾和总结。为了对国内买方势力研究现状进行全面的分析，笔者首先以"买方势力""买方抗衡势力""抗衡势力""买方垄断势力"四个搜索关键词作为主题，[①] 在中国知网中搜索相关的文献，共搜索 242 篇相关论文。在此基础上，对每篇论文逐篇阅读和筛选，剔除不相关的文献，最终得到了买方势力相关的文献 198 篇，其年度分布如图 2-2 所示。

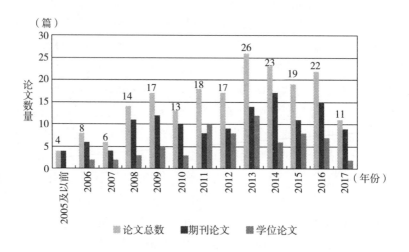

图 2-2　国内买方势力文献分布

对比图 2-1 和图 2-2 可以很容易地发现，相对于国外买方势力的理论研究来说，国内研究起步较晚，但发展速度较快。2005 年以前（含 2005 年），国内只有 4 篇关于买方势力的文献；[②] 之后，相关研究逐年增加，2013 年买方势力的理论文献达到 26 篇。此外，从发表的硕博学位论文来看，2006 年以前没有与买方势力相关的硕博学位论文，但之后买方势力相关的硕博学位论文逐年增加。通过这些简单的论文发表数据，再结合前文国外买方势力理论研究的基本发展脉络，不难看出国内买方势力研究起步远远晚于国外研究。但是，从发展速度上来

---

① 四个搜索关键词之间的逻辑关系是"或"的关系。

② 四篇论文分别是吴绪亮（2005）、吉福林（2004）、徐薇和程新章（2004）、马龙龙和裴艳丽（2003）。此外，郭竞成（1999）、刘红宁和袁杰（2001）的研究中也出现了买方垄断势力的概念，其中，刘洪宁和袁杰（2001）对医药的买方垄断势力进行了分析，但是这些分析只是对传统买方垄断势力概念的简单分析和应用，没有进行更深入的思考，所以本书未将其列入买方势力的研究中。

看，国内买方势力的理论研究发展较快，越来越多的国内学者开始关注买方势力的理论研究。

以上从论文发表数量上直观给出了国内买方势力研究的基本发展脉络和趋势，勾勒了国内买方势力理论研究的整体图景。但是，要想准确把握国内研究的内容和特点，还需要对这些研究进行深入阅读和分析。通过对这些文献进行深入阅读和分析，笔者总结出国内买方势力理论研究的如下特点：

第一，国内买方势力理论研究起源于对大型零售商收取通道费现象的思考。随着我国零售商市场集中度的提高，大型零售商向上游供应商收取通道费的现象越来越常见，引发了较为严重的零供冲突。① 特别是在2000年以后，大型零售商收取通道费的现象更是引起了政府和社会公众的广泛关注。零售商收取通道费是其买方势力增强的重要表现。所以，部分国内学者就以通道费为切入点，对零售商买方势力的相关问题进行了探讨。比如，吴绪亮（2005）在分析买方势力效应的基础上，探讨了我国本土零售市场买方势力的规制问题；张赞和郁义鸿（2006）对通道费的效应和规制进行了具体探讨。虽然国内学者对买方势力的研究是从零售产业切入的，但随着研究的深入，一些学者又关注了汽车产业中的买方势力问题，比如煤电产业（于立宏和郁义鸿，2006；于立宏，2006；白让让，2009；曲创和秦阳洋，2009；陈小毅和周德群，2011）、IT产业（张晔，2006）、广电产业（王勇和张雷，2009）、劳动力市场（孙妍，2010；刘玉海和黄超，2017）、医药产业（张庆霖，2011；张庆霖和郭嘉仪，2013；李凯等，2017）、钢铁产业（郁培丽等，2013；钟代立和胡振华，2017）等。

第二，从研究内容来看，国内学者对买方势力的研究主要也围绕着概念、来源、影响以及规制四个方面展开。但是重点主要集中在买方势力的影响研究上，对于买方势力概念、来源和规制只有少数学者进行了探讨（吴清萍和忻红，2009；程贵孙，2010；陈甬军和胡德宝，2008；曲创和秦阳洋，2009；付红艳和张鹏举，2016；石奇和孔群喜，2009）。对于买方势力的影响研究，国内学者重点也关注了买方势力对市场价格、社会福利以及供应商创新的影响。例如，吴清萍和忻红（2008）、吴清萍（2008）研究了买方势力对上下游交易价格和市场零售价格的影响；付红艳和李长英（2009）在不同产权性质下考察了买方势力的福利效应；孙晓华和郑辉（2011）、李凯和李伟（2015）、李凯等（2016）考察了买方势力对上游制造商创新的影响。除了买方势力对价格和创新的影响外，国内

---

① 零售商收取通道费引发零供冲突的部分案例可以参见附录一。

还有部分学者考察了买方势力对其他决策的影响，李凯等（2014）考察了买方势力变化对上游制造商合约类型决策的影响，李凯和李伟（2016）考察了买方势力对供应链纵向结构决策的影响，任国英和窦一杰（2014）考察了买方势力对上游企业产品安全水平的影响，谢申坤等（2016）考察了买方势力对贸易政策的影响。

第三，从研究深度上来看，笔者认为国内研究相比国外研究尚存在一定距离。国内对买方势力的研究多揭示不同条件下，买方势力影响的具体结果，但是对于影响结果背后的机理缺乏深刻的分析，从而在一定程度上降低了研究的理论意义。所以，虽然国内买方势力理论研究数量较多，但是具有深度理论研究的文献不多，表现出"多而不强"的研究现状。①

第七节　买方势力现有研究的整体评述

通过以上的文献回顾可以看出，学术界对买方势力的研究主要围绕"定义—来源—影响—规制"的逻辑思路展开，得到了很多有意义的研究结论。虽然如此，目前买方势力的研究还存在一些不足和有待深入之处。

第一，现有研究很少对买方势力理论研究的主要内容以及分析框架进行系统分析，缺乏买方势力理论研究体系和一般分析框架。如前文所述，买方势力和卖方势力是市场势力的两种表现形式，现有理论对卖方势力的研究形成了较为完整的理论研究体系，但是对买方势力的理论研究还相对松散，没有形成统一的框架。实际上，对买方势力的相关研究应该构建完整的理论框架，这样不仅有利于深入理解买方势力的作用机理及其效应，而且有利于认识买方势力在现有理论研究中的地位，同时为未来买方势力的理论研究提供方向。

第二，很少有研究系统考察市场环境与买方势力之间的相互作用关系。具有买方势力的企业总是处于复杂的横向和纵向市场环境中，这些市场环境一方面决定了买方势力存在与否，另一方面也影响了买方势力的作用。现有文献只是零散地考察市场环境与买方势力之间的关系，缺乏对市场环境与买方势力之间作用关

---

① 在绘制图 2－1 过程中，笔者分析了国外 100 篇买方势力理论文献，这 100 篇文献不管是从数量上还是从质量上，都反映了国外研究的现状。在绘制图 2－2 时，笔者分析了国内近 200 篇相关文献。可见，国内买方势力的文献数量要远多于国外文献数量。

系的系统分析。如果不厘清现实产业环境与买方势力之间的相互作用关系，则很难准确探讨买方势力的影响。而且买方势力作用的变化反过来可能会影响市场环境，如果不考虑市场环境的差异，也很难识别买方势力作用对市场环境的反向影响。所以，有必要对买方势力所处的现实产业环境进行分析提炼，并将其引入买方势力的理论研究中，进而探讨买方势力与市场环境之间的相互作用关系。

第三，缺乏本土市场情景下的买方势力理论研究。相对于国外研究而言，国内研究较少，尤其是缺乏针对本土市场情景的买方势力问题的研究。实际上，买方势力在我国的很多产业中都有所体现，比如前文所述的零售产业、医药产业和煤电产业。作为一个转型的市场经济体，我国很多产业有着自身固有特征，这些本土化的市场特征决定了买方势力的影响与国外市场不同。所以，又必须要对中国本土市场环境下的买方势力问题进行探讨。

第四，鲜有文献对买方势力在企业竞争战略中的应用进行系统探讨。目前，学术界对买方势力理论应用研究主要集中考察买方势力在反垄断实践中的应用。实际上，现有研究发现很多情况下买方势力的存在并不会对社会福利造成负面影响，因而并不需要对买方势力进行过多规制。在不需要对买方势力进行规制时，企业则可以利用买方势力提高自身绩效。也就是说，买方势力在企业自身竞争战略决策中具有一定的潜在应用价值，但是现有文献还很少对买方势力在企业竞争战略实践中的应用进行探讨。

鉴于上述分析，下文首先将构建买方势力理论研究体系，系统梳理买方势力理论研究的基本内容；然后总结提炼买方势力理论研究的一般分析框架。在此基础上，从我国本土市场环境出发，提炼买方势力所处的横向市场环境和纵向市场环境，从市场环境影响买方势力存在和影响、买方势力作用反过来影响市场环境两个角度出发，系统考察市场环境与买方势力之间的作用关系。具体地，一方面考察不同市场环境下买方势力的作用和影响，揭示买方势力作用的机理；另一方面考察不同市场环境下买方势力作用对市场环境的反作用关系，进而构建买方势力一般理论。基于这些研究，对买方势力的反垄断规制问题进行探讨，并详细分析买方势力在企业战略实践中的应用。

第八节　本章小结

本章对买方势力的理论研究进行了回顾，在此基础上进一步论证了本书的研究问题。从文献回顾中可以看出，目前学术界对买方势力的研究多按照"定义—来源—影响—规制"的逻辑展开。在买方势力的定义方面，现有研究表明买方势力可以分为买方垄断势力和买方抗衡势力两个方面，两者在作用机理和作用效果上都存在较大区别；在买方势力的来源研究方面，多数学者关注了企业规模、制造商成本特征、自有品牌、消费者偏好等因素对买方势力形成的影响；在买方势力的影响方面，现有研究多关注了买方势力对市场价格、创新激励以及社会福利的影响；在买方势力的规制方面，学术界对相关买方势力、买方势力的评估以及福利效应评估进行了初步探讨。从整体来看，买方势力的理论研究尚不完善：首先，理论界尚未构建起买方势力的理论研究体系和一般性的分析框架；其次，缺乏对市场环境与买方势力之间作用关系的系统探讨，尤其缺乏本土市场环境下买方势力的相关理论研究；最后，目前学术界对买方势力的应用研究也不完善，对于买方势力在企业战略实践中的应用缺乏理论探讨。这些理论研究不足之处正是本书试图完善和丰富的地方。

第三章　买方势力理论研究体系和研究框架

[**本章提要**] 虽然近30年学术界对买方势力进行了大量的理论研究，揭示了买方势力作用的诸多机理和影响，但是作为一种重要的市场势力形式，买方势力的理论研究还远远没有形成完整的理论研究体系，买方势力研究应该包括的内容以及各内容之间的逻辑关系尚不清晰。鉴于此，笔者首先结合买方势力的现有理论文献以及个人对买方势力的研究和思考，构建买方势力的一般理论研究体系，梳理总结买方势力理论研究应包括的基本内容，并按照研究内容之间的逻辑关系对其进行分类，从而形成买方势力理论研究体系，为后续研究提供理论借鉴；然后，对买方势力理论研究体系中的一些基本问题给出个人思考结论，具体包括对买方势力概念和内涵的思考与头方势力的作用机理；紧接着，借鉴传统的SCP分析框架，构建买方势力研究的一般分析框架；基于以上理论研究体系和分析框架，进一步梳理和细化本书的研究内容，探讨本书研究内容在买方势力理论研究体系中的定位；在此基础之上，构建本书主要研究内容的逻辑研究框架，为下文具体研究内容的开展做铺垫。

第一节　买方势力理论研究体系

一、买方势力理论研究体系构建的必要性

买方势力理论研究体系是将买方势力理论研究中应包含的基本研究问题进行

总结归纳，并按照一定的逻辑关系组织起来而形成的统一整体。① 笔者认为，在充分理解买方势力内涵和概念基础上，构建完整的买方势力理论研究体系是买方势力理论研究的重要工作之一，对完善买方势力的理论研究、形成一般性的买方势力理论具有重要的意义。具体地，构建买方势力理论研究体系的意义主要体现在如下几个方面：

从研究问题角度来看，买方势力理论研究体系的构建有利于探寻买方势力理论研究应该包括的内容，完善买方势力的理论研究工作。买方势力是市场势力的重要形式之一，在企业行为决策和市场运行过程中扮演着基础性、决定性的作用，对企业行为、市场绩效，甚至是整体经济发展都具有重要的影响。正是由于买方势力具有如此多的作用和影响，所以买方势力的理论研究也包含很多内容。通过构建买方势力理论研究体系可以系统地梳理买方势力理论研究应该包含的内容，探讨各研究内容之间的逻辑关系。

从研究目标的角度来看，买方势力理论研究体系的构建可以深化对买方势力的认识，有利于形成全面的买方势力研究结论。综上所述，买方势力的作用和影响表现在很多方面，从这些不同的角度出发可以得到买方势力影响的不同结论，只有在充分理解买方势力的这些作用和影响基础上，才能构建完整的买方势力理论体系。通过构建买方势力理论研究体系，也可以探讨这些结论之间的内在联系，形成完整、统一的买方势力理论研究结论，从而深化对买方势力的理论认识。

从完善经济学理论体系的角度来看，买方势力理论研究体系的构建也具有重要的意义。市场势力包括卖方势力和买方势力两个方面，所以对市场势力的研究理应包括卖方势力的理论研究和买方势力的理论研究。传统经济学研究较多地关注了前者，形成了较为完整的卖方势力理论研究体系，但是忽略了对买方势力的理论研究。所以，通过构建买方势力的理论研究体系，可以补充和丰富买方势力的理论研究，完善经济学理论研究体系。

二、买方势力理论研究体系的构成

笔者认为，完整的买方势力理论研究体系应该具有如下几个特征：第一，要尽可能地将买方势力的理论研究内容囊括其中，即具有包容性；第二，要厘清各

---

① 这里需要区分"理论研究体系"和"理论体系"，笔者认为"理论体系"是将某一问题的理论研究结果按照内在逻辑关系组成起来，形成完整的理论框架；"理论研究体系"是对某一个问题包括的理论研究内容进行总结和梳理。前者关注理论研究包含的内容，而后者是理论研究的结果。

研究内容之间的逻辑关系，即要有内在逻辑性；第三，要尽量体现买方势力理论研究与经典经济理论之间的逻辑关系，即体现经济学研究的关联性和延续性。要构建具有以上三个特征的理论研究体系存在一定的难度，这里笔者只是根据个人对买方势力研究的感悟，初步尝试构建一个理论研究体系，其合理与否还需与读者共同探讨。

笔者认为买方势力理论研究体系应该包括三大方面的内容，分别是买方势力的基础研究、买方势力的理论研究和买方势力的应用研究。在每方面的研究中都存在很多具体研究点，如图 3-1 所示。以下结合图 3-1，分别对上述三个方面的研究内容进行说明，并对其包含的具体子内容进行分析。

1. 买方势力的基础研究

买方势力的基础研究是对买方势力相关概念以及基本问题的探讨，主要包括买方势力的概念和内涵、买方势力和卖方势力的关系、买方势力的来源、买方势力的衡量等。这些问题的研究是准确、全面理解买方势力的前提，也是买方势力后续研究的基础，所以笔者称之为买方势力的基础研究。这些问题也是在理论研究中容易被忽略的地方，故笔者将其独立出来作为买方势力理论研究体系的重要组成部分。根据图 3-1，对买方势力基本研究的相关研究内容说明如下：

（1）买方势力的概念和内涵研究。关于买方势力的概念和内涵现有研究已经进行了很多探讨。对于这一问题的研究，笔者认为应该着重区分买方势力、买方垄断势力、买方抗衡势力和买方谈判势力等概念的内涵。

（2）买方势力与卖方势力的关系。买方势力和卖方势力是市场势力的两种不同表现形式，这两种形式的市场势力之间具有密切的相互作用关系，这一作用关系也应该是买方势力基础研究的重要组成部分。但是，目前学术界还很少对这一关系进行系统探讨，下一节将给出笔者对这一问题的思考。

（3）买方势力的来源。现有研究对买方势力的来源进行了很多探讨，第二章文献综述部分也对此进行了简单总结。在构建买方势力理论研究体系时，笔者认为横向市场环境、纵向市场环境和消费者三方面的因素可能产生零售商买方势力。所以，买方势力来源的理论研究也应该从这三方面入手。第二章文献回顾中上游市场因素和下游市场因素都属于横向市场环境因素范畴。从目前研究来看，纵向市场环境因素形成买方势力的原理很少有学者进行探讨。这里需要对纵向市场环境因素进行界定，笔者认为纵向市场环境因素是指影响上下游企业交易的因素，比如上下游纵向交易模式、上下游企业之间的信息对称性等。由于这些因素会影响上下游交易，所以也可能对上下游企业之间的谈判过程产生影响，进而也

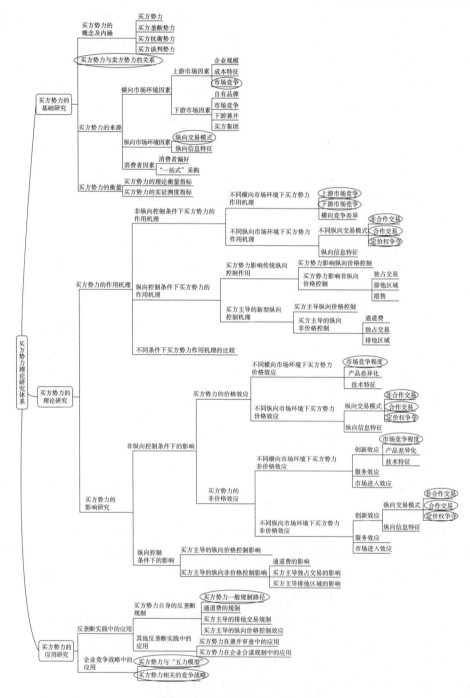

图 3-1　买方势力理论研究体系

注：图中画圈的内容是本书所要研究的内容。

可能导致生成下游企业的买方势力。比如，上下游企业的信息不对称会导致双方谈判过程外部选择价值的变化，进而可能会产生买方势力。但是，从目前来看，很少有学者对纵向市场环境导致买方势力的机理进行探讨。

（4）买方势力的衡量。买方势力的衡量也是买方势力基础研究的重要组成部分，可以分为买方势力的理论衡量指标构建和买方势力实证测度指标构建两个研究内容。

2. 买方势力的理论研究

买方势力的理论研究主要从理论上考察具有买方势力的企业如何通过买方势力提高自身绩效，以及买方势力对企业行为、市场绩效以及社会福利的影响，并探讨这些影响背后的机理。在买方势力的理论研究过程中，一方面要重点探讨买方势力产生某种影响的结论，另一方面更需要揭示买方势力产生这种影响背后的作用机理。由于作用机理具有稳健性和一般性，可以上升为一般理论，所以本书称这类研究为买方势力的理论研究。从研究内容上来看，笔者认为买方势力的理论研究可以分为两个主要方面：第一，买方势力的作用机理研究；第二，买方势力的影响及其机理研究。前者主要探讨企业如何行使自身买方势力以提高自身利润，后者主要研究企业行使买方势力时对市场中其他行为主体（供应商、竞争者、消费者等）的影响。具体地，各部分的具体研究内容如下：

（1）买方势力的行使机理研究。买方势力和卖方势力是决定产业链纵向关系的两种基本市场势力形式，在传统卖方势力占据主导地位的纵向关系中，上游卖方决定了纵向关系的形式。随着买方势力的增强，下游买方企业自然会行使自身买方势力，为自身争取更多的利益。下游企业通过何种途径行使自身买方势力，进而使自身获益就是买方势力的行使机理。笔者认为，买方势力的行使机理是买方势力理论研究首要关注的问题。

由于在传统卖方主导的情况下，产业链纵向关系可能表现为不同的形态，这些纵向关系形态构成了买方势力行使作用的初始状态。初始状态不同，买方势力的行使机理自然不同。一般可以将产业链纵向关系形态分为纵向控制形态和非纵向控制形态两种；前者是指上下游交易过程中一方对另一方的行为进行控制；后者则没有这种控制，下游按照交易条款购买上游产品后具有完全的行为自由。在不同的纵向控制状态下，买方势力的行使机理有所不同，在纵向控制条件下，下游买方势力的增强会使下游企业有激励突破上游企业对其进行的纵向控制，甚至反过来对上游企业进行纵向控制。在这种情况下，买方势力的行使机理研究就可以分为两个方面：第一，通过影响传统纵向控制行使买方势力的机理；第二，通过买方主导的新型纵向控制行使买方势力的机理。根据纵向控制类型的不同，这两方面的研究内容又可以分为若干个研究点。在不存在纵向控制的初始状态下，上下游企业通过简单的定价合约进行交易。此时，下游买方行使自身买方势力的主要途径是获得更加优惠的交易价格条款。但是，在不同的横向市场环境和纵向市场环境下，获取优惠交易价格条款的机理可能存在差异。所以，这两种环境下的买方势力行使机理也应该是理论研究的重点。而且，如果将横向市场环境和纵向市场环境进一步分析，就会产生不同的研究点。本书主要在非纵向控制条件下，考察买方势力的行使机理。具体地，分别考察上游市场竞争、下游市场竞争和不同纵向交易模式（上下游非合作交易、上下游合作交易和定价权争夺）下买方势力的行使机理。

（2）买方势力的影响研究。以上分析的买方势力行使是指企业如何通过买方势力使自身获益，而买方势力的影响则是企业行使自身买方势力过程中对其他企业（包括竞争对手和上游卖方）、消费者、产业链等造成的影响。从理论上来看，买方势力的行使机理不同，其影响自然也不同。所以，买方势力的影响研究也可以分为非纵向控制条件下的影响和纵向控制条件下的影响两个方面。在纵向控制的条件下，根据买方势力能否产生买方主导的纵向控制又可以将研究内容分为两方面：一方面，买方势力不足以突破原有的纵向控制状态，此时买方势力的增强可能会对纵向控制的程度以及市场相关方产生一定的影响；另一方面，买方势力足以突破原有纵向控制状态，产生买方主导的新型纵向控制形式，此时买方势力的影响又可能根据纵向控制的形式具有不同的研究问题。在非纵向控制的条件下，买方势力的影响机理主要在于：买方势力的增强降低了自身交易价格条款，从而改变了市场的横向竞争关系和纵向交易关系，这样会促使其他企业通过改变自身行为做出进一步的反应。从影响结果来看，这种情况下的研究内容可以分为对市场价格决策的影响和对非价格决策的影响，后者又可以分为对创新决策、服务决策以及市场进入退出决策的影响研究等。由于在不同的市场环境下买方势力的影响可能有所不同，所以以上研究内容有可能按照横向市场环境和纵向市场环境的差异来进一步细分为许多小的研究点。本书即在不同的横向市场竞争（上游市场竞争和下游市场竞争）和纵向交易模式（非合作交易、合作交易及定价权争夺）下，考察买方势力的价格效应和创新效应。

3. 买方势力的应用研究

买方势力应用研究是买方势力理论研究的最终目的和归属。买方势力理论研究的应用主要体现在三个方面：第一，解释现实经济现象；第二，指导反垄断实践；第三，指导企业战略实践。由于第一方面的应用不需要过多额外分析，所以笔者认为买方势力的应用研究应该着重关注买方势力反垄断规制应用研究以及竞争战略实践研究。

（1）买方势力在反垄断规制实践中的应用研究。从反垄断实践的角度来看，买方势力的应用研究主要可以分为两个方面：第一，买方势力本身的反垄断规制问题。具体研究内容又可以分为买方势力的一般规制路径研究、买方势力主导的纵向控制规制研究（包括通道费的规制研究、买方主导的独占交易规制研究、买方主导的纵向价格控制研究）等。第二，买方势力在其他反垄断规制实践中的应用。由于买方势力是相对于卖方势力的一种势力形式，具有抵抗买方势力不利影响的一面，所以买方势力在传统卖方势力的反垄断实践的过程中也具有一定的应用，主要表现在企业兼并过程中的应用研究，以及合谋规制中的应用研究。

（2）买方势力在企业竞争战略实践中的应用研究。传统的"五力模型"认为，企业面临的买方势力是影响企业竞争战略的重要因素之一，这表明买方势力在企业战略实践中具有重要的应用。但是，现有研究还很少对这一应用进行深入探讨。所以，笔者认为买方势力在企业竞争战略实践中的应用也是买方势力应用研究的重要组成部分。

三、买方势力理论研究体系各部分的逻辑关系

以上对买方势力理论研究体系进行了总结，提炼出了买方势力基础研究、理论研究和应用研究三个方面的研究内容。需要指出的是，这些研究内容之间不是相互割裂的，而是具有一定的逻辑关系。具体地，买方势力的基础研究、理论研究和应用研究之间的逻辑关系可以用图3-2描述。

从图3-2可以看出，买方势力理论体系各部分逻辑关系主要体现在如下几个方面：第一，买方势力的基础研究是买方势力理论研究的前提和基础，为买方势力理论研究创造了条件；第二，从买方势力理论研究的内容组成来看，买方势力的行使机理和影响机理之间也可能存在相互作用，一方面买方势力的行使机理在一定程度上决定了买方势力的影响，另一方面买方势力的影响可能也会反过来作用买方势力的行使机理，尤其是买方势力通过对市场环境的影响可能会反作用于买方势力的行使；第三，买方势力的基础研究和买方势力的理论研究直接影响着买方势力的应用研究，是买方势力应用研究的基础。

以上构建了买方势力的理论研究体系，梳理了买方势力研究应包含的主要内容。本书将在不同市场环境下对买方势力的行使和影响进行探讨，这一研究属于

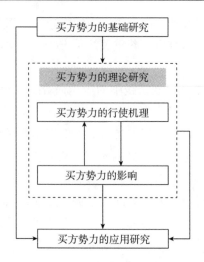

图 3 - 2　买方势力理论研究体系各部分之间的逻辑关系

买方势力理论研究范畴。在进行具体研究内容之前，笔者先对买方势力理论研究体系中的其他一些内容进行分析，具体包括对买方势力概念和内涵的一些思考、对买方势力行使机理的思考，以及对买方势力影响研究范式的思考。

第二节　对买方势力概念和内涵的一些思考

买方势力的概念和内涵是买方势力理论研究的起点，也是后续研究的基础。对买方势力的概念进行准确界定是准确探讨买方势力作用效果和规制的基础。关于买方势力的概念和内涵现有学者进行了较多的探讨，第二章文献部分也进行了重点回顾。学术界对买方势力概念的定义虽然进行了大量的研究，也得出了一些较为一致的观点，但仍然存在一些不足，这里笔者简要阐述个人对买方势力概念的认识。作为市场势力的一种，笔者认为对买方势力的理解应该建立在深刻理解市场势力这一概念的基础上。因此，下文首先探讨市场势力的概念和内容，梳理市场势力与买方势力的逻辑关系。通过这一部分的分析，笔者认为市场势力包括买方势力和卖方势力两个方面。基于这一分析，笔者对买方势力和卖方势力的概念以及两者之间的逻辑关系进行了探讨。

一、市场势力的概念和内涵

市场势力是经济学研究的核心，是价格机制发挥作用的重要影响因素，也是反垄断实践关注的核心对象。经典经济理论认为市场势力是企业定价高于边际成本的能力。这一概念源于传统经济对市场竞争的分析，传统理论认为在完全竞争市场中，企业只能将价格定在边际成本的位置，任何微小的价格上升都会导致企业的市场需求降为零。所以，在这种市场中，企业没有任何提高价格的能力，因而也就没有市场势力。但是在非完全竞争市场中，企业可以将价格提高到边际成本之上，而不会失去所有市场需求。也就是说，企业具有将价格提高到边际成本以上依然获得市场需求的能力，这种情况下就说企业具有市场势力。企业定价高于边际成本程度越大，企业的市场势力就越强，市场势力最强的情况是垄断市场。在垄断市场中，企业的市场势力被称为垄断势力，现有文献中常常将市场势力和垄断势力看作等价的概念。

上述对市场势力的定义和分析背后有一个重要的暗含假设，即研究对象是最终产品市场。在最终产品市场中，市场的买方势力是分散的消费者，他们只能根据自身效用最大化选择是否购买产品，而不能对产品的价格产生直接影响。在这种市场环境下，市场价格完全由企业来制定，企业定价的能力也就可以用市场势力来描述。虽然这种市场可以简化对市场势力的分析，但是也掩盖了市场势力这一概念分析过程中的许多重要因素，对这些因素的忽略往往会使市场势力这一概念不具有较强的扩展性。比如，考虑一个中间投入品市场，假设上游有两家投入品的卖方，下游有两家投入品的买方。显然，在这种市场结构下，就不能认为市场势力是投入品价格高于边际成本的程度。因为此时市场价格很大程度上是买方和卖方相互谈判的结果。出现这一情况本质上是因为市场的买方不再只是价格的接受者，而是可以直接对市场价格造成影响。由此可见，对于市场势力的概念和内容进行重新思考对于理解市场势力和买方势力都具有重要的意义。笔者认为，对市场势力概念的分析应该从以下几点入手：

（1）市场势力所处的情景。分析市场势力的第一步就要考虑在什么情景下考虑市场势力才具有意义。也就是说，市场势力出现的情景是什么？经济学中考察的市场势力其拥有方一般是企业，但并不是研究企业的所有问题都需要考虑其市场势力，比如在研究企业内部管理等问题时就很少考虑企业的市场势力。笔者认为，市场势力是针对现有或者潜在的市场交易而言的。也就是说，市场势力是在市场交易过程中形成的，只有在考察市场交易时才具有实质意义。

(2) 市场势力的内涵。任何市场交易都包含了卖方和买方两个方面，既然市场势力是在市场交易中出现的，那么市场势力必然就包括这两个方面的势力，其中卖方拥有的市场势力就是卖方市场势力（简称卖方势力），买方拥有的市场势力就是买方市场势力（简称买方势力）。在交易过程中，卖方总想提高价格，而买方总想降低价格。所以，卖方提高市场价格的能力就是卖方势力，买方降低市场价格的能力就是买方势力。以上对于买方势力和卖方势力的分析是较为粗略的定义，缺乏理论的准确性，但也能在一定程度上反映概念的本质。从以上分析来看，在最终产品市场中，由于消费者不具有能力直接降低市场价格，其买方势力就被理论研究所忽略。

(3) 市场势力的特征。市场势力总是成对出现的，包括卖方势力和买方势力。由于市场势力是在市场交易中出现的，而任何交易都存在买卖双方，所以市场势力就表现在交易的买方和卖方两个方面，其中市场交易的买方所拥有的市场势力可以称为买方势力，而交易中的卖方所拥有的市场势力则可以称为卖方势力。由于交易的买方和卖方是同时存在的，所以买方势力和卖方势力也是同时成对出现的。

综上可知，市场势力是围绕着市场交易出现的，具体包括买方（市场）势力和卖方（市场）势力两个方面；买方势力和卖方势力总是成对出现的，可能会出现买方势力或者卖方势力比较弱的情况，但理论上不存在只有买方势力或只有卖方势力的情况；在具体交易过程中，交易双方的买方势力和卖方势力共同决定了交易条款。

二、买方势力和卖方势力

以上从市场交易的角度分析了买方势力和卖方势力，可知买方势力和卖方势力分别属于交易过程的双方。但是，如果从企业的角度来看，情况会有所不同，为了更加清晰地进行说明，假设存在一个图 3－3 所示的纵向产业链。

在图 3－3 中，投入品制造商生产投入品，并将其销售给下游最终品制造商；最终品制造商利用中间投入品生产最终产品，并将其销售给销售商，销售商再将最终产品转售给最终消费者。在这个简单的纵向产业中，存在三个交易关系：投入品制造商与最终品制造商的交易、最终品制造商与销售商的交易、销售商与最终消费者的交易。根据前文的分析，每个交易关系中都存在一对买方势力和卖方势力。所以，在投入品制造商和最终品制造商的交易关系中，投入品制造商表现出卖方势力，最终品制造商表现出买方势力；在最终品制造商和销售商的交易过

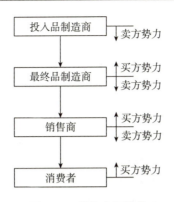

图 3 – 3 纵向市场结构

程中，最终品制造商具有卖方势力，而销售商具有买方势力；在销售商和最终消费者的交易过程中，销售商具有卖方势力，最终消费者具有买方势力。由此可见，同一企业往往会同时拥有买方势力和卖方势力，其中买方势力反映了企业作为市场中的买方所表现出来的特征，而卖方势力反映了企业作为市场中的卖方所表现出来的特征。一般而言，买方势力可以决定企业购买投入品时的交易条款，而卖方势力可以决定企业销售产成品时的价格等。所以，买方势力和卖方势力共同决定了企业的获利能力。也就是说，企业能力表现为买方势力和卖方势力两个方面。

从市场势力的角度来说，企业特征可以用企业的买方势力特征和卖方势力特征来描述。虽然买方势力和卖方势力是两个不同维度的市场势力，但是两者之间存在一定的关系。一般而言，如果企业拥有卖方势力，说明企业的产品符合消费者的偏好，产品质量比同类产品质量高，即相对于竞争对手而言，企业具有较强的竞争优势。这种卖方势力的存在使企业可以获得更大的规模优势，进而会对投入品产生较大的需求，较高的投入品需求量使企业在投入品市场交易中可以具有较强的买方势力。也就是说，买方势力和卖方势力在一定程度上是正相关关系，且是可以相互转化的。但是这种关系不是绝对的。现实经济中有很多企业拥有较强的卖方势力，但是买方势力较弱。比如钢铁产业中，宝钢具有较大的市场规模和较强的卖方势力，但是相对于上游铁矿石（国际铁矿石）企业而言，其买方势力较弱。类似地，还有富士康等很多国内企业。

综上分析，可以将笔者对买方势力的理解总结如下：企业在市场中同时扮演着买方和卖方的角色，所以会同时拥有买方势力和卖方势力。买方势力和卖方势力是企业能力的两方面表现，很大程度上刻画了企业特征，衡量了企业的获利能力。企业买方势力和卖方势力之间的关系较为复杂，两者在一定程度上是正相关，且可以相互转化；但这种正相关关系和转化关系不是绝对的。

第三节　对买方势力行使机理的一些思考

买方势力的行使机理主要探讨企业如何利用自身买方势力获得更加优惠的交易条款，提高自身利润。本章第一节的分析表明，在不同的初始纵向关系状态下，下游企业行使自身买方势力的途径不同。本书主要探讨在非纵向控制条件下，企业行使自身买方势力的机理。类似于对买方势力概念的分析，对于买方势力行使机理的分析也可以参考传统（卖方）市场势力的作用。此外，本书第二章第二节的分析还表明，当买方势力表现为买方垄断势力和一般买方势力时，其行使机理存在一定的差异。所以，本节首先分析传统（卖方）市场势力的行使机理，然后分析买方垄断势力的行使机理，最后对一般买方势力的行使机理进行探讨，为下文具体理论内容研究做铺垫。

一、传统卖方垄断势力行使机理

传统卖方市场势力行使机理可以表示为图 3 - 4，假设市场中存在一个垄断卖方，下游买方没有势力，市场需求曲线为 AB，卖方的边际成本曲线为 AC，卖方的边际收益曲线为 PC。此时，卖方会根据边际收益等于边际成本制定市场销售价格，市场均衡点为 B 点，市场价格为 P^m，市场需求数量为 Q^m，这即是传统的垄断定价原理。相对比完成竞争市场中的均衡点 A，市场需求下降，市场价格上升。且从这一行使机理上可以看出，卖方势力发挥作用的途径是直接提高市场价格。

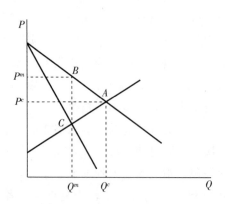

图 3 - 4　卖方势力行使机理

二、买方垄断势力行使机理

再来分析买方垄断势力的行使机理，图 3-5 展示了买方垄断势力的行使机理。图中向右下方倾斜的需求曲线 ED 表示买方的商品边际价值，向右上方倾斜的供给曲线 DF 表示上游买方额外一单位产品的社会边际成本，买方的边际支出 GE 表示额外购买一单位产品花费的成本。因此，社会最优的价格和数量由需求曲线和供给曲线的交点 D 点决定。由于垄断买方考虑到增加购买数量会推动价格上涨，因此，垄断买方的边际支出比产品的供给价格要高。在此情况下，垄断买方会选择 q^m 的购买量。显然，这一购买量比社会最优的购买量 q^c 要低。由此可见，通过限制购买数量，垄断买方成功地将购买价格从 w^c 压低到 w^m。

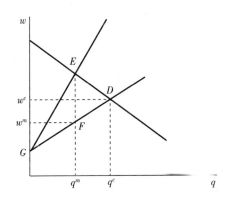

图 3-5 买方垄断势力行使机理

三、买方势力行使机理思考

综上分析可知，对于传统的卖方势力而言，其作用机制是卖方直接根据自身势力提高市场价格；对于买方垄断势力而言，其作用机制是买方通过降低购买量，进而降低支付的价格。不管是卖方势力还是买方势力，其交易相对方都是完全竞争的市场。在这种情况下，企业可以根据自身势力单方面做出对自身最有利的决策。但是，根据前文的分析可知，在不同的纵向关系状态下，买方势力的行使机理可能不同。在上游企业对下游企业实施纵向控制的初始状态下，买方势力的增强会使买方突破原有纵向控制的限制，甚至对上游卖方实施控制。也就是说，在这种情况下，企业通过纵向控制手段来行使自身买方势力。在非纵向控制条件下，上下游企业往往通过简单的价格条款进行交易。此时，买方势力的增强使下游企业有能力和上游卖方谈判更加优惠的价格条款。所以，此时买方势力的作用应该在上下游谈判中来体现，即通过谈判来获得更优惠的条款和更多的利润。但是，在不同的市场环境下，上下游企业的谈判机制可能存在差异，从而使买方势力的行使机理有所不同。下文将对不同纵向市场环境下买方势力的行使机理进行详细考虑。

通过以上分析，可以将笔者对买方势力行使机理的思考总结如下：当买方势力表现为买方垄断势力时，企业通过降低购买量来压低市场价格，行使买方势力。当买方势力表现更为一般时，在不同的纵向控制条件和市场环境下，其行使机理有所不同：在纵向控制条件下，买方通过破除原有上游卖方主导的纵向控制或实施买方主导的纵向控制来行使买方势力；在非纵向控制条件下，买方通过上下游降低交易价格条款来行使自身买方势力，但具体机理还与市场环境因素有关。[①]

第四节　买方势力研究的一般分析框架

除了构建买方势力的理论研究体系外，笔者认为还需要对买方势力理论研究的基本分析框架进行探讨。如果说买方势力理论研究框架回答了买方势力需要研究哪些内容，那么买方势力理论的分析框架则从整体上回答了应该如何研究这些内容。结合传统 SCP 框架的分析，笔者构建了图 3 - 6 所示的买方势力理论研究的一般分析框架。

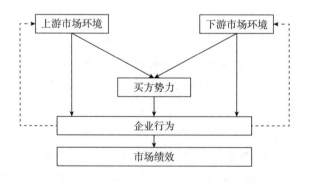

图 3 - 6　买方势力研究的一般分析框架

---

① 下文第二部分、第三部分将具体研究不同市场环境下买方行使自身买方势力的机理。

结合图 3-6，笔者认为买方势力理论研究的基本框架如下：①上游市场环境和下游市场环境共同决定了下游企业相对于上游企业的买方势力大小。从本质上来说，买方势力是特定市场结构的产物，不同的市场环境下买方势力的大小不同。②上游市场环境、下游市场环境和买方势力共同影响企业行为。传统的 SCP 框架认为市场结构决定了企业行为，但笔者认为除了市场结构以外，市场势力也会影响企业行为。所以，从这一角度来看，市场环境影响企业行为的途径有两种：一是市场环境直接影响企业行为；二是市场环境影响企业势力，企业势力再影响企业行为。③企业行为在一定程度上决定了市场绩效。④企业行为会反过来影响市场环境。其中，③和④是经典产业组织理论分析的重点，这里不再详细说明。

第五节 本书的理论定位和具体研究框架构建

一、本书主要研究内容及理论定位

结合前文的分析，可以将主要研究内容细化为如下六个方面：①买方势力内涵的研究。如第二章文献回顾所述，目前学术界对买方势力的基本内涵认识仍然不够深入，结合笔者的研究和思考，本章第二节对买方势力基本内涵进行了分析。②市场环境与买方势力的形成。本书初步分析发现，横向市场竞争环境和上下游纵向市场环境对买方势力的形成具有一定的影响。所以，下文研究中将对这些因素影响买方势力的机理进行探讨。③不同市场环境下的买方势力行使机理。本书将在不同的横向市场环境和纵向市场环境下，考察企业如何通过自身买方势力获得更加优惠的交易条款，即买方行使自身买方势力的机理。④不同市场环境下买方势力的影响。下文将在上游市场竞争、下游市场竞争以及不同的纵向交易模式下考察买方势力的影响，包括对市场价格以及企业创新的影响。⑤买方势力的反垄断规制研究。本书将以市场环境为切入点，系统探讨不同市场环境下买方势力的一般规制路径，并探讨零售、医药以及煤电产业中买方势力的具体规制策略。⑥买方势力在企业战略实践中的应用。本书将结合企业竞争理论，探讨买方势力在企业战略实践中的应用。

结合第一节构建的买方势力理论研究体系，可以很容易地发现本书研究内容在买方势力理论研究体系中的定位。具体地,可以用图 3 - 7 表示。

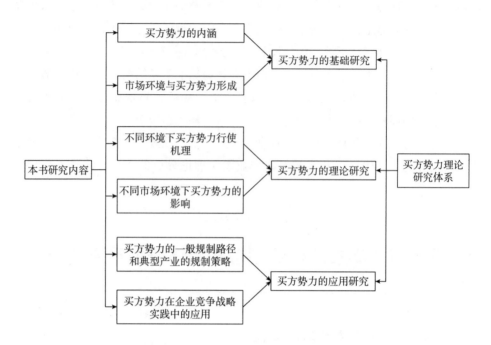

图 3 - 7 本书在买方势力研究体系中的定位

从图 3 - 7 中可以看出,本书买方势力内涵、市场环境与买方势力形成的研究属于买方势力的基本研究范畴;不同市场环境下买方势力的作用机理和影响研究属于买方势力的理论研究范畴;买方势力的反垄断规制和企业战略决策研究属于买方势力的应用研究范畴。由此可以看出,本书的研究内容基本涵盖了买方势力理论研究体系中的主要问题。

二、本书的研究框架

本书的研究框架可以用图 3 - 8 表示。从图 3 - 8 可以看出,本书的研究框架主要包括理论基础、研究方法和研究内容三个方面的内容。具体地,本书将在市场竞争理论、企业决策理论和谈判理论的基础上,采用数理模型和案例研究的方法,对不同市场环境下的买方势力作用机理和影响进行研究,构建买方势力一般理论,同时对买方势力的应用研究进行探讨。由于研究方法和主要研究内容在本书第一章已经进行说明,所以本节重点对本书研究的理论基础和研究内容之间的逻辑关系进行分析。

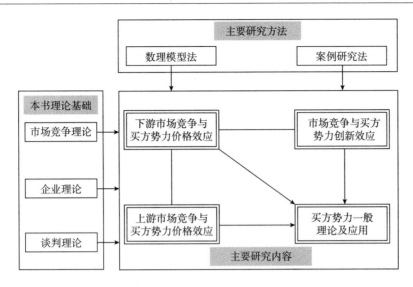

图 3 - 8　本书的研究框架

1. 本书研究的理论基础

竞争理论是研究市场竞争、垄断以及资源配置效率的理论，从古典的完全竞争理论到垄断理论，再到不完全竞争理论以及可竞争理论，经济学对竞争理论的研究已经形成了较为完善的研究体系，这些研究是本书重要的理论基础。

企业理论主要研究企业存在的原因、企业边界等问题。自从科斯对企业理论进行开创性的研究后，大量学者对企业相关的问题进行了探讨，形成了交易成本理论、产权理论、激励理论等多种理论流派。本书在这些研究基础上，假设企业是利润最大化的实体，进而展开本书其他研究。

谈判理论是博弈论的重要分支，主要考察谈判双方的决策问题。在买方势力的理论研究中涉及了上游企业和下游企业之间的交易价格决策。所以，谈判理论在买方势力的研究中具有广泛的应用。本书在研究过程中将采用谈判理论来分析上下游企业之间的决策。此外，由于本书构建了数理模型考察不同决策主体的行为，所以博弈论也是本书研究的重要理论基础。

2. 研究内容之间的逻辑关系

本书的重点研究内容是不同市场环境下买方势力的作用和影响，主要包括买方势力的价格效应和创新效应。市场环境是较为宽泛的概念，需要对其进行进一步细化。从整体上来说，市场环境可以分为横向市场环境和纵向市场环境两类：前者是具有竞争关系的企业所处的市场环境，包括市场竞争环境、市场进入壁垒、市场技术水平、产品差异化水平等；后者是存在上下游纵向交易关系的企业之间的市场环境，包括上下游交易模式、上下游信息特征等。按照上述市场环境的分类，探讨不同市场环境下买方势力的作用和影响需要分别考察不同横向市场环境和纵向市场环境下买方势力的影响。即便如此，市场环境包含的因素也很多，所以还需要进一步将市场环境的要素细化。在横向市场环境中，最为重要的就是企业之间的竞争环境；在纵向市场环境中，最重要的当属上下游交易关系。所以，本书将重点考察不同横向竞争环境与纵向交易环境下，买方势力的价格效应以及创新效应。具体地，第一个主要研究内容是下游市场竞争条件下的买方势力价格效应，此部分在下游零售竞争的条件下，考察上下游不同纵向市场环境下买方势力的价格效应；第二个主要研究内容是上游市场竞争条件下的买方势力价格效应，主要研究在上游制造商竞争条件下，上下游处于不同纵向市场环境时，买方势力变化对价格的影响；第三个主要研究问题是市场竞争环境下的买方势力创新效应，此部分分别在下游和上游竞争的条件下，考察买方势力的创新效应。以上三个研究内容之间是平行的逻辑关系，基于对这三部分内容的研究，本书将构建买方势力的一般理论，进而探讨买方势力的反垄断规制和企业竞争战略实践应用。

第六节　本章小结

　　本章主要完成三个基本研究内容：第一，构建买方势力理论研究体系；第二，构建买方势力研究的一般分析框架；第三，构建本书的具体研究框架。

　　在买方势力理论研究体系方面，本章分析认为，买方势力的理论研究应该包括基础研究、理论研究和应用研究三个方面，其中买方势力的基础研究包括买方势力的概念和内涵、买方势力与卖方势力的关系、买方势力的来源、买方势力的测度和衡量等；买方势力的理论研究包括买方势力的行使机理以及买方势力的影响及机理两个方面；买方势力的应用研究包括买方势力在反垄断实践中的应用以及买方势力在企业竞争战略中的应用两个方面。基于以上研究体系，笔者还给出了对买方势力内涵以及作用机理的一些思考。笔者认为，企业一般同时具有买方势力与卖方势力，这两种势力是企业能力在两个方面的表现，它们共同决定了企业绩效。此外，企业的买方势力和卖方势力之间存在相关关系，且在一定条件下可以相互转化。在买方势力行使方面，笔者认为不同市场环境下，买方企业行使自身买方势力的机理会有所不同。在构建买方势力理论研究体系之后，本章还构建了买方势力研究的一般分析框架。这一分析框架借鉴了传统 SCP 分析框架，主要包括市场环境、买方势力、企业行为、市场绩效四方面内容以及各内容之间的逻辑关系。在本书研究框架方面，本章重点分析了本书研究的理论基础、主要研究内容、各内容之间的逻辑关系以及本书研究在买方势力理论研究体系中的地位。

第二部分

下游市场竞争条件下的买方势力价格效应

本部分在下游零售市场竞争的条件下，考察买方势力的价格效应，即买方势力对上游交易价格以及市场零售价格的影响，探讨零售市场竞争与买方势力之间的相互作用关系。之所以关注零售市场竞争这一市场环境，有如下两方面原因：从理论角度来看，根据第三章买方势力的影响机理分析，下游市场特征是买方势力存在和作用的重要市场因素，下游市场竞争环境下买方势力作用机理的研究是买方势力理论研究的重要组成部分；从实践角度来看，零售市场竞争是买方势力所处的重要现实产业环境，考虑零售市场竞争环境有利于准确评估买方势力效应，更好地指导买方势力实践应用。

在具体研究过程中，本部分将在三种不同的纵向交易模式下，分别研究买方势力的价格效应，探讨不同纵向交易模式下买方势力价格效应及其作用机理的差异。具体地，第四章在上下游非合作交易模式下，考察买方势力的价格效应及机理；第五章在上下游合作交易模式下，考察买方势力的价格效应及机理；第六章在上下游定价权争夺模式下，考察买方势力的价格效应及机理。基于这三章的研究，本部分将总结提炼下游市场竞争情形下，买方势力价格效应的一般结论及机理。此外，本部分还对买方势力与市场环境之间的相关作用关系进行简要探讨。

第四章　下游市场竞争、非合作交易与买方势力价格效应

[**本章提要**] 本章基于下游零售市场竞争的背景，考察上下游非合作交易模式下，零售商买方势力变化对批发价格以及市场零售价格的影响。具体地，本章首先对我国零售市场的竞争特征进行提炼，并对其进行理论模型化，构建上游制造商和下游零售商组成的纵向市场结构模型；然后，基于此市场结构模型分别考察零售商没有买方势力和零售商具有买方势力两种情况下，制造商和零售商的价格决策及其均衡结果；其后，通过比较静态分析得出买方势力对批发价格和零售价格决策的影响，分析买方势力影响价格决策的机理，总结买方势力价格效应；最后，考察零售市场竞争对买方势力价格效应的影响。本章研究发现，大型零售商买方势力的增强会降低自身的批发价格。但是，对没有买方势力的竞争对手（小型零售商）批发价格影响是不确定的：当买方势力较小时，买方势力增强会提高竞争对手批发价格，出现"水床效应"；当买方势力较大时，则会降低竞争对手批发价格，出现"反水床效应"。从最终零售价格来看，买方势力的增强降低了大型零售商的市场零售价格，但是当买方势力小于某一范围时，买方势力的出现会提高小型零售商的零售价格。整体来看，在上下游非合作模式下，买方势力的增强降低了市场平均零售价格，在一定程度上提高了消费者福利。

第一节　问题描述

本章在下游零售市场竞争以及上下游非合作交易模式下，对买方势力的相关问题进行考察，具体包括买方势力的价格效应以及买方势力与市场竞争之间的相关作用关系。在具体研究之前，需要对一些相关概念和基本研究逻辑进行说明和

分析。首先，对上下游非合作交易模式进行说明。非合作交易模式刻画的是上下游企业交易过程中的关系。在企业纵向关系中，下游企业的决策直接影响了上游企业的引致需求，上游企业的决策直接影响了下游企业的投入成本。所以，上下游企业决策模式构成了企业面临的重要外部市场环境，对企业行为和利润会产生直接影响。[①] 上下游非合作交易是指在上下游企业决策过程中，双方均以自身利润最大化为目标，而不考虑自身行为对对方产生的影响。从上下游关系类型来看，这种纵向关系是相对松散的纵向关系，上下游企业之间没有形成紧密的联系。

其次，需要对下游零售市场竞争与买方势力之间的逻辑关系进行概括分析。结合现有研究，笔者认为，零售市场竞争与买方势力之间的相互作用主要体现在以下几个方面：第一，零售市场竞争会影响零售商买方势力的大小。从直觉上来说，零售市场竞争越激烈，零售商买方势力应该越弱。这是因为在零售市场竞争激烈的条件下，供上游制造商选择的零售商数量较多，制造商对单一零售商的依赖程度下降，从而导致零售商相对于上游制造商买方势力较弱。第二，零售市场竞争环境会影响买方势力的行使机理。如第三章所述，买方势力作用机理是零售商凭借买方势力获得优惠交易条款的机理。Crawford 和 Yurukoglu（2012）针对有线电视市场的实证研究发现，下游市场竞争对买方势力的作用存在一定影响。第三，下游零售市场竞争会对买方势力的影响产生作用。在不同的零售市场竞争条件下，买方势力的影响可能存在差异，这是因为买方势力会与市场竞争环境产生相互作用，从而使买方势力在不同的竞争环境下表现出不同的影响。第四，买方势力的作用可能还会对零售市场竞争环境产生影响，甚至会改变市场竞争环境。综合第三点和第四点的分析可知，零售市场竞争环境与买方势力之间可能存在双向作用关系。

基于以上分析，本章在下游零售市场竞争、上下游非合作交易模式下，考察买方势力变化对批发价格以及市场零售价格的影响，同时探讨买方势力对零售市场竞争环境的作用。

第二节　下游零售市场竞争特征描述及模型化

考察下游市场竞争条件下的买方势力作用首先要对下游市场竞争特征进行分

---

① 纵向市场环境、纵向关系和非合作交易模式的逻辑关系如下：上下游企业的纵向关系是企业纵向市场环境的一种，而上下游非合作交易则是企业纵向关系的一种形式。

析提炼，在此基础上进行模型化。由于现实经济中买方势力表现最为突出的产业就是零售业，现有买方势力理论研究也多以零售业作为研究背景（Chen，2003；Chen et al.，2016），所以本书重点以零售市场作为背景，分析买方势力所处的零售市场竞争环境，并进行理论模型化，然后探讨零售商买方势力变化对企业价格决策的影响。[①]

　　零售产业买方势力的变化是伴随着零售市场结构变化而出现的。以我国零售市场为例，在加入 WTO 之前，我国零售市场中零售业态主要以单一的百货店为主，且经营规模较小；加入 WTO 之后，外资大规模进行我国零售市场，尤其是国外大型零售商的进入对本土零售企业产生了一定的示范效应和溢出效应（Ito et al.，2012；Du et al.，2014；罗伟和葛顺奇，2015；陈大强，2010），使本土零售市场发生了较为深刻的变化。这些变化大致可以概括为两个方面：第一，零售业态的变化。外资的进入使我国零售市场从原有的百货店单一业态转变为百货店、超市、专卖店和购物中心等多种业态共存的形式，其中以超市业态的发展最为突出（王德章等，2004；王德章和张斌，2005）。第二，市场集中度的提高。进入我国零售市场的往往都是本身规模较大、具有较强竞争优势的大型零售商（比如沃尔玛、乐购、家乐福等），这些大型零售商的进入本身提高了零售市场集中度；另外，大型零售商进入对本土零售商产生竞争压力，促使本土零售商展开兼并重组，进而也促进了零售市场集中。可见，外资的进入促进了我国零售市场结构的改变，提高了零售市场集中度，形成了一些规模较大的零售商，比如沃尔玛、家乐福、乐购等国外大型零售商，以及华润万家、国美、苏宁等本土零售巨头。这些大规模零售商相对于上游制造商拥有较强的买方势力。

　　虽然我国零售市场集中度不断提高，大型零售商在市场中占据了重要的市场地位，但是相对于国外零售市场而言，我国零售市场集中度仍然较低，市场竞争仍然较为激烈。为了描述我国零售市场的竞争结构，假设零售市场中有两家零售商进行竞争，分别记为零售商 R_1 和零售商 R_2。值得说明的是，两家零售商竞争的市场结构假设一方面是为了反映零售市场竞争，另一方面是为了简化模型计算，这一假设可以很容易扩展到多家零售商竞争的情形。为了构成完整的纵向市场结构模型，还假设市场上游有一家制造商 M，制造商 M 生产最终产品，并由下游零售商 R_1 和零售商 R_2 转售给最终消费者。基于以上假设，形成了图 4-1

---

　　① 值得说明的是，虽然本书以制造商和零售商组成的纵向市场结构为例研究买方势力的影响，但是结论对其他纵向关系和产业仍然适用，比如本书的研究结论也适用于中间产品制造和最终产品制造之间的纵向关系，同样适用于煤电产业、医药产业等。

所示的制造商—零售商—消费者组成的三层纵向市场结构模型。

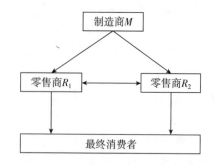

图 4 - 1　下游竞争条件下的纵向市场结构

以上从我国零售市场竞争特征出发构建了纵向市场结构模型，其核心在于对零售市场结构的描述。从现有研究来看，很多相关文献也对零售市场竞争的模型化问题进行了探讨，因此有必要对现有文献模型化的方法与本书的方法进行简单比较。通过总结可以发现，现有文献多通过三种理论模型来刻画零售市场竞争（见表 4 - 1）：第一，主导零售商和边缘零售商竞争的模型。这一方法较早出现在 Chen（2003）的研究中，作者认为美国零售市场发展出现了两极分化的现象，一方面，大型零售商为了追求规模经济不断扩大自身规模；另一方面，小型零售商为了寻求发展机会开始向专业化、个性化转变，从而满足细分消费者的需求。这种发展模式形成了大型主导零售商与小型边缘零售商共存的零售市场结构。第二，N 家零售商竞争结构。Dobson 和 Waterson（1997）、von Ungern Sternberg（1996）将零售市场竞争模型化为 N 家规模相近的差异化零售商竞争模式。在这种模型化方法下，通过零售商数量的变化可以反映零售商买方势力的变化。这种方法不仅在零售商买方势力的研究中很常见，在零售商兼并的相关研究中也很常见。第三，双寡头零售商竞争模型。这种模型化零售商竞争的方法与本书相似。

表 4 - 1　现有文献对零售市场竞争的模型化方式总结

零售市场竞争结构	文献
主导零售商 + 边缘零售商模式	Chen（2003）、Christou 和 Papadopoulos（2015）、Matsushima 和 Yoshida（2017）、Caprice 和 Shekhar（2017）
N 家零售商竞争模式	Dobson 和 Waterson（1997）、von Ungern Sternberg（1996）、Chen 等（2016）、Gaudin（2017）
双寡头零售商竞争模式	Erutku（2005）、Inderst 和 Shaffer（2007）、Battigalli 等（2007）、Gabrielsen 和 Johansen（2015）

笔者认为，前两种模型化方法不适合我国零售市场结构：对于第一方法，虽然我国零售市场集中度在不断提高，但是相对于发达国家零售市场而言，整体零售市场集中度仍然较低，零售商规模不存在严重的两极分化现象，一家或几家大型零售商主导市场的格局尚未形成，所以"主导零售商 + 边缘零售商"的竞争模型结构并不能准确描述我国零售市场结构；N 家零售商竞争的模式也很难反映我国零售市场中国外零售商、本土大型零售商与其他零售商的规模差异。[①] 所以，本书采用双寡头零售商竞争的结构来反映我国零售市场竞争结构，进而探讨零售市场竞争条件下买方势力的影响。

除了上述市场结构的假设外，还需要对企业成本、消费者需求等问题进行设定。假设制造商 M 的边际生产成本为 c。为了简化分析，在本章的研究中先将 c 标准化为 0，下文将放松这一假设。但仍需指出，这一标准化处理方法在现有研究中很常见，不会影响研究的核心结论。在零售商成本方面，假设零售商除了批发价格成本以外，每单位产品的销售成本为 c_R。关于零售商的销售成本有两点需要说明：第一，本章假设不同零售商的单位销售成本都相同，但是现实经济中不同零售商的单位销售成本存在较大差异，规模大的零售商销售成本往往较低，本章之所以进行如此假设是为了排除零售商销售成本差异对企业价格决策的影响。通过验证可知这种假设不会影响本书核心结论。第二，本章暗含无论零售商是否具有买方势力其销售成本均不变，但是现实中更为常见的情况是：买方势力的增强会导致零售商的单位销售成本下降。这是因为买方势力的一个重要来源就是零售商规模的扩大，而规模扩大必然会带来规模经济，降低零售商的单位销售成本。关于零售商单位销售成本随买方势力的变化情况，第六章将进行正式模型化研究。

在消费者方面，假设市场中存在大量消费者，他们从零售商 R_1 和 R_2 处购买产品。且消费者认为零售商 R_1 和 R_2 是差异化的零售商，这种差异化不是来源于产品物理性质的差异，而是来源于零售商服务、位置、消费者个人偏好等（李凯等，2014）。消费者在零售商处购买产品获得的效用可以用简化的平方效用函数来描述（Bowley，1924）：

---

① 笔者认为，我国零售市场竞争表现出两个较为明显的特征：第一，区域性竞争与全国性竞争共存特征。不同省份甚至城市中都存在规模较大的地方零售商，这些地方零售商与苏宁、国美、沃尔玛、乐购等全国性零售商展开竞争。第二，分层竞争特征。大型零售商和小规模的社区超市、杂货店共存，形成了以规模和服务对象为分界的双层竞争结构。大型零售商之间存在竞争，小规模社区超市、杂货店也存在竞争，但是前者和后者之间的竞争较弱。

$$u(q_1, q_2) = q_1 + q_2 - \frac{1}{2}(q_1^2 + q_2^2 + 2\delta q_1 q_2) + X$$

s. t. $p_1 q_1 + p_2 q_2 + X \leqslant I$ (4.1)

其中，q_1、q_2 分别是消费者从零售商 R_1 和零售商 R_2 处购买的产品数量，X 表示消费者消费其他产品获得的效用，I 表示消费者收入水平。参数 $\delta \in (0, 1)$ 衡量了下游零售市场的竞争程度，δ 越大表明零售市场竞争程度越激烈；反之，零售市场竞争则较弱。

利用式（4.1）求解效用最大化的解，可以得到零售商 R_i 的反需求函数为：

$$p_i = 1 - q_i - \delta q_j$$ (4.2)

其中，$i, j = 1, 2$ 且 $i \neq j$，p_i 是零售商 R_i 的最终零售价格。

利用式（4.2）的反需求函数可以求得零售商 R_i 的需求函数为：

$$q_i(p_i, p_j) = \frac{1 - \delta - p_i + \delta p_j}{1 - \delta^2}$$ (4.3)

第三节　非合作交易模式下企业决策模型

为了探讨上下游非合作模式下买方势力的影响，最简单的逻辑是：首先考察零售商没有买方势力以及零售商具有买方势力两种情况下企业的决策，然后比较两种情况下的企业决策，得出买方势力的影响。为此，本节首先考察零售商没有买方势力时制造商的批发价格决策和零售商的零售价格决策；然后考察零售商具有买方势力时的企业价格决策。[①] 为了简化分析，本章同时将零售商的单位销售成本 c_R 进行标准化为 0 的处理。

一、零售商没有买方势力情形下的决策模型[②]

假设上文基本模型中零售商 R_1 和零售商 R_2 都没有买方势力，此时制造商和零售商之间存在如下两阶段的博弈：第一阶段，制造商 M 根据自身利润最大化

---

① 虽然在有些研究过程中可能不需要同时考察两种情况下企业的决策机理，但是这种核心分析思想是不变的。

② 需要指出的是，这里零售商没有买方势力实际上只指零售商的买方势力足够弱，不足以对企业市场行为产生影响。因为根据上文的分析，买方势力和卖方势力总是成对出现的，所以市场中不可能出现某一企业完全没有买方势力的情况。

为零售商 R_1 和 R_2 制定批发价格 w_1 和 w_2，零售商按照这一批发价格购买产品；第二阶段，零售商 R_1 和 R_2 同时根据自身利润最大化原则制定各自的零售价格 p_1 和 p_2，消费者按照这一价格购买产品。关于这一博弈过程，有如下几点需要说明：第一，从以上博弈顺序可以看出，零售商 R_1 和零售商 R_2 的决策具有很强的对称性，这一对称性体现在博弈的每个阶段。在博弈第一阶段，零售商 R_1 和 R_2 都只能被动接受制造商制定的批发价格，任何一方在批发价格决策过程中都没有特殊的影响。在博弈第二阶段，零售商 R_1 和 R_2 在观察到竞争对手的批发价格后，同时制定最终零售价格。零售商的这一对称性反映了没有买方势力时竞争零售商之间的关系，体现了零售商没有买方势力时的企业决策本质。第二，本书假设零售商的合约是可观察的。但是现实经济中，零售商的合约往往是不可观察的，这种情况下，制造商就会产生机会主义行为（Opportunistic Behavior），从而增强企业决策复杂性，影响买方势力效应的研究。所以，为了排除这种影响的干扰，相关文献中常常假设合约是可观察的，比如 Horn 和 Wolinsky（1988）、Iozzi 和 Valletti（2014）、Gaudin（2017）。正如 Gaudin（2017）指出的那样，在零售市场企业数量有限且长期竞争的条件下，零售商对竞争对手的交易条款往往具有较为准确的信息，从而也在一定程度上支持了合约可见性的假设。第三，上游博弈过程中，制造商和零售商都根据自身利润最大化进行决策，而不考虑自身决策对对方的影响，这一决策模式是上下游企业非合作模式的内涵之一。① 这种上下游非合作的纵向交易环境会导致双重加价的出现。

用逆向归纳法求解以上两阶段博弈。第二阶段零售商 R_i 的决策可以表示为：

$$\max_{p_i}\pi_{R_i} = (p_i - w_i)q_i(p_i,\ p_j) \tag{4.4}$$

将式（4.3）代入式（4.4），求解利润最大化的条件可以得到②：

$$p_i(w_i,\ w_j) = \frac{(2\delta + 1)(\delta - 1) + 2w_i + \delta w_j}{(2 - \delta)(2 + \delta)} \tag{4.5}$$

由式（4.5）可以看出，在零售商没有买方势力的情况下，零售价格的决策是对称的，且与自身批发价格以及竞争对手的批发价格有关。具体地，随着自身批发价格以及竞争对手批发价格的上升，零售价格上升。这是因为自身批发价格构成了零售商的销售成本，销售成本的上升自然会带动零售价格的提高。而竞争对手批发价格的上升推动了竞争对手零售价格的上升，由于价格决策具有互补性（Tirole，1988），竞争对手零售价格的上升会使零售商提高自身零售价格，所以

---

① 关于上下游非合作模式的另一种内涵在下一小节将进行详细说明。

② 可以验证利润最大化的二阶条件成立。本书中所有利润最大化的二阶条件均成立，下文不再赘言。

随着竞争对手批发价格上升，零售商最终零售价格也上升。

在博弈第一阶段，制造商的决策为：

$$\max_{w_i} \pi_M = \sum_{i=1}^{2} w_i q_i(w_i, w_j)$$

s. t. $q_i \in \operatorname{argmax} \pi_{R_i}$ (4.6)

求解式（4.6）可以得到零售商没有买方势力时，市场的批发价格为 $w_1 = w_2 = 1/2$。可见，在零售商 R_1 和 R_2 都没有买方势力的情况下，零售商支付的批发价格是相同的。将批发价格 $w_1 = w_2 = 1/2$ 代入式（4.5），可以得到零售商没有买方势力时的市场最终零售价格为 $p_1 = p_2 = (3 - 2\delta)/2(2 - \delta)$。由最终零售价格可能很容易地看出，在没有买方势力的情况下，零售商制定的最终零售价格相同，且随着市场竞争程度的增强（δ 增大），最终零售价格下降。

二、零售商具有买方势力情形下的决策模型

为了描述零售商具有买方势力的情形，不妨在上文基础模型之上假设零售商 R_1 具有买方势力，零售商 R_2 仍然没有买方势力。这一设定需要说明，因为在上文的模型中零售商 R_1 和 R_2 是对称的，尤其体现在面临的市场需求函数中，这种对称的特征暗含零售商买方势力特征相同。在零售商买方势力存在差异的情况下，仍然采用这种模型结构刻画零售商之间的关系就显得过于牵强。这里提供两种情景解释：一种可以假设零售商 R_1 是全国连锁零售商，而零售商 R_2 是当地零售商，零售商 R_1 和零售商 R_2 在全国 N 个零售市场中进行竞争。[①] 在同一个市场中，全国连锁零售商和当地零售商的需求是对称的。但是，由于全国零售商往往采用全国统一采购的模式，采购规模较大，具有一定的买方势力。每个市场中的当地零售商单独采购，采购规模有限，所以没有买方势力。这时，选择全国市场中的任何一个市场进行研究时，零售商之间的竞争模式都可以用上述基本模型来描述。另外一种情景解释是零售商的兼并：起初零售商市场存在 N 家对称的零售商，每个零售商相对于制造商均没有买方势力，此种情景相当于前文零售商没有买方势力的情形，只是将 N 简化为 2。假设零售商市场中有 m 家零售商发生兼并，形成了一个大型零售商，此时市场结构为一家大型零售商和 $N - m$ 家对称小型零售商。由于兼并以后零售商规模变大，进而产生了买方势力，而其他零售商仍然没有买方势力，这种情形即相当于零售商具有买方势力的情形。只是本章假设兼并后的零售商需求规模和没有兼并的零售商需求规模相同，这种假设是为了

---

① 这一情景设定来源于上文对我国零售市场竞争特征的概括。

排除零售商需求函数设定差异的影响，并不会影响买方势力影响的核心结论。为了便于区分和叙述，下文称具有买方势力的零售商 R_1 为大型零售商，称没有买方势力的零售商 R_2 为小型零售商。

在大型零售商 R_1 具有买方势力的情况下，制造商和零售商之间的决策可以模型化为如下三阶段的博弈：第一阶段，制造商 M 为小型零售商 R_2 制定批发价格 w_2，制造商 M 和大型零售商 R_1 通过非合作谈判确定批发价格 w_1；第二阶段，大型零售商 R_1 制定零售价格 p_1；第三阶段，小型零售商 R_2 制定零售价格 p_2。对比零售商没有买方势力的情况下的企业决策，可以发现在上下游非合作模式下，买方势力主要体现在两个方面：第一，零售商决策顺序。在零售商没有买方势力时，零售商 R_1 和零售商 R_2 同时制定最优零售价格。在零售商 R_1 具有买方势力时，零售商 R_1 和零售商 R_2 的零售价格决策是领导者—跟随者决策，其中大型零售商 R_1 是价格决策的领导者，而小型零售商 R_2 是价格跟随者。零售商决策顺序变化的原因在于：在零售商没有买方势力的情况下，零售商在规模、竞争力等方面存在较强的对称性，所以没有任何零售商可以主导零售决策；当零售商具有买方势力时，由于买方势力的出现往往伴随着零售商规模的扩大，使大型零售商具有横向规模优势，从而可以主导零售价格决策。第二，批发价格决策。在零售商没有买方势力时，制造商根据自身利润最大化为零售商 R_1 和 R_2 制定批发价格；在零售商 R_1 具有买方势力时，制造商和零售商 R_1 谈判制定批发价格。本章假设制造商 M 和零售商 R_1 通过非合作谈判确定批发价格 w_1。在非合作谈判下，谈判双方均以自身利润最大化作为谈判目标，这种谈判模式也反映了上下游非合作的纵向市场环境。从买方势力的表现来看，前一种体现形式是买方势力在企业横向竞争关系中的体现，本书称之为"横向表现"；后一种体现是买方势力在上下游交易关系中的体现，本书称之为"纵向表现"。

用逆向归纳法求解零售商具有买方势力情形下的企业决策。在博弈第三阶段，小型零售商 R_2 的决策可以表示为：

$$\max_{p_2}\pi_{R_2} = (p_2 - w_2)q_2(p_2, p_1) \tag{4.7}$$

求解式（4.7）可得：

$$p_2(p_1, w_2) = \frac{1 - \delta + \delta p_1 + w_2}{2} \tag{4.8}$$

对比式（4.8）和式（4.5）可以看出，零售商买方势力的出现会对市场中零售价格的决策模式产生影响：在零售商没有买方势力的情况下，所有零售商都根据市场中的批发价格进行零售价格决策；在大型零售商具有买方势力时，其他没有买方势力零售商的零售价格不仅取决于批发价格，还取决于具有买方势力的大型零售商零售价格。也就是说，其他零售商的定价决策要参考具有买方势力的零售商价格决策。一般而言，相对于上游制造商，具有买方势力的零售商往往都是零售市场中规模较大、占据主导地位的零售商。这些零售商在横向市场行为中起到了主导者的作用，其他零售商会根据这些零售商进行行动。比如，现实经济中沃尔玛、乐购、苏宁等大型零售商都具有这样的地位。

在博弈第二阶段，大型零售商 R_1 的决策可以表示为：

$$\max_{p_1}\pi_{R_1} = (p_1 - w_1)q_1(p_1,\ w_2) \tag{4.9}$$

可以解得在博弈第二阶段市场均衡的零售价格为：

$$p_1(w_1,\ w_2) = \frac{(2\delta+1)(\delta-1)+(2-\delta^2)w_1+\delta w_2}{2(2-\delta^2)} \tag{4.10}$$

$$p_2(w_2,\ w_1) = \frac{(1-\delta)(1-\delta-\delta^2)+(4-\delta^2)w_2+\delta(2-\delta^2)w_1}{4(2-\delta^2)} \tag{4.11}$$

第四节　非合作交易模式下买方势力价格效应分析

一、买方势力的横向价格效应

命题 4.1　在下游零售市场竞争且上下游非合作模式下，零售商买方势力的增强会导致零售商决策模式的变化，进而弱化零售市场的竞争程度，提高市场零售价格。

证明参见附录二第一部分。

本书将命题4.1的结论称为买方势力的"横向价格效应"，这一效应是指零售商买方势力的出现改变了零售商的价格决策模式，进而导致市场零售价格发生变化。对于买方势力的横向价格效应需要从如下两个方面理解：第一，买方势力横向价格效应关注的是零售商买方势力变化对市场零售价格的影响，这与下文的"纵向价格效应"不同；第二，买方势力横向价格效应发挥作用的途径是零售商横向价格决策模式的改变，不涉及买方势力对制造商决策的影响。虽然买方势力对零售价格的影响是现有文献关注的重点，但是在这些研究中，买方势力是通过改变制造商批发价格决策进而影响零售价格。从本质上来说，这是一种买方势力的纵向传导机制引发的零售价格变化,[①] 而命题4.1中买方势力变化是通过影响零售商横向竞争结构而影响最终零售价格,这即是"横向"的内涵所在。从影响结果来分析,如果零售商没有买方势力,那么市场中零售商规模相当,此时零售商之间存在类似于 Bertrand 竞争;当某一零售商买方势力增强时,必然伴随着该零售商横向规模的扩大,这样就使原有的规模相当、竞争较为激烈的零售市场结构转变为规模差异较大、一方处于主导地位的市场结构。此时,零售商的零售价格决策模式类似于 Stackelberg 竞争。通过经典的竞争理论研究可知,Bertrand 竞争程度要高于 Stackelberg 竞争程度,所以零售商具有买方势力情形下零售价格会上升。

但是,从现实经济来看,命题4.1的结论似乎并不太符合直觉。伴随着零售市场集中度的提高以及大型零售商规模的扩大,一方面零售商买方势力增强,另一方面市场零售价格似乎在下降,尤其是一些大型零售商的低价策略吸引了大量消费者的眼球。出现这一结果的原因笔者认为有如下几点:第一,本章的模型中没有考察零售商的销售成本,而零售商规模扩大导致的买方势力增强会同时给零售商带来规模经济,降低零售商销售成本,零售商销售成本的下降可能会导致市场零售价格降低,对于这一问题第七章将进行具体探讨;第二,命题4.1给出的只是买方势力导致零售价格变化的一种途径,而实际零售价格变化是买方势力多种途径综合作用的结果,如果考虑买方势力影响零售价格的其他途径,结论可能会发生改变,下面对这一情况进行具体探讨。

二、买方势力的纵向价格效应

与横向价格效应不同,纵向价格效应是指零售商买方势力变化会对上游制造商决策产生影响,进而导致上下游批发价格(或其他交易合约)的变化。由于本章中批发价格决策主要集中在博弈第一阶段,所以本节重点对这一阶段进行分析。根据上文博弈过程的设定,在第一阶段制造商 M 为没有买方势力的小型零售商 R_2 制定批发价格 w_2,小型零售商 R_2 只能被动接受;同时,制造商 M 和大型零售商 R_1 谈判决定批发价格 w_1。在上下游非合作的纵向市场环境下,零售商谈判确定批发价格的过程中不会考虑制造商的利润,大型零售商 R_1 会根据自身买方势力向上游制造商索要尽可能低的批发价格。根据上文分析,在零售商 R_1 没有买方势力的情况下,其支付的批发价格与零售商 R_2 支付的批发价格相同,

---

① 下文将对买方势力影响最终零售价格的机制进行具体分析。

即 $w_1 = w_2$。所以，小型零售商 R_2 的批发价格构成了大型零售商 R_1 谈判批发价格的基准，零售商 R_1 在谈判过程中只需谈判确定批发价格折扣即可。为此，假设 $w_1 = (1-\gamma)w_2$，其中 γ 表示零售商获得的批发价格折扣，衡量了零售商 R_1 买方势力的大小，γ 越大，零售商 R_1 获得的批发价格折扣越大，零售商买方势力越强。不失一般性，假设 $0 < \gamma < 1$。由此，第一阶段的决策可以表示为：

$$\max_{w_1,w_2}\pi_M = w_1 q_1 [p_1(w_1, w_2), w_2] + w_2 q_2 [p_1(w_1, w_2), w_2]$$

$$\text{s. t. } w_1 = (1-\gamma)w_2 \tag{4.12}$$

可以解得零售商 R_1 具有买方势力时均衡的批发价格为：

$$w_1^* = \frac{(1-\gamma)(1-\delta)[8+4\delta-3\delta^2-\delta^3-(4+2\delta-2\delta^2-\delta^3)\gamma]}{2[(2-\delta^2)\gamma^2-2(1+\delta)(4-4\delta+\delta^3)\gamma+8-4\delta-7\delta^2+2\delta^3+\delta^4]} \tag{4.13}$$

$$w_2^* = \frac{(1-\delta)[8+4\delta-3\delta^2-\delta^3-(4+2\delta-2\delta^2-\delta^3)\gamma]}{2[(2-\delta^2)\gamma^2-2(1+\delta)(4-4\delta+\delta^3)\gamma+8-4\delta-7\delta^2+2\delta^3+\delta^4]} \tag{4.14}$$

命题 4.2 在下游零售市场竞争且上下游非合作模式下，随着大型零售商买方势力的增强，其自身批发价格降低；竞争对手（没有买方势力的小型零售商）批发价格先上升后降低。

证明参见附录二第一部分。

具有买方势力的零售商本质上是要获取更加优惠的批发价格，而在上下游非合作交易的模式下，零售商向上游制造商索要优惠交易条款时并不会考虑这一决策对制造商的影响。具体地，零售商会参考其他零售商的批发价格，并结合自身买方势力大小，向制造商索要一定的优惠。没有买方势力的零售商支付的批发价格构成了"基准批发价格"，具有买方势力的零售商本质上是要在基准批发价格上谈判获得批发价格折扣。零售商只关心获得批发价格折扣的大小，而不关心这一行为对制造商和竞争对手产生的影响，零售商的这种行为是自身利润最大化的行为，这也正是上下游非合作交易的重要内涵。由此可见，随着买方势力的增强，具有买方势力的零售商批发价格降低很容易理解。但是，为什么没有买方势力的小型零售商批发价格会先上升后下降呢？

由于小型零售商 R_2 的批发价格构成了市场中的基本批发价格，所以制造商制定批发价格 w_2 的过程一方面是为了从小型零售商 R_2 处获得交易利润，另一方面也是调整基准批发价格以应对零售商买方势力影响的过程。为了分析制造商调整批发价格应对买方势力的机理，首先假定制造商的基准批发价格不变，以此来分析买方势力对制造商利润的影响，然后再探讨制造商应对这些影响的策略选择。对式（4.12）中制造商的利润求关于 γ 的偏导数可以得到：

$$\frac{\partial \pi_M}{\partial \gamma} = \underbrace{\frac{\partial (-\gamma w_2 q_1)}{\partial r}}_{\text{利润降低效应}} + \underbrace{w_2 \left(\frac{\partial q_1}{\partial \gamma} - \left| \frac{\partial q_2}{\partial \gamma} \right| \right)}_{\text{需求转移效应}} \tag{4.15}$$

式（4.15）表明，买方势力会通过两种不同的途径对制造商的利润产生影响：一方面，买方势力的增强会降低大型零售商实际支付的批发价格（降低量为 γw_2），从而减少制造商从大型零售商处获得的利润（利润减少量为 $\gamma w_2 q_1$），本书称为"利润降低效应"；另一方面，买方势力的出现使大型零售商和小型零售商（没有买方势力）之间的批发价格产生差异（批发价格差异为 γw_2）。小型零售商较高的批发价格成本推高了其最终零售价格，因而会使一部分消费者从小型零售商转移到大型零售商处购买。加之制造商从大型零售商处获得的边际利润较低，所以市场需求的转移也会降低制造商的利润，本书称这种效应为"需求转移效应"。基准批发价格决策过程正是制造商通过调整基准批发价格来应对以上两种效应的过程。对于"利润降低效应"，制造商可以通过提高基准批发价格 w_2 的方式来应对。因为基准批发价格提高后，对于同样的买方势力 γ，大型零售商实际支付的批发价格 $(1-\gamma) w_2$ 就会相应提高，从而使制造商的损失减小。对于"需求转移效应"，制造商可以通过降低基准批发价格 w_2，缩减小型零售商成本劣势，增强其竞争力的方式来应对。由此可见，制造商会采用两种完全不同的策略来应对买方势力对其产生的影响。所以，基准批发价格的最终变化则取决于这两种效应的强弱。当买方势力较小时，买方势力造成的零售商成本差异（γw_2）较小，从而"需求转移效应"比较弱，此时制造商只需采用提高基准批发价格的方式降低"利润降低效应"的影响即可。但是，当买方势力增强到一定程度时，零售商成本差异较大，"需求转移效应"比较强。而且，如果制造商再提高批发价格，会进一步增强"需求转移效应"。在这种情况下，制造商的基准批发价格的决策目标从缓解"利润降低效应"转为降低"需求转移效应"，最终表现为基准批发价格降低。所以，小型零售商支付的批发价格随大型零售商买方势力的增强而降低。

以上分析了买方势力通过纵向价格效应影响批发价格的机理。但是需要指出的是，在上述纵向价格效应研究过程中，同时包含了买方势力横向价格效应对批发价格的作用。为了更好地说明这一问题，我们回顾一下博弈过程。在本章的博弈过程中，假设制造商首先制定批发价格，然后大型零售商和小型零售商制定零售价格。也就是说，制造商批发价格的决策在零售价格决策之前。从企业决策行为的角度来看，制造商在制定批发价格决策时会考虑零售商的零售价格决策，即零售价格决策模式会影响制造商的批发价格决策。从前文的分析中可以看出，买方势力会影响零售商的零售价格决策模式。所以，从这一角度来看，买方势力通过横向价格效应影响了制造商纵向价格决策。为了分离买方势力横向价格效应和纵向价格效应对制造商批发价格决策的影响，考虑一种假设情形，在这种情形下，制造商和零售商进入如下两阶段博弈：第一阶段，制造商 M 为小型零售商 R_2 制定批发价格 w_2，制造商 M 和大型零售商 R_1 通过非合作谈判确定批发价格 w_1；第二阶段，大型零售商 R_1 和小型零售商 R_2 同时制定零售价格 p_1 和 p_2。可以看出，在这种假设情形的博弈过程中，第一阶段与零售商具有买方势力时的博弈相同，第二阶段与零售商没有买方势力时的博弈相同。表 4 - 2 给出了三种不同情形下的博弈过程比较。

表 4 - 2　不同情形下企业博弈过程比较

博弈过程	情形	没有买方势力	具有买方势力	假设情形
批发价格决策	第一阶段	制造商同时为零售商 R_1 和 R_2 制定批发价格 w_1 和 w_2	制造商为小型零售商制定批发价格 w_2；同时和大型零售商谈判确定批发价格 w_1	制造商为小型零售商制定批发价格 w_2；同时和大型零售商谈判确定批发价格 w_1
零售价格决策	第二阶段	大型零售商和小型零售商同时决定零售价格 p_1 和 p_2	大型零售商决定零售价格 p_1	大型零售商和小型零售商同时决定零售价格 p_1 和 p_2
	第三阶段	—	小型零售商决定零售价格 p_2	—

从表 4 - 2 的比较中可以看出，假设情形中第二阶段的博弈和零售商没有买方势力时的第二阶段博弈过程相同。也就是说，在假设情形下，买方势力不存在横向价格效应，此时买方势力对批发价格的影响途径为买方势力的直接影响。对假设情形下的博弈进行求解分析，可以得到此时制造商的最优批发价格为：

$$w_2^{S*} = \frac{(2+\delta)(1-\delta)(2-\gamma)}{(2-\delta^2)\gamma^2 + 2(2+\delta)(1-\delta)\gamma - 2(2+\delta)(1-\delta)} \tag{4.16}$$

由于式（4.16）剔除了买方势力的横向价格效应，所以其反映了买方势力直接对批发价格的影响，也就是买方势力的纵向价格效应。对式（4.16）的结果进行分析可以得到如下推论：

推论4.1　在下游零售市场竞争且上下游非合作交易模式下，如果不考虑买方势力的横向价格效应，那么，随着大型零售商买方势力的增强，大型零售商支付的批发价格下降，小型零售商支付的批发价格先上升后下降。

可见，推论4.1和命题4.1的结论相同。也就是说，无论是否剔除横向价格效应，买方势力对批发价格的影响都相同。由于推论4.1是剔除横向价格效应以后买方势力对批发价格的影响，是买方势力直接对制造商批发价格决策造成的影响，本书称为"纵向价格效应"。

综合以上分析可知，买方势力主要通过两种途径影响上下游批发价格，具体如图4-2所示：途径①，买方势力的变化会影响制造商获得的利润，进而会直接导致制造商批发价格的变化，即买方势力的纵向价格效应；途径②，买方势力的变化会产生横向价格效应（改变零售商横向决策模式），横向价格效应会进一步影响制造商批发价格决策，进而导致批发价格的变化。本章中这两种途径的影响效果相同。

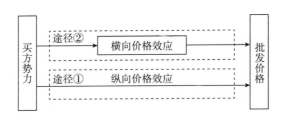

图4-2 买方势力影响批发价格的途径

现实经济中，买方势力对批发价格的两种影响途径可能出现于不同的市场情形下。第一种影响途径（图4-2中的途径①）可能出现与买方势力变化程度不是太大，从而不会影响零售商横向决策模式的情景。而后一种影响途径（图4-2中的途径②）则可能出现与买方势力变化程度较大的情景。此外，通过命题4.2可知，虽然买方势力的增强可能存在不利于竞争对手的情况，但这种情况不会一直持续。学术界对买方势力的另一个担忧就是买方势力的增强会提高竞争的交易价格，从而改变零售市场竞争结构，甚至排挤竞争对手。命题4.2的结论表明，只有在买方势力较小的情况下，买方势力的增强才会提高竞争对手批发价格，降低对手竞争力。一旦买方势力足够强，制造商便会降低小型零售商的批发价格，以提高其竞争力。由此可以看出，买方势力的增强确实会改变零售市场竞争结构和竞争特征，但是将小型零售商排挤出市场的概率较小。

以上分析了买方势力通过横向价格效应影响零售价格的过程，以及买方势力影响批发价格的途径和机理。下面重点对买方势力影响最终零售价格的机理进行分析。根据上文分析，买方势力的存在会产生横向价格效应和纵向价格效应。其中，横向价格效应是指买方势力变化对企业横向决策行为的直接影响。通过分析可知，买方势力的出现使原本规模相当的企业竞争转变为主导竞争的情形，从而降低了市场竞争程度，具有提高市场零售价格的趋势。纵向价格效应是指买方势力改变了制造商的利润，进而会导致上下游交易价格的变化。交易价格作为企业最终零售商价格的影响因素，会间接影响市场中产品的零售价格。所以，整体来看，买方势力对最终市场零售价格的影响是横向价格效应和纵向价格效应共同作用的结果。将式（4.13）和式（4.14）代入式（4.10）和式（4.11），可以得到市场最终均衡的零售价格：

$$p_1^* = \frac{(2\delta+1)(\delta-1)+(2-\delta^2)w_1^* +\delta w_2^*}{2(2-\delta^2)} \tag{4.17}$$

$$p_2^* = \frac{(1-\delta)(1-\delta-\delta^2)+(4-\delta^2)w_2^* +\delta(2-\delta^2)w_1^*}{4(2-\delta^2)} \tag{4.18}$$

命题4.3 在下游零售市场竞争且上下游非合作模式下：

（1）当买方势力较小时，与没有买方势力的情形相比，买方势力的出现会提高市场零售价格；当买方势力较大时，与没有买方势力的情形相比，买方势力的出现会降低市场零售价格。

（2）随着买方势力的增强，大型零售商的最终零售价格降低，小型零售商的最终零售价格先上升后下降；市场平均价格随着买方势力的增强而降低。

证明参见附录二第一部分。

命题4.3的第（1）部分比较了零售商没有买方势力和零售商具有买方势力两种情形下的市场零售价格；第（2）部分则给出了零售商具有买方势力时，随着买方势力从弱增强，市场零售价格的变化情况。这两种情形的比较存在一些细微差异，主要体现在：①比较的性质不同。有买方势力和没有买方势力的比较是质的变化，而买方势力从弱到强的比较是量的变化。②造成差异的核心因素不同。比较有买方势力和没有买方势力两种情形时，影响零售价格差异的因素有买方势力造成的横向价格效应和纵向价格效应，而在考察买方势力变化过程中零售价格变化时，影响零售价格的因素主要是买方势力的纵向价格效应。基于以上说明，下面来具体探讨命题4.3背后的机理。

为了更好地理解命题4.3，首先分析买方势力从弱增强时零售价格的变化机理［即命题4.3结论（2）］。从式（4.10）和式（4.11）可以看出$\partial p_i/\partial w_i > \partial p_i/\partial w_j > 0$，即零售商自身批发价格和竞争对手批发价格的上升都会导致最终零售价格的上升，且自身批发价格对零售价格的影响更强。根据推论4.1，在买方势力纵向价格效应的作用下，随着买方势力的增强，零售商自身批发价格下降，而竞争对手批发价格先上升后下降。由此可见，纵向价格效应会对最终零售价格产生两种影响：第一，自身批发价格的下降会使自身零售价格下降；第二，竞争对手的批发价格先上升后下降会使最终零售价格先上升后下降。又由于自身批发价格的作用强于竞争对手批发价格的效应，所以随着买方势力的增强，零售商自身的零售价格下降。同理，买方势力对小型零售商产生的纵向价格效应会使其最终零售价格先上升后下降，但是买方势力对零售商自身纵向价格效应会使小型零售商的零售价格下降，而自身价格效应强于竞争对手批发价格的影响。所以，随着买方势力的增强，小型零售商的最终零售价格先上升后下降。虽然大型零售商和小型零售商的零售价格变化存在一些差异，但是从整体来看，市场的平均零售价格下降。这是因为大型零售商市场销量较高，从而拉低了市场整体零售价格。

　　基于以上分析，再来考察零售商有买方势力和没有买方势力两种情况下，零售价格的变化机理。从零售商没有买方势力到零售商具有买方势力的转变过程中，有三种途径影响市场零售价格：第一，买方势力的横向价格效应，这是买方势力影响最终零售价格的直接途径，根据上文的分析，这种途径会提高零售价格；第二，买方势力的纵向价格效应，这种效应会通过影响批发价格对最终零售价格产生间接影响，且这种途径的作用倾向于降低最终零售价格；第三，买方势力横向价格效应导致批发价格发生变化，批发价格的变化会进一步影响零售价格，这种作用途径对零售价格的影响与第二种作用途径的影响相同。后两种途径都是买方势力首先影响批发价格，然后批发价格再对零售价格产生影响；前一种途径是买方势力直接通过零售商决策模式影响最终零售价格。上述买方势力影响最终零售价格的机理可以用图4-3表示。

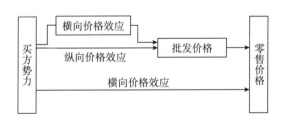

图4-3　买方势力影响市场零售价格的途径

　　基于以上三种影响途径，当买方势力较弱时，第一种途径占据主导地位，所以与没有买方势力的情形相比，最终零售价格会上升；当买方势力较强时，第二种和第三种途径的影响越来越强，从而超过第一种途径的作用而占据主导地位，这时与没有买方势力的情况相比，最终零售价格会下降。

第五节　下游市场竞争对买方势力价格效应的影响

上文在下游市场竞争条件下，考察了买方势力的价格效应。本节重点考察零售市场竞争程度对买方势力价格效应的影响。首先分析零售市场竞争对买方势力批发价格效应的影响。在零售商没有买方势力的情况下，大型零售商和小型零售商支付的批发价格为 $w_1 = w_2 = 1/2$。可见，此时零售商支付的批发价格与市场竞争程度无关。在零售商具有买方势力的情况下，零售商支付的批发价格与零售市场竞争程度有关。为了更加清晰地说明不同买方势力情形下市场竞争程度对批发价格的影响，图 4 – 4 和图 4 – 5 模拟了零售商买方势力 $\gamma = 0.2$ 时，大型零售商和小型零售商的批发价格随零售市场竞争程度的变化趋势。

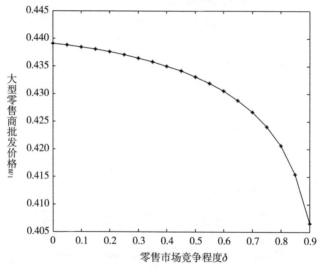

图 4 – 4　$\gamma = 0.2$ 时大型零售商批发价格与零售市场竞争程度关系

从图 4 – 4 可以看出，①大型零售商支付的批发价格始终小于 $1/2$，即买方势力降低了大型零售商的批发价格，这一结论与命题 4.2 一致；②随着零售市场竞争程度的增强，大型零售商支付的批发价格降低；③从不同买方势力情形下的批发价格差异来看，零售市场竞争程度越高，买方势力导致的大型零售商批发价格降低程度越大。由此可以看出，零售市场竞争程度的增强提高了买方势力对大型零售商批发价格降低的作用。

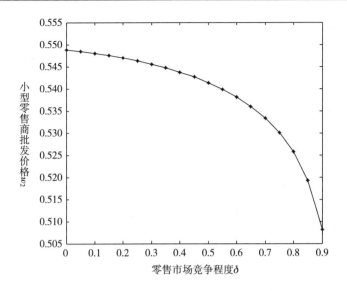

图4-5　γ=0.2时小型零售商批发价格与零售市场竞争程度关系

从图4-5可以看出，无论零售市场竞争程度如何变化，小型零售商在大型零售商具有买方势力情形下支付的批发价格始终高于大型零售商没有买方势力的情形。这是因为命题4.2表明，小型零售商支付的批发价格随买方势力的增强先上升后下降，图4-5情形下买方势力较小，所以出现了批发价格高于买方势力的情形。

为了验证上述结论，图4-6给出了γ=0.6时小型零售商制度的批发价格，从中可以看出，当零售市场竞争程度较高时，小型零售商支付的批发价格小于没有买方势力的情形。综合图4-5和图4-6可以看出，随着零售市场竞争程度的增强，买方势力对小型零售商批发价格的负面作用减弱，对小型零售商批发价格的正面作用加强。这是因为在图4-4中，虽然小型零售商支付的批发价格高于零售商没有买方势力的情形，但是随着零售商市场竞争程度的增强，小型零售商支付的批发价格下降，即买方势力对小型零售商的负面效应减弱。在图4-6中，随着零售市场竞争程度的增强，小型零售商支付的批发价格越来越低，从原来的高于没有买方势力的批发价格降低到低于没有买方势力情形的批发价格。

综上分析可知，下游零售商市场竞争程度的增强加强了买方势力对零售商批发价格的正面作用，减弱了买方势力对零售商批发价格的负面作用。从这一角度来说，零售市场竞争程度有利于零售商买方势力的作用。

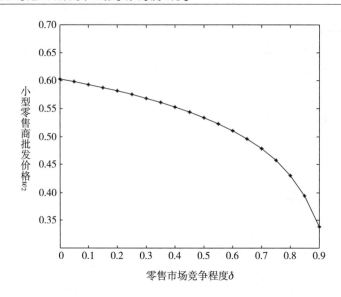

图 4 - 6   γ = 0.6 时小型零售商批发价格与零售市场竞争程度关系

再来分析零售商市场竞争程度对买方势力零售价格效应的影响。采用同样的方法，图 4 - 7 和图 4 - 8 模拟了 γ = 0.2 时大型零售商和小型零售商零售价格随零售市场竞争程度的变化关系。

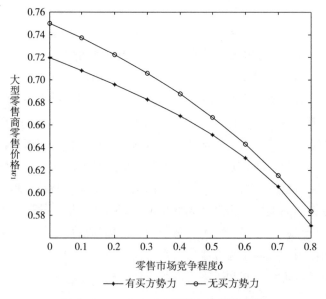

图 4 - 7   γ = 0.2 时大型零售商零售价格

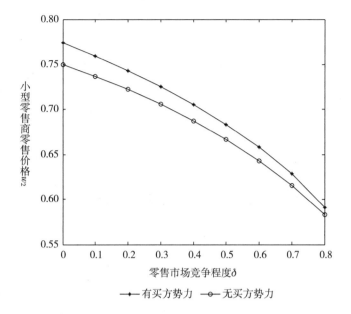

图4-8 $\gamma = 0.1$ 时小型零售商零售价格

从图4-7中可以看出，①无论零售商是否具有买方势力，零售价格都随市场竞争程度的增强而下降；②在具有买方势力的情况下，大型零售商的零售价格低于没有买方势力时的零售价格；③随着零售市场竞争程度的增强，没有买方势力和具有买方势力之间的零售价格之差变小，但趋势不明显。

同样地，从图4-8可以得到类似的结论，但是可以看出在具有买方势力的情况下，小型零售商的零售价格高于没有买方势力时的零售价格。这一结论与命题4.3一致，其中的原因在于买方势力横向价格效应导致的零售价格上升占据主导地位。

综合图4-7和图4-8可知，买方势力的增强会导致零售价格下降，零售市场竞争程度的增强也会导致零售价格下降。但是，随着零售市场竞争程度的增强，买方势力导致的零售价格下降幅度降低（图中不同买方势力情形下的零售价格之差减小）。由此可以看出，零售市场竞争和买方势力对零售价格的影响具有替代作用。此外，从图4-7和图4-8中还可以看出，随着零售市场竞争程度的增强，具有买方势力情况下的零售价格曲线斜率变大。也就是说，随着零售市场竞争程度的增强，零售价格降低速度增大。现有研究认为，在下游零售商竞争较为激烈的情况下，买方势力的增强会降低零售价格（Dobson and Waterson，1997；von Ungern Sternberg，1996）。上述结论是对已有结论的补充。

以上重点分析了零售市场竞争对买方势力价格效应的影响。根据第四节的逻辑分析，买方势力的作用还会影响零售市场竞争结构。这一影响主要表现在买方势力对批发价格的影响上。根据命题 4.2 的结论，买方势力的变化影响了大型零售商和小型零售商的批发价格，进而会对零售商后续竞争产生影响。正如上文所述，在上下游非合作模式下，买方势力一般不会排挤小型零售商，只会对零售商的竞争优势产生影响。

第六节　本章小结

本章在下游零售商竞争的条件下，构建了零售商没有买方势力和零售商具有买方势力两种情况下的企业决策模型，考察了买方势力变化对上下游交易价格以及市场最终价格的影响及其背后的机理，探讨了下游市场竞争程度对买方势力作用的影响。本章研究发现：

（1）买方势力具有横向价格效应，即买方势力的增强改变了零售商价格决策模式，使具有买方势力的零售商在零售价格决策过程中具有决策主导地位，从而影响了市场零售价格。

（2）买方势力主要通过两种途径影响零售商批发价格。首先，零售商买方势力的增强改变了制造商面临的下游市场结构，影响了制造商利润，所以制造商会通过批发价格的调整来应对买方势力。这种途径是买方势力对批发价格的直接影响，本书成为买方势力的纵向价格效应。其次，买方势力的出现还会通过横向价格效应间接影响批发价格。这是因为买方势力的横向价格效应改变了零售价格和市场需求，从而改变了制造商面临的需求结构，制造商同样会通过批发价格的调整应对这一变化。

（3）买方势力对最终零售价格的影响机理可以分为两个大的方面：第一，买方势力会通过横向价格效应影响最终零售价格，这种途径倾向于降低零售价格；第二，由于零售价格是批发价格的函数，所以买方势力对批发价格的影响也会反过来影响最终零售价格。由于买方势力影响批发价格有两种不同的途径，加之横向价格对最终零售价格的影响，所以买方势力主要通过三种途径来影响最终零售价格。

（4）从最终影响结果来看，买方势力的增强降低了大型零售商本身的批发价格，但是对竞争对手的批发价格影响不确定。当买方势力较小时，随着大型零售商买方势力的增强，小型零售商批发价格上升；当买方势力较大时，随着大型零售商买方势力的增强，小型零售商批发价格下降。在最终零售价格影响方面，买方势力的增强降低了大型零售商的批发价格，但对小型零售商零售价格的影响也不确定，具体地，随着买方势力的增强，小型零售商的零售价格先上升后下降。但整体来说，买方势力的增强降低了市场平均零售价格，在一定程度上提高了消费者福利。

（5）在买方势力与零售市场竞争的相互作用方面，本章研究发现：①零售市场竞争程度的增强促进了买方势力对零售商批发价格的正面作用，抑制了买方势力对零售商批发价格的负面作用；②零售市场竞争与买方势力的作用具有一定的替代性，即当零售市场竞争程度较高时，买方势力导致零售价格下降程度变小；③买方势力的作用也会反过来影响大型零售商和小型零售商的竞争优势，但不会导致零售商退出市场。

第五章　下游市场竞争、合作交易与买方势力价格效应

[**本章提要**]　本章在下游零售市场竞争、上下游合作交易模式下，考察买方势力对交易价格以及市场零售价格的影响，揭示买方势力价格效应作用的机理，探讨买方势力与市场竞争之间的作用关系。具体地，本章首先对上下游合作交易模式和内涵进行分析，进而进行理论模型化；在此基础上，分别考察零售商没有买方势力和零售商具有买方势力时，企业价格决策过程及其结果；然后，通过比较分析得出买方势力对批发价格以及市场零售价格的影响。通过研究发现，在上下游合作交易模式下，买方势力的变化不影响批发价格，但是会降低零售商向上游制造商支付的固定费用；此外，零售商买方势力只影响自身固定费用，对竞争对手交易合约无影响；在市场零售价格方面，买方势力的变化也不会影响市场最终零售价格，只会引起利润在上下游企业之间的重新分配。

第一节　合作交易模式的内涵及模型化

在上下游交易过程中，除了非合作交易关系以外，还存在合作交易关系。合作交易关系是指上下游企业在决策过程中，不仅考虑决策行为对自身利润的影响，还考虑行为对交易另一方利润的影响；不仅要实现自身利润最大化，还要实现产业链总利润最大化。现实经济中，很多具有纵向关系的企业往往会形成战略联盟，这即是上下游合作关系的典型表现。本章即在上下游合作交易的模式下，考察买方势力对批发价格和市场零售价格的影响及其机理。

要想完成以上研究工作，首先需要对上下游合作交易关系进行模型化。如上

文所述，合作交易模式下企业要同时实现自身利润最大化和上下游企业联合利润最大化。为此，在上下游交易合约中一方面要存在调节联合利润的工具，另一方面要存在分配利润的工具。在非合作交易模式下，上下游企业之间的交易合约中只包含批发价格这一工具，批发价格一方面要用于上下游企业的利润分配，另一方面要实现上下游的联合利润最大化。[①] 由于这两个目标具有一定的冲突性，所以在没有额外的利润分配工具情况下，批发价格只能用于分配利润，而不是使联合利润最大化。根据这一原理，如果增加一种额外的利润分配工具，让批发价格回归到调节产业链中利润的功能，那么，即可实现产业链总利润最大化和利润分配的功能。其中最简单的就是增加利润在上下游转移支付的工具。现实经济中常见的通道费（Slotting Allowance）、旁支付（Side Payment）等都具有这种特征（Draganska et al.，2007）。从以上分析可以看出：在非合作模式下，上下游采用线性定价交易合约即可；但是在合作模式下，上下游除了线性定价以外，还需要直接用于利润分配的工具，即固定转移支付费用。实质上，这就是两部收费制合约。

综上分析，本章继续采用第四章构建的纵向市场结构模型和需求模型，考察上下游合作交易模式下，买方势力变化对上下游交易合约以及市场零售价格的影响。具体地，本章将采用两部收费制合约对上下游合作交易进行模式化，通过考察零售商没有买方势力和零售商具有买方势力两种情况下的决策结果，探讨买方势力的价格效应。

第二节 零售商没有买方势力时的决策模型

在上下游合作模式下，如果下游零售商都没有买方势力，那么制造商和零售商之间存在如下两阶段的博弈：第一阶段，制造商 M 为零售商 R_1 和 R_2 制定批发价格 w_1 和 w_2，同时向零售商 R_1 和 R_2 收取固定费用 F_1 和 F_2，由于零售商没有买方势力，所以只能被动接受合约；[②] 第二阶段，零售商 R_1 和 R_2 同时制定各自

---

① 假设上下游企业之间的批发价格为 w，产品零售价格为 p，上游企业和下游企业的边际成本分别为 c^u 和 c^d，则上游企业的利润边际为 $w - c^u$，下游企业的利润边际为 $p - w - c^d$。

② w_i（$i = 1, 2$）是单位产品批发价格，F_i 是零售商支付给制造商的固定费用，当 $F_i > 0$ 时零售商向制造商支付特许费，当 $F_i < 0$ 时制造商向零售商支付通道费。

的零售价格 p_1 和 p_2，将产品销售给最终消费者。与第四章上下游非合作交易模式相比，本节博弈过程的变化主要体现在第一阶段：在合作交易模式下，上下游企业的交易合约只有批发价格；在上下游合作交易模式下，交易合约同时包括批发价格和固定费用。

与第四章相同，用逆向归纳法求解上述博弈。在博弈第二阶段，零售商 R_i 的决策可以表示为：

$$\max_{p_i} \pi_{R_i} = (p_i - w_i) q_i(p_i, \ p_j) - F_i \tag{5.1}$$

将式（4.3）的需求函数代入式（5.1），并利用利润最大化的一阶条件可以求出零售商最优价格决策，其结果与第四章相同，具体参见式（4.5）。由此可以看出，在合作模式下，固定费用并不会影响企业的决策，只是起到了利润转移分配的作用，这一结论验证了前文对合作模式内涵的分析。

在博弈第一阶段，制造商在满足零售商参与约束的条件下，根据自身利润最大化为零售商 R_i 制定两部收费制合约 (w_i, F_i)，其决策可以表示为：

$$\max_{(w_i, F_i)} \pi_M = \sum_{i=1}^{2} w_i q_i(w_i, w_j) + F_i$$

$$\text{s. t. } q_i \in \text{argmax } \pi_{R_i}$$

$$\pi_{R_i} \geqslant 0 \tag{5.2}$$

在本章的市场结构下，如果零售商不与制造商交易，只能退出市场。所以，本章假设零售商的参与约束为 0。[①] 所以，制造商会通过固定费用收取零售商所有利润，即固定费用由

$$F_i = [p_i(w_i, \ w_j) - w_i] q_i(w_i, \ w_j) \tag{5.3}$$

决定。在此条件下，制造商将制定最优的批发价格使产业链总利润最大化，其决策为：

$$\frac{\partial p_i(w_i, \ w_j) q_i(w_i, \ w_j)}{\partial w_i} + \frac{\partial p_j(w_i, \ w_j) q_j(w_i, \ w_j)}{\partial w_j} = 0 \tag{5.4}$$

通过求解式（5.4）可知，在上下游合作交易且下游零售商没有买方势力的情况下，制造商制定的最优批发价格为 $w_1 = w_2 = \delta/2$。对比第四章的结果可以很容易地发现，这一结果与非合作模式下的批发价格不同。在非合作交易模式下，批发价格与零售市场竞争程度无关，零售商支付的批发价格始终为 $w_1 = w_2 = 1/2$；在合作交易模式下，批发价格是零售市场竞争程度的增函数。出现这一结果的原因在于：在上下游非合作交易模式下，制造商只能通过批发价格的设定实现自身利润

---

① 关于零售商参与约束的更深入分析参见第八章。

最大化，根据第四章的分析，此时制造商最优决策是制定垄断情形下的批发价格，所以批发价格与市场竞争程度无关。① 在上下游合作模式下，企业有充足的利润工具用来分配利润，所以此时制造商在制定批发价格时会考虑制定使产业链总利润最大化的批发价格，然后再通过固定费用对产业链总利润进行重新分配。在上游垄断、下游零售商竞争的市场结构下，双重加价会影响产业链总利润（Tirole，1988）。所以，制造商批发价格决策的目标就是消除双重加价，使产业链利润最大化。双重加价问题的解决至少有两种方式，一是降低批发价格，二是增加市场竞争程度，且这两种解决方法具有一定的替代性。本章中下游零售市场竞争本身可以在一定程度上解决双重加价问题，零售市场竞争越激烈，双重加价程度越弱。此时，制造商就不用过多地降低批发价格来解决双重加价问题。所以，随着下游零售市场竞争程度增强，制造商批发价格降低。

第三节　零售商具有买方势力时的决策模型

第二节的分析表明，在零售商没有买方势力的情况下，制造商和零售商之间存在两阶段的博弈。这两阶段博弈实质上代表了两个不同的决策过程：第一阶段代表了上下游企业交易合约决策过程；第二阶段代表了零售价格决策过程。根据第四章的分析，买方势力的出现会同时对这个决策过程产生影响：在零售价格决策过程中，买方势力的出现暗含着零售商规模的扩大以及横向市场主导地位的增强，进而会改变零售商的零售价格决策模式；在上下游交易合约决策过程中，买方势力的增强使制造商不能再为零售商制定要么接受要么离开的合约，而是需要和上下游谈判制定交易合约。关于买方势力对零售价格决策模式的影响，本章继续采用第四章的模型化方法，假设大型零售商具有买方势力时，可以优先制定最终零售价格，而小型零售商只能跟随大型零售商制定最终零售价格。这一零售价格决策模式的改变即是第四章中研究的买方势力横向价格效应。

买方势力对上下游交易合约决策过程的影响需要进一步详细说明。在非合作模式下，具有买方势力的零售商通过和制造商谈判获取批发价格折扣，买方势力的强弱直接决定了零售商可以获取的折扣大小。从表面上看，制造商和零售商谈

---

① 关于上游垄断、下游竞争市场结构下的批发价格决策机理具体参见第三章。

判确定批发价格折扣，但实际上批发价格折扣是零售商根据自身买方势力强行向制造商索取。在这种情况下，制造商实质上的决策只有一个，即基准批发价格。但是，在合作模式下，具有买方势力的零售商直接和制造商谈判确定交易合约（包括单位产品批发价格和固定转移支付费用）。与此同时，制造商还需要为其他没有买方势力的零售商制定交易合约。也就是说，此时制造商需要制定两个交易合约。那么，这两个交易合约的决策顺序如何？这个问题对于考察企业的决策以及买方势力的作用至关重要，因为交易合约的决策顺序不同会导致具体交易条款的差异，从而引起企业零售价格决策的变化（Marx and Shaffer，2007；Marx and Shaffer，2010；Aghadadashli et al.，2016）。

从理论上来说，上下游交易合约的决定顺序会出现三种情况，本章记为三种情形：情形Ⅰ，同时决策，即制造商 M 与大型零售商 R_1 谈判确定交易合约 (w_1, F_1) 的同时，为小型零售商 R_2 制定交易合约 (w_2, F_2)；情形Ⅱ，制造商 M 首先和大型零售商 R_1 谈判确定交易合约 (w_1, F_1)，然后为小型零售商 R_2 制定交易合约 (w_2, F_2)；情形Ⅲ，制造商 M 首先为小型零售商 R_2 制定交易合约 (w_2, F_2)，然后和大型零售商 R_1 谈判确定交易合约 (w_1, F_1)。

综上分析，可以用图 5-1 描述大型零售商具有买方势力时企业决策顺序。在上下游交易合约决策阶段，制造商和零售商根据三种情形中的一种确定交易合约确定内容；在零售价格决策阶段，大型零售商 R_1 首先根据自身利润最大化制定零售价格 p_1，然后小型零售商制定零售价格 p_2。

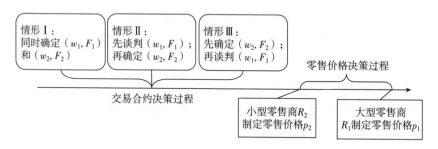

图 5-1　零售商具有买方势力时企业决策顺序

首先分析小型零售商 R_2 的零售价格决策，其决策可以表示为：

$$\max_{p_2}\pi_{R_2} = (p_2 - w_2)q_2(p_2, p_1) - F_2 \tag{5.5}$$

与上下游非合作且零售商具有买方势力的情况相比，在上下游合作交易模式下，只需在零售商利润表达式中减去零售商向制造商支付的固定费用即可。根据上一节的分析，固定费用不影响企业价格决策，所以上下游合作模式下小型零售商的零售价格决策与第四章第三节的结果相同。

其次分析大型零售商的价格决策。在观察到小型零售商零售价格决策以后，大型零售商根据自身利润最大化制定零售价格 p_1，其决策可以表示为：

$$\max_{p_1} \pi_{R_1} = (p_1 - w_1) q_1(p_1, p_2) - F_1$$

$$\text{s. t. } p_2 \in \operatorname{argmax} \pi_{R_2} \tag{5.6}$$

同理，大型零售商的价格决策也与上下游非合作模式下的结果相同，这里不再重复说明。接下来重点分析上下游交易合约决策过程。根据上文的讨论，上下游交易合约决策过程中会出现三种不同的情况，以下分别进行探讨。

一、交易合约决策过程：情形 I

在情形 I 下，制造商同时制定大型零售商和小型零售商的交易合约。此时，可以假设制造商同时指派两名谈判人员，其中一名和具有买方势力的大型零售商 R_1 谈判确定交易合约 (w_1, F_1)；另外一名谈判人员则在小型零售商 R_2 参与约束的条件下为其制定两部收费制合约 (w_2, F_2)。在此情况下，上下游交易合约的决策过程可以表示为：

$$\max_{(w_1, F_1)} \prod = \left[\pi_{R_1}(w_1, w_2, F_1) - \pi_M^0 \right]^\gamma \left[\pi_M(w_1, F_1; w_2, F_2) - \pi_{M-R_1}^0 \right]^{1-\gamma}$$

$$\max_{(w_2, F_2)} \pi_M(w_1, F_1; w_2, F_2) = w_1 q_1(w_1, w_2) + F_1 + w_2 q_2(w_1, w_2) + F_2$$

$$\text{s. t. } \pi_{R_2}(w_1; w_2, F_2) = \left[p_2(w_1, w_2) - w_2 \right] q_2(w_1, w_2) - F_2 \geqslant \pi_{R_2}^0 \tag{5.7}$$

其中，$\pi_M(w_1, F_1; w_2, F_2)$ 表示制造商 M 的利润；$\pi_{M-R_1}^0$ 和 $\pi_{R_1}^0$ 分别表示制造商 M 和大型零售商 R_1 谈判失败两者获得的利润，即两者的谈判威胁点（Threat Point），也可以称为外部选择价值（Outside Option Value）；$\pi_{R_2}^0$ 表示小型零售商 R_2 不与制造商 M 交易时获得的利润，即小型零售商 R_2 的外部选择价值；γ 表示大型零售商 R_1 在谈判过程中的谈判势力，衡量了零售商买方势力的大小，γ 越大，大型零售商 R_1 的买方势力越强。式（5.7）决策的机理在于制造商 M 在满足小型零售商 R_2 参与约束的条件下，制定交易合约 (w_2, F_2) 以使自身利润最大化。与此同时，制造商 M 与大型零售商 R_1 谈判确定交易合约 (w_1, F_1)。关于制造商和大型零售商的谈判有如下几点需要说明：第一，本书借鉴 Chen（2003）、O'Brien（2014）等的研究，假设制造商和大型零售商通过纳什讨价还价谈判（Nash Bargaining）确定交易合约 (w_1, F_1)。这种谈判模式实质上是纳什谈判解（Nash Bargaining Solution）在纵向关系中的应用，纳什讨价还价解在纵向关系模型中的最早应用出现在 Horn 和 Wolinsky（1984），具体说明可以参见 Gaudin（2017）。第二，在谈判破裂时，大型零售商失去交易机会，所以其外部选择价值 $\pi_{R_1}^0 = 0$，但是制造商仍然可以与小型零售商 R_2 交易，此时两者垄断市场，所以 $\pi_{M-R_1}^0 = \widetilde{w}_2(1 - \widetilde{w}_2)/2 + \widetilde{F}_2$，其中（$\widetilde{w}_2$，$\widetilde{F}_2$）表示制造商和小型零售商垄断市场时的交易合约。[①]

求解式（5.7）可得（w_1，F_1），由式（5.8）决定：

$$\begin{cases} \dfrac{\partial p_1(w_1,\ w_2)q_1(w_1,\ w_2)}{\partial w_1} + \dfrac{\partial w_2 q_2(w_1,\ w_2)}{\partial w_1} = 0 \\ F_1 = [p_1(w_1,\ w_2) - w_1]q_1(w_1,\ w_2) - \\ \qquad \gamma[p_1(w_1,\ w_2)q_1(w_1,\ w_2) + w_2 q_2(w_1,\ w_2) + F_2 - \pi_{M-R_1}^0] \end{cases} \quad (5.8)$$

由于本部分将制造商的边际生产成本和零售商的单位销售成本都标准化为 0，所以 $p_1(w_1,\ w_2)q_1(w_1,\ w_2)$ 衡量了制造商 M 和零售商 R_1 的联合利润。根据上文的分析，在合作交易模式下，上下游交易合约的确定要考虑联合利润。从式（5.8）则可以看出，制造商 M 和大型零售商 R_1 交易合约的确定不仅要使联合利润最大化，还要考虑交易合约对制造商从小型零售商 R_2 处获得的利润的影响。这是因为制造商不仅与大型零售商交易，还会与小型零售商交易，小型零售商也是制造商重要的利润来源。此外，从式（5.8）还可以看出，在批发价格给定的情况下，大型零售商向制造商支付的固定费用是其买方势力的减函数，买方势力越大，零售商向制造商支付的固定费用越低。

同理，从式（5.7）可以求解出制造商和小型零售商的交易合约（w_2，F_2）。与（w_1，F_1）的确定模式不同，（w_2，F_2）是制造商在满足小型零售商 R_2 参与约束的基础之上，根据自身利润最大化制定的。这里的"参与约束"是指小型零售商不与制造商交易时获得的利润，也就是小型零售商的外部选择价值。在本章的市场结构下，如果小型零售商不与制造商交易只能退出市场，所以其外部选择价值为 0，即 $\pi_{R_2}^0 = 0$。求解制造商利润最大化的条件可知，（w_2，F_2）由式（5.9）决定：

$$\begin{cases} \dfrac{\partial w_1 q_1(w_1,\ w_2)}{\partial w_2} + \dfrac{\partial p_2(w_1,\ w_2)q_2(w_1,\ w_2)}{\partial w_2} = 0 \\ F_2 = [p_2(w_1,\ w_2) - w_2]q_2(w_1,\ w_2) \end{cases} \quad (5.9)$$

从式（5.9）可以看出，批发价格 w_2 的决策机理与式（5.8）中 w_1 的决策机理相同，而固定费用 F_2 则是小型零售商 R_2 销售制造商产品获得的利润。也就是说，制造商与小型零售商交易过程中，制造商会通过固定费用收回小型零售商

---

① 根据 Horn 和 Wolinsky（1988）的分析，谈判威胁点并不会影响批发价格大小。实际上，关于制造商和大型零售商谈判的外部选择价值还可以设定为谈判失败后可以获得的最终利润，这一设定方法和详细说明参见第八章。

的全部利润。这一结论与本章第二节中零售商没有买方势力的结论相同。可见，即使在零售商具有买方势力的情况下，制造商也可以通过两部收费制合约的设计攫取没有买方势力的零售商的全部利润。

将零售价格决策过程的均衡结果分别代入式（5.8）和式（5.9），并将两者联立可以解得上下游均衡的交易合约。进一步地，可以求得市场均衡零售价格，结果参见表5-1第2行。

表 5-1　不同交易合约确定模式下市场均衡结果汇总

		情形 I	情形 II	情形 III
交易合约	w_1^*	$\dfrac{\delta^3(4+2\delta-\delta^2)}{2(1+\delta)(2-\delta^2)(4-\delta^2)}$	$\dfrac{\delta(8-6\delta^2+\delta^3)}{2(2-\delta^2)(4-\delta^2)}$	$\dfrac{\delta^2(1+\delta)(2-\delta)}{4(2-\delta^2)}$
	F_1^*	$\dfrac{A-B\gamma}{16(1+\delta)^2(2-\delta^2)(4-\delta^2)^2}$	$\dfrac{(1-\delta)\left[2(4-3\delta^2)^2-D\gamma\right]}{4(1+\delta)(2-\delta^2)(4-\delta^2)}$	$\dfrac{E[2(2+\delta)-F\gamma]}{16(1+\delta)(2-\delta^2)}$
	w_2^*	$\dfrac{\delta^2(4+2\delta-\delta^2)}{2(1+\delta)(4-\delta^2)}$	$\dfrac{\delta^2(4-\delta)}{2(4-\delta^2)}$	$\dfrac{\delta(1+\delta)(2-\delta)}{4}$
	F_2^*	$\dfrac{(1-\delta)(4+2\delta-\delta^2)^2}{4(1+\delta)(4-\delta^2)^2}$	$\dfrac{(1-\delta)(4+2\delta-\delta^2)^2}{4(1+\delta)(4-\delta^2)^2}$	$\dfrac{(1-\delta)(2-\delta^2)^2}{16(1+\delta)}$
零售价格	p_1^*	$\dfrac{(8+4\delta-6\delta^2-\delta^3)}{4(1+\delta)(4-\delta^2)}$	$\dfrac{1}{2}$	$\dfrac{2-\delta+\delta^2}{4}$
	p_2^*	$\dfrac{(2-\delta^2)(4+2\delta-\delta^2)}{4(1+\delta)(4-\delta^2)}$	$\dfrac{4-2\delta+\delta^2}{2(4-\delta^2)}$	$\dfrac{1}{2}$

注：表中 $A=128+128\delta-160\delta^2-192\delta^3+24\delta^4+72\delta^5+10\delta^6-8\delta^7-2\delta^8$，$B=128+128\delta-320\delta^2-64\delta^3+216\delta^4+48\delta^5-54\delta^6-8\delta^7+5\delta^8$，$D=32-40\delta^2+14\delta^4-\delta^6$，$E=(2+\delta)(1-\delta)$，$F=(2-\delta)(2-\delta^2)$。

二、交易合约决策过程：情形 II

在情形 II 条件下，制造商 M 首先和大型零售商 R_1 谈判确定交易合约（w_1，F_1）；然后为小型零售商 R_2 制定要么接受要么离开的交易合约（w_2，F_2）。情形 II 和情形 I 的本质区别在于交易合约的确定顺序。从理论角度来说，交易合约先确定的一方其合约内容可以被后确定一方观察到，[①] 所以后确定合约的一方会对这一交易合约做出反应。同时，交易合约先确定的一方也会预测到后确定一方的

---

① 本书假设所有合约都是可观察的。在合约不可观察的情况下，决策顺序对企业行为不会产生影响。

反应，进而在进行交易合约决策时会考虑后确定方的反应。这一决策模式是 Stackelberg 博弈在交易合约确定过程中的应用。此外，从实践角度来说，现实经济中制造商之间往往会有一些固定合作伙伴，这些合作伙伴交易关系比较稳定。在与这些买方进行交易时，制造商往往会与其谈判确定交易合约。一旦交易合约确定以后，有新的交易伙伴进入，制造商便参照此交易合约为其制定新的交易合约。这种交易合约决策模式与情形Ⅱ描述的相同。

下面结合上文零售价格决策过程的均衡结果，具体分析情形Ⅱ下企业交易合约决策。在小型零售商交易合约的决策过程中，制造商根据自身利润最大化为小型零售商 R_2 制定要么接受要么离开的两部收费制合约 (w_2, F_2)，具体决策过程可以表示为：

$$\max_{(w_2, F_2)} \pi_M(w_1, F_1; w_2, F_2) = w_1 q_1(w_1, w_2) + F_1 + w_2 q_2(w_1, w_2) + F_2$$

$$\text{s. t. } \pi_{R_2}(w_1; w_2, F_2) = [p_2(w_1, w_2) - w_2] q_2(w_1, w_2) - F_2 \geqslant \pi_{R_2}^0 \qquad (5.10)$$

求解式（5.10）可以得到：

$$w_2(w_1) = \frac{\delta[\delta(4 - 2\delta - 3\delta^2 + \delta^3) + (2 - \delta^2)(4 - \delta^2)w_1]}{(4 - \delta^2)(4 - 3\delta^2)} \qquad (5.11)$$

$$F_2 = \frac{(1 - \delta)(4 + 2\delta - \delta^2)^2}{4(1 + \delta)(4 - \delta^2)^2} \qquad (5.12)$$

从式（5.11）可以看出，小型零售商 R_2 支付的批发价格 w_2 是大型零售商 R_1 批发价格的函数，这一结果印证了上文对情形Ⅱ决策模式的分析。但是，式（5.12）表明小型零售商 R_2 支付的固定费用 F_2 与大型零售商 R_1 的交易合约无关。

再来分析制造商 M 和大型零售商 R_1 的谈判过程。与情形Ⅰ相同，同样假设制造商和零售商通过纳什讨价还价谈判确定交易合约。与情形Ⅰ不同的是，在制造商和零售商谈判过程中两者会预测到谈判结果对小型零售商交易合约的影响，进而会将这一影响考虑到决策过程中。在此情况下，制造商和零售商之间的谈判可以表示为：

$$\max_{(w_1, F_1)} \prod = [\pi_{R_1}(w_1, w_2, F_1) - \pi_{R_1}^0]^\gamma [\pi_M(w_1, F_1; w_2, F_2) - \pi_{M-R_1}^0]^{1-\gamma}$$

$$\text{s. t. } (w_2, F_2) \in \arg \max \pi_M(w_1, F_1; w_2, F_2) \qquad (5.13)$$

利用纳什讨价还价解可以求得制造商和大型零售商之间的交易合约 (w_1, F_1)，将这一均衡结果代入式（5.11）即可求出小型零售商的交易合约 (w_2, F_2)。同理可以求出均衡的市场零售价格，结果参见表 5 - 1 第 3 行。

三、交易合约决策过程：情形Ⅲ

在情形Ⅲ下，制造商 M 首先为小型零售商 R_2 制定要么接受要么离开的交易合约（w_2，F_2），然后和大型零售商 R_1 谈判确定（w_1，F_1）。这种交易合约决策顺序与情形 Ⅱ 恰好相反。这种交易合约决策模式对应的现实情况是：制造商首先为其产品确定标准的交易合约，如果零售商规模较大，那么，制造商和零售商会参照此合约进行再次谈判，从而制定更加具有个性化的合约。

按照前一部分的分析思路，首先来分析制造商 M 和大型零售商 R_1 的谈判。在零售价格决策的基础上，制造商和零售商的谈判过程可以表示为：

$$\max_{(w_1,F_1)} \prod = \left[\pi_{R_1}(w_1,w_2,F_1) - \pi_{R_1}^0 \right]^\gamma \left[\pi_M(w_1,F_1;w_2,F_2) - \pi_{M-R_1}^0 \right]^{1-\gamma} \quad (5.14)$$

根据纳什讨价还价解可得：

$$w_1(w_2) = \frac{\delta w_2}{2 - \delta^2} \quad (5.15)$$

$$F_1(F_2) = \frac{8\gamma(1+\delta)w_2(w_2-1) + \gamma\delta(4+\delta-\delta^2) - 3\delta^2 - \delta^3 + 4}{8(1+\delta)(2-\delta^2)} - \gamma F_2 \quad (5.16)$$

从式（5.15）和式（5.16）可以看出，制造商和大型零售商在谈判确定交易合约时会参照小型零售商的交易合约。而制造商在为小型零售商制定交易合约时，也会预测到下一步谈判过程将以此作为参考，进而在制定交易合约时会对此进行考虑。所以，制造商 M 为小型制造商 R_2 制定交易合约（w_2，F_2）的过程可以表示为如下约束条件下的利润最大化问题：

$$\max_{(w_2,F_2)} \pi_M(w_1,F_1;w_2,F_2) = w_1 q_1(w_1,w_2) + F_1 + w_2 q_2(w_1,w_2) + F_2$$

$$\text{s.t. } \pi_{R_2}(w_1;w_2,F_2) = \left[p_2(w_1,w_2) - w_2 \right] q_2(w_1,w_2) - F_2 \geqslant \pi_{R_2}^0$$

$$(w_1,F_1) \in \arg\max \prod \quad (5.17)$$

其中，第一个约束条件表示小型零售商的参与约束，第二个约束条件表示制造商会考虑下一阶段谈判过程的影响。

求解式（5.17）即可得到均衡的交易合约（w_2，F_2），然后将其代入式（5.15）和式（5.16）即可求出大型零售商的交易合约（w_1，F_1）。同理可以求出均衡时的市场零售价格，结果参见表 5-1 第 4 列。

第四节　合作交易模式下买方势力价格效应及机理

基于第二节和第三节不同买方势力条件下企业决策的分析，本节重点考察买方势力对企业价格决策的影响。

一、买方势力价格效应：情形Ⅰ

首先，分析买方势力对上下游交易合约的影响。从表 5-1 的均衡结果可以看出，在上下游合作交易，且大型零售商具有买方势力的情况下，大型零售商买方势力的变化既不影响其自身批发价格，也不影响小型零售商的批发价格；但买方势力的增强会降低大型零售商向制造商支付的固定费用，而不影响小型零售商向制造商支付的固定费用。出现这一结果的原因与上文分析的合作交易模式内涵有关：在合作交易模式下，上下游企业的利润具有一致性，此时两者首先会谈判制定使产业链联合利润最大化的批发价格，然后通过固定费用来分配利润。由于批发价格是产业链联合利润最大化的价格，一方面其决策机理与零售商没有买方势力的情况相同，另一方面利润最大化的批发价格也不会受零售商买方势力的影响。但是，随着大型零售商买方势力的增强，其获得的利润会更多，所以向制造商支付的固定费用减小；小型零售商由于没有买方势力，制造商会通过固定费用收取其所有利润。

虽然在零售商具有买方势力条件下，买方势力的增强不影响均衡的批发价格，但是与零售商没有买方势力的情况相比，批发价格发生了变化。通过模拟零售商没有买方势力和零售商具有买方势力两种情况下的批发价格，可以得到图 5-2。

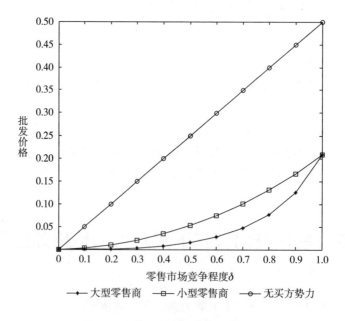

图 5-2　情形Ⅰ下的批发价格比较

从图5-2中可以看出，在零售商没有买方势力情况下，批发价格较高；零售商具有买方势力情况下，批发价格较低。这一结论背后的原因与买方势力影响交易合约的途径有关。第四章的研究表明，买方势力会通过两种途径影响上下游交易合约。首先，买方势力会影响制造商的利润，进而会直接影响制造商的批发价格决策，这种途径是买方势力影响批发价格的直接途径。根据上文的分析，在上下游合作交易下，制造商和零售商始终以产业链总利润最大化来确定批发价格，此时直接途径不会影响批发价格，所以出现了上文买方势力变化不影响批发价格的结论。其次，与零售商没有买方势力的情况相比，买方势力的增强改变了零售商的零售价格决策模式，即产生所谓的横向价格效应，买方势力横向价格效应会改变制造商面临的下游市场环境和产业链整体决策环境，进而会影响制造商批发价格决策，这是买方势力影响批发价格的间接途径。那么，图5-2中的结果是不是由买方势力的横向价格效应导致的呢？为了回答这个问题，需要再次分析影响联合利润最大化的因素。根据本章第二节的分析，双重加价是影响产业链联合利润最大化的主要因素，只要消除双重加价便可以使产业链利润达到最大化。批发价格和零售商竞争是解决双重加价问题，实现产业链总利润最大化的两个主要工具。第四章的分析表明，买方势力的横向价格效应会影响零售商竞争程度，具体地，买方势力的出现会降低零售商竞争程度，提高零售价格。也就是说，在零售商具有买方势力的情况下，零售商竞争解决双重加价的功能降低，所以此时制造商只能更多地通过批发价格来缓解双重加价，即在零售商具有买方势力的情况下，批发价格应该降低。可见，具有买方势力时的批发价格降低是买方势力横向价格效应导致的。

此外，从图5-2中还可以看出，无论零售商是否具有买方势力，随着零售市场竞争程度的增强，批发价格始终上升。出现这一结果的原因也是由于批发价格与市场竞争解决双重加价问题的替代性。

其次，分析买方势力对零售价格的影响。从表5-1中可以看出，在大型零售商具有买方势力的情况下，买方势力的变化不影响零售价格。这一结论与买方势力对批发价格的影响结果相同。关于这一结果有两点值得说明：第一，从原理上来看，在上下游合作交易模式下，无论买方势力如何变化，市场零售价格都是使产业链总利润最大化的零售价格，所以买方势力的变化不影响批发价格；第二，从结论的意义上来看，这一结果表明买方势力并不是导致零售价格下降的充分条件。对零售商具有买方势力条件下的零售价格进行模拟可以得到图5-3。

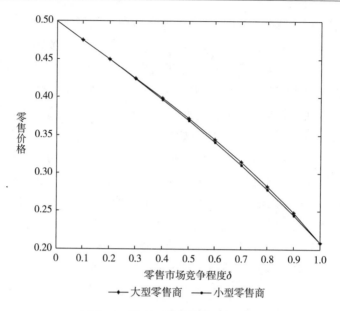

图 5-3　情形 I 下的零售价格比较

从图 5-3 中可以看出，在零售商具有买方势力的情况下，大型零售商的零售价格高于小型零售商的零售价格。从模型角度来看，出现这一结果的原因在于大型零售商的买方势力使其具有了零售价格决策的领导权，进而增强了其自身定价能力。

二、买方势力价格效应：情形 II

从表 5-1 可以看出，情形 II 条件下买方势力的影响与情形 I 类似。在大型零售商具有买方势力的情况下，买方势力的变化不影响批发价格和小型零售商支付的固定费用，但是会降低大型零售商支付的固定费用。同时，大型零售商买方势力的变化也不会影响市场零售价格。图 5-4 模拟了大型零售商没有买方势力和具有买方势力两种情况下的批发价格。

从图 5-4 中可以发现，在具有买方势力的条件下，大型零售商的批发价格高于没有买方势力时的零售价格；小型零售商的批发价格低于没有买方势力时的零售价格。这一结论与情形 I 有所不同。

三、买方势力价格效应：情形 III

同上文分析相同，在情形 III 条件下，大型零售商买方势力的变化也不影响批发价格，只会降低大型零售商向制造商支付的固定费用。此外，大型零售商买方势力

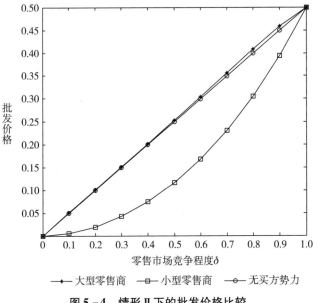

图 5 - 4 情形 II 下的批发价格比较

的变化也不影响最终零售价格。类似地,用数值仿真的方法模拟出大型零售商没有买方势力和具有买方势力两种情况下的批发价格,结果如图 5 - 5 所示。从图中可以看出,在大型零售商具有买方势力的情况下,小型零售商的批发价格高于没有买方势力时的批发价格,大型零售商的批发价格低于没有买方势力时的零售价格。

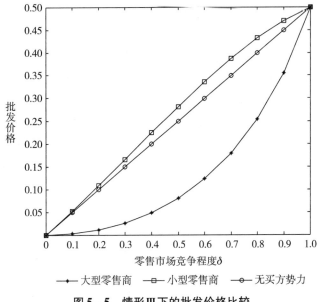

图 5 - 5 情形 III 下的批发价格比较

四、合作交易模式下买方势力价格效应和机理的总结

以上分析了不同交易合约决策模式下，买方势力对上下游交易合约以及市场零售价格的影响。如果仅考虑买方势力存在情况下其强弱变化的影响，结论可以总结为表5-2。

表5-2　三种不同交易合约确定情形下买方势力价格效应汇总

交易合约决策模式	对交易合约的影响				对市场零售价格的影响	
	批发价格		固定费用			
	自身	竞争对手	自身	竞争对手	自身	竞争对手
情形 I	╱	╱	↘	╱	╱	╱
情形 II	╱	╱	↘	╱	╱	╱
情形 III	╱	╱	↘	╱	╱	╱

注：╱表示无影响，↘表示下降。

结合表5-2以及上文的分析，可以得到下列命题：

命题5.1　在下游零售市场竞争，且上下游合作交易的模式下，零售商买方势力的变化不影响上下游交易的批发价格，但是会降低零售商向上游制造商支付的固定费用，不会影响竞争对手支付的固定费用。

对于命题5.1需要从以下几个角度进行理解。首先，命题5.1背后的机理在于：上下游合作模式下，即使零售商具有买方势力，上下游也会首先制定使产业链总利润最大化的批发价格，然后根据买方势力采用固定费用来分配利润。所以，买方势力的变化不影响批发价格，只会降低大型零售商支付的固定费用。其次，和以往研究相比，命题5.1的结论有所不同。从命题5.1可以看出，在上下游合作交易模式下，买方势力的变化不会对竞争对手的交易合约产生影响，既不会出现"水床效应"，也不会出现"反水床效应"。再结合第四章的分析可知，不管是"水床效应"还是"反水床效应"，其存在都需要一定的条件，这些条件包括上下游合作模式以及买方势力强弱等。需要指出的是，上述买方势力不影响竞争对手交易合约的结论存在如下几个暗含假设：第一，上下游企业之间采用两部收费制合约进行交易；第二，企业之间不存在策略性行为。如果这些假设不满足，那么买方势力可能会影响竞争对手交易合约，第八章将对这些假设进行扩展分析。再次，从买方势力与市场竞争之间的关系来看，由于买方势力不影响上下游交易合约，所以自然也不会对市场竞争特征产生影响。最后，需要注意的是，

命题5.1考察的是零售商具有买方势力条件下，买方势力变化的影响，没有探讨存在买方势力和不存在买方势力时，上下游交易合约的变化。

命题5.2　在下游零售市场竞争，且上下游合作交易的模式下，零售商买方势力的存在不影响市场最终零售价格。

结合命题5.1的分析，命题5.2很容易理解。在上下游合作交易模式下，市场零售价格也是使产业链总利润最大化的价格，这一价格不会随着买方势力的变化而改变。

第五节　本章小结

本章基于下游零售市场竞争背景，在上下游合作交易模式下考察了买方势力的价格效应，揭示了合作交易模式下买方势力的作用机理。通过本章的研究发现，在合作交易模式下，上下游企业首先会追求产业链联合利润最大化，然后再根据下游企业买方势力大小进行利润分配。由于影响产业链总利润的因素主要是双重加价问题，所以企业会通过下游零售市场竞争和批发价格两种手段调节产业链总利润。由于批发价格只用于调整产业链总利润，所以无论零售商买方势力如何变化，均不会影响批发价格。但是，作为分配利润的工具，下游零售商向上游制造商支付的固定费用会随买方势力的增强而减少。从零售商买方势力对竞争对手的影响来看，在上下游合作交易模式下，买方势力不会影响竞争对手的交易合约。此时，既不会出现"水床效应"，也不会出现"反水床效应"。从最终零售价格来看，在上下游合作交易模式下，买方势力的增强不会改变市场零售价格，即买方势力并没有给最终消费者带来优惠，只是造成了利润在上下游企业之间的重新分配。

第六章　下游市场竞争、定价权争夺与买方势力价格效应

[**本章提要**]　由于商业惯例和反垄断法立法较晚，我国零售商市场中制造商和零售商的纵向关系具有一个独特特征，即制造商控制产品最终定价。这种纵向关系环境影响了零售商的决策和获利能力，买方势力的增强促使大型零售商有激励改变这种纵向市场环境，和上游制造商争夺定价权。本章即以这种特殊的纵向市场环境为背景，从上下游定价权争夺入手对第四章进行扩展，着重探讨当纵向市场环境表现为定价权争夺特征时，买方势力的效应及作用机理，探讨下游市场竞争对买方势力效应的影响。具体地，本章首先对上下游定价权争夺的纵向市场环境进行描述；紧接着，对纵向价格形成机理进行分析，进而将上下游定价权争夺进行理论模型化；然后在定价权争夺模式下，考察买方势力的价格效应及其机理。本章研究表明，在上下游定价权争夺模式下，买方势力的出现会使零售商获取优先定价权，从而改变制造商决策环境，迫使制造商降低批发价格。但是，批发价格的降低并没有向下游消费者传递，所以不会引起最终零售价格的下降。更为糟糕的是，如果考虑到买方势力产生的横向价格效应，那么买方势力的出现甚至会提高市场零售价格。本章的研究还表明，在定价权争夺模式下，买方势力的出现不会对竞争对手的批发价格产生影响。也就是说，此种形式的买方势力既不存在"水床效应"，也不存在"反水床效应"。最后，本章对下游竞争条件下买方势力的经济效应及其作用进行了系统的总结；提炼下游市场竞争条件下买方势力作用的一般结论。

第一节 本土零售市场纵向市场环境：定价权控制

第四章和第五章基于下游零售市场竞争的背景，分别在上下游非合作交易以及上下游合作交易两种纵向市场环境下，考察了买方势力的价格效应，探讨了零售市场竞争与买方势力之间的相互作用关系。这两章的研究暗含着一个共同的假设，即制造商和零售商均各自独立掌握着自身决策变量。具体地，制造商更多地掌握了交易合约的决策，零售商掌控零售价格的决策。非合作交易和合作交易只是描述制造商和零售商在进行各自决策过程中的合作态度。但是，现实经济中，尤其是在我国零售产业中，还存在上游企业控制下游决策，剥夺其决策权的现象。下文首先以我国零售市场为背景，对这种特殊的纵向市场关系进行描述和说明；然后分析这种纵向市场环境对买方势力作用的影响。

一般而言，上游制造商为了获取较高的利润以及维护品牌价值，有强烈的动机对产品最终零售价格进行控制（Tirole，1988；Marvel and McCafferty，1984）。早期经济学理论认为，制造商的这种价格控制行为会降低市场竞争程度，损害社会福利（Jullien and Rey，2007）。在此背景下，欧美发达国家很早就通过反垄断立法的形式，规定制造商不得限制零售商转售产品的价格。在这种长期规范和执法过程中，制造商操控产品零售价格的情况不多见，零售商一般都具有价格决策权。但是，中国反垄断法立法和实施时间都较短，企业普遍对这些行为的违法特质认识不透彻，而且反垄断法尚未建立起足够的威慑力。在这种特定的市场环境下，零售市场中制造商对产品售价进行控制的情况尤为突出，甚至成为了一种商业惯例。最典型的案例就是2012年国家发展改革委查处的茅台、五粮液纵向价格垄断案。实际上，笔者通过对零售行业管理人员的非正式访谈得知，这种制造商控制终端零售价格的模式已经成为一种商业潜规则，尤其在家电、白酒等行业中。[①] 制造商控制产品定价权的现象是企业自身因素和外界因素共同作用的结果，它代表了我国零售市场中一种特殊的纵向市场环境。在这种市场环境下，零售商很大程度上受制于制造商，进而削弱了零售商决策的灵活性，影响了其利润水平。在这种纵向市场环境下，下游零售商买方势力的增强至少会产生两种直接影响：

---

① 笔者访谈发现，在一些家电行业中有些制造商甚至直接在合约中规定零售商必须按照指定价格销售，且多数从业人员对这种违反反垄断法的行为并不知悉。

首先，大型零售商买方势力增强使其有激励改变这种纵向市场环境，和上游制造商争夺定价权。这种争夺定价权的呼声广泛存在于零售行业中：全国人大代表、步步高商业连锁股份有限公司董事长王填在接受《第一财经日报》采访时，就表示在供应商与零售商的关系中，归根结底还是市场博弈中的"定价权"之争①。国美高级副总裁何阳青在接受《每日经济新闻》采访时，也明确提出要基于国美自身的大数据来增强自我定价权能力，形成国美的核心价值链条。② 苏宁电器于 2014 年对外公布了"S－TV 计划"，通过买断、定制等方式将最终定价权从供应商向零售商转移。③ 制造商和零售商定价权争夺的斗争也引发了许多冲突和矛盾，比如国美和格力的冲突。国美电器把原本零售价为 1680 元的 1P 格力空调降为 1000 元，零售价原本为 3650 元的 2P 柜机降为 2650 元。格力无法忍受，进而要求国美电器立即终止低价销售行为，但国美依旧我行我素，格力电器当即宣布正式对成都国美停止供货。④ 又比如，四川壹玖壹玖企业管理连锁有限公司因不接受四川郎酒的定价，致使两者终止合作。⑤

其次，在这种制造商控制定价权的纵向市场环境中，买方势力的增强也会对上下游交易价格以及市场零售价格产生影响。而且，由于纵向市场环境不同于第四章和第五章所描述的纵向市场环境，所以买方势力的影响可能也存在一定的差异。基于以上分析，本章在上下游定价权争夺模式下，考察买方势力的价格效应，揭示定价权争夺模式下买方势力作用的特殊机理。

第二节　纵向价格形成机制及定价权争夺的模型化

从更宽泛的理论层面来看，零售市场的定价权涉及了纵向价格的形成问题。

---

① 王填. 加强农产品县级物流中心建设 ［EB/OL］. http：//finance. sina. com. cn/roll/20110303/14189466673. shtml.

② 张斯. 国美业绩逆袭解码：价值链整合强化渠道定价权 ［EB/OL］. http：//www. nbd. com. cn/articles/2014－04－29/829691. html.

③ 新快报. 苏宁国美京东发狠招"反向定制"［EB/OL］. http：//tech. ifeng. com/gundong/detail_2014_04/17/35825763_0. shtml.

④ 吴伟洪，黄汉英. 格力国美分道扬镳，当事双方各执一词 ［EB/OL］. http：//business. sohu. com/2004/03/12/79/article219407944. shtml.

⑤ 黄涛. 郎酒纠纷再现高端白酒窘境 ［EB/OL］. http：//hsb. hsw. cn/2013－09－05/content_8510206. htm.

由于纵向市场结构中最终产品的价格不仅会影响零售商的利润，还直接关系到制造商的获利和品牌价值，所以不管是零售商还是制造商都有激励争夺定价权，且两者也都有一定的能力来掌控定价权：首先，零售商是产品的直接销售者，从理论上来说无疑具有定价的权力；其次，制造商和零售商是通过合约关系相联系的，这种关系不同于横向企业之间的竞争关系，而是一种交易、合作、限制约束的关系。所以，制造商也可以通过交易合约来形成对价格的控制。既然如此，那么最终产品的价格究竟由谁制定？如何制定？下面以一个简单的纵向模型为例，先分析纵向价格形成机理，然后探讨当前中国零售市场中制造商控制市场价格的几种模式，以及大型零售商凭借买方势力争夺定价权的现实表现，以此作为下文构建定价权争夺模型的现实依据。

假设存在一个上游一家制造商 M、下游一家零售商 R 的简单纵向市场结构。① 制造商 M 以固定边际成本 c_M 生产一种产品，并以批发价格 w 销售给零售商 R，零售商在此基础上加价 ρ_{markup} 进行销售。在这种市场结构下，最终产品的零售价格 p 由批发价格、零售加价和零售商单位销售成本 c_R 共同决定，即 $p = w + \rho_{markup} + c_R$。表面上来看，制造商和零售商似乎各自拥有一半的定价权：制造商制定的批发价格越高，最终产品价格越高；类似地，零售商的零售加价越高，零售价格也越高。但这个结论的成立需要以下两个逻辑前提：第一，制造商和零售商分别具有批发价格的定价权和零售加价的自由，任何一方都不对另一方的决策行为进行直接或间接限制；第二，不考虑批发价格决策和零售加价决策之间的相互作用，即不考虑制造商（零售商）决策对零售商（制造商）决策的反应。遗憾的是，在中国的零售市场中，这两个逻辑前提都不满足。首先，如前文所述，在中国零售市场中制造商对价格进行直接或间接控制的情况十分常见，这种控制通常以两种商业模式来实现：转售价格维持和建议零售价格。前者是制造商以书面或口头协议的形式指定零售商销售产品的价格（李世杰和蔡祖国，2016），后者则是利用消费者的偏好厌恶心理来控制零售商的销售价格（Puppe and Rosenkranz，2011；李剑，2012）。其次，即便制造商和零售商都有各自决策的自由，制造商还是可以对零售价格进行一定程度的控制。这主要是因为批发价格和零售加价不是各自独立的，而是相互影响的。现实经济中，经常会听到商家发出"这个价进都进不来""这东西进价就贵，根本没什么利润"的感叹。这就说明，零售商的加价实际上是受制造商批发价格限制的，即 ρ_{markup} 是 w 的函数。如此，若

---

① 下文将对纵向市场结构进行扩展，通过引入上下游竞争来验证结论的稳健性。

制造商能够事先准确预知这种反应函数，则可以通过批发价格的调整在一定程度上控制零售价格。相比前两种控制方式，在这种情况下，零售商还具有一定的定价灵活性。但是，如果假设交易没有成本，且市场信息是完全的，至少从理论上可以证明这种方式也可以实现对零售价格的完全控制。这种控制形式也是最隐蔽、最简单的形式，因为它只要求制造商具有批发价格的优先决策权以及对零售商行为的预测能力。这种控制定价权的形式主要体现在传统的零供交易模式中，即制造商决定批发价格，然后零售商按照这种价格购买产品进行销售。从表面上看，零售商具有最终产品的定价能力，但是由于制造商可以对零售商行为进行预测，进而可以通过调整批发价格来部分控制零售价格。

在中国的零售市场中，制造商控制终端价格的这几种形式都普遍存在。但是，随着反垄断法的实施，前两种对零售价格控制的模式将越来越少见，通过第三种模式进行控制的情况就更加突出。所以，本章重点分析这种情况。综上所述，这种交易模式在一定程度上限定了零售商的定价自由，一旦零售商具有足够的买方势力，那么必然想突破这种交易模式，进一步提高定价权。这种激励反映在两个现实案例中：第一，以国美为代表的零售商纷纷要求和制造商采用独家销售的模式进行交易。在这种模式下，由国美来定制具体品牌，以及具体商品的功能、价格段等，而让上游的具体品牌供应商来生产。第二，自有品牌的开发。在自有品牌的情况下，零售商具有了产品的设计和定价权，在确定好产品的特征以后，将产品委托给制造商生产，制造商只能在零售商设定产品特征和最终零售价格的前提下制定加工费用（相当于批发价格）。上文提到的苏宁采用的定制式交易模式即类似于自有品牌的情形。综合来看，这两种模式的本质特征都在于零售商获得了制定产品价格的先动权，而制造商只能根据零售商制定的价格以及产品特征等市场因素来制定批发价格。这两种零售模式中价格形成的本质就是零售商优先确定产品的加价，然后制造商确定产品的批发价格。

总结以上分析可知，即使在制造商不进行直接控制的情况下，也可以通过优先行动来影响产品的终端零售价格。一旦零售商获得买方势力，则会争取优先行动权，获取产品的定价权。这种情况最明显的表现就是独家销售、定制、自有品牌等新型零售模式的出现。那么，在上下游定价权争夺的纵向市场环境下，零售商买方势力的增强除了获取产品的定价权外，还会产生哪些影响？对上下游企业交易价格、市场零售价格有什么影响？其机理是什么？本章即基于上下游定价权争夺的纵向市场环境对买方势力的价格效应及其机理进行探讨。

第三节 定价权争夺模式下企业决策模型

本节基于第四章的基本市场结构模型，探讨纵向市场环境表现为上下游企业定价权争夺模式时，买方势力的影响及其机理。根据以上分析，在零售商没有买方势力的情况下，制造商具有批发价格的优先决策权，零售商只能根据制造商的批发价格决策被动制定零售价格。而当零售商具有买方势力时，则可以突破制造商通过批发价格对零售商定价的限制，从而优先确定市场零售价格。此时，制造商只能根据零售商的价格决策制定交易的批发价格。由此可见，通过企业决策的优先权即可以对定价权进行模型化。此外，根据以上纵向价格形成机制的分析，市场零售价格等于制造商批发价格、零售商零售加价（边际利润）以及两者的成本之和。现实经济中，很多企业定价实践就是在批发价格和销售成本的基础之上加上预期利润。由此来看，零售商制定零售价格的决策本质上就是制定自身边际利润的决策。为此，本章假设零售商 R_i 的决策是零售加价 ρ_i。此时，第四章的需求函数变化为：

$$q_i(\rho_i, \rho_j; w_i, w_j) = \frac{1 - \delta - (\rho_i + w_i) + \delta(\rho_j + w_j)}{1 - \delta^2} \tag{6.1}$$

在零售商没有买方势力的情况下，制造商 M 具有定价权。此时，制造商 M 首先根据自身利润最大化为零售商 R_1 和 R_2 制定批发价格 w_1 和 w_2；零售商 R_i 在此基础上，决定自身零售商加价 ρ_i，由此形成市场最终零售价格 $p_i = \rho_i + w_i$。这一决策与第四章零售商没有买方势力的情况类似，这里不再详细分析。根据第四章的分析可知，在零售商没有买方势力、制造商具有定价权的情况下，市场的批发价格为 $w_1 = w_2 = 1/2$，最终零售价格为 $p_1 = p_2 = (3 - 2\delta)/2(2 - \delta)$（见表 6-1 第 2 列）。

以下重点分析零售商具有买方势力的情况。同上文相同，假设零售商 R_1 相对于制造商 M 具有买方势力。此时，零售商 R_1 会和制造商 M 争夺定价权，优先决定零售价格 ρ_1。但是零售商 R_2 仍然没有买方势力，所以不具有定价权，只能受制于制造商制定零售价格。此外，根据上文的分析，当零售商 R_1 具有买方势力时，会获得相对于零售商 R_2 零售价格决策优势。综上所述，假设当零售商 R_1 具有买方势力，与上游制造商争夺定价权时，制造商和零售商之间存在如下三阶

表 6 - 1　定价权争夺模式下的均衡结果汇总

变量 \ 情形	没有买方势力情形	具有买方势力情形	假设情形
w_1	$\dfrac{1}{2}$	$\dfrac{(2-\delta)(1+\delta)}{4(2-\delta^2)}$	$\dfrac{1}{2}$
w_2	$\dfrac{1}{2}$	$\dfrac{1}{2}$	$\dfrac{1}{2}$
ρ_1	$\dfrac{1-\delta}{2(2-\delta)}$	$\dfrac{(2+\delta)(1-\delta)}{2(2-\delta^2)}$	$\dfrac{(2+\delta)(1-\delta)}{4(2-\delta^2)}$
ρ_2	$\dfrac{1-\delta}{2(2-\delta)}$	$\dfrac{(4+2\delta-\delta^2)(1-\delta)}{8(2-\delta^2)}$	$\dfrac{(4+2\delta-\delta^2)(1-\delta)}{8(2-\delta^2)}$
p_1	$\dfrac{3-2\delta}{2(2-\delta)}$	$\dfrac{6-\delta-3\delta^2}{4(2-\delta^2)}$	$\dfrac{6-\delta-3\delta^2}{4(2-\delta^2)}$
p_2	$\dfrac{3-2\delta}{2(2-\delta)}$	$\dfrac{12-2\delta-7\delta^2+\delta^3}{8(2-\delta^2)}$	$\dfrac{12-2\delta-7\delta^2+\delta^3}{8(2-\delta^2)}$

段的博弈：第一阶段，零售商 R_1 优先决定自身零售价格 ρ_1；第二阶段，制造商 M 观察到零售商 R_1 的零售加价后，根据自身利润最大化制定批发价格 w_1 和 w_2；第三阶段，小型零售商 R_2 决定自身零售加价 ρ_2。

用逆向归纳法求解以上博弈，在第三阶段，零售商 R_2 的决策可以表示为：

$$\max_{\rho_2}\pi_{R_2}(\rho_2,\ \rho_1;\ w_2,\ w_1)=\rho_2 q_2(\rho_2,\ \rho_1;\ w_2,\ w_1)$$

$$=\rho_2\frac{1-\delta-(\rho_2+w_2)+\delta(\rho_1+w_1)}{1-\delta^2} \tag{6.2}$$

求解式（6.2）可得：

$$\rho_2(\rho_1;\ w_2,\ w_1)=\frac{1-\delta+\delta\rho_1-w_2+\delta w_1}{2} \tag{6.3}$$

由式（6.3）可以看出，大型零售商 R_1 的零售加价 ρ_1 上升会带动小型零售商 R_2 零售加价 ρ_2 的上升，这表明买方势力的增强具有带动市场零售价格上升的可能。出现这种情况的原因在于价格决策的互补性，当零售商 R_1 提高零售加价时，会使零售价格 p_1 上升。此时，零售商 R_2 最优的反应是提高零售加价以使自身零售价格上升。此外，从式（6.3）还可以看出，小型零售商 R_2 的制造商批发价格 w_2 的函数，这表明在零售商没有买方势力的情况下，其零售加价决策受制于制造商批发价格，零售商的定价能力较弱。

在博弈第二阶段，制造商 M 根据自身利润最大化决定批发价格，其决策可以表示为：

$$\max_{w_1,w_2}\pi_M(\rho_1;\ w_2,\ w_1) = w_1q_1(\rho_1;\ w_1,\ w_2) + w_2q_2(\rho_1;\ w_2,\ w_1) \qquad (6.4)$$

其中，$q_1(\rho_1;\ w_1,\ w_2)$ 和 $q_2(\rho_1;\ w_2,\ w_1)$ 是博弈第三阶段的均衡销售数量。结合第三阶段的均衡分析，求解式（6.4）可得：

$$w_1 = \frac{1}{2} - \frac{\rho_1}{2},\ w_2 = \frac{1}{2} \qquad (6.5)$$

从式（6.5）可以看出，相比零售商 R_1 没有买方势力、制造商 M 具有定价权的情况，买方势力的变化并没有影响零售商 R_2 的批发价格，但是降低了零售商 R_1 的批发价格。

在博弈第一阶段，零售商 R_1 的决策可以表示为：

$$\max_{\rho_1}\pi_{R_1}(\rho_1) = \rho_1q_1(\rho_1) \qquad (6.6)$$

利用式（6.6）可以解得当零售商 R_1 的买方势力表现为和制造商 M 争夺定价权时，市场中均衡的批发价格、零售加价以及零售价格参见表 6-1 第 3 列。

第四节 定价权争夺模式下买方势力的价格效应及机理

命题 6.1 在下游零售市场竞争，且上下游定价权争夺模式下，买方势力的出现会降低零售商自身批发价格，但对竞争对手的批发价格无影响。

证明参见附录二第二部分。

命题 6.1 的结论表明，在下游零售市场竞争，且上下游定价权争夺模式下，零售商买方势力的出现降低了自身的批发价格，这与前两章的结论类似。由此表明，在下游零售市场竞争的条件下，买方势力降低自身批发价格，给零售商带来优惠交易条款的结论具有稳健性。但是，不同买方势力表现形式下，批发价格降低的机理不同：在上下游非合作模式下（第四章），买方势力通过索要批发价格折扣的形式直接降低了零售商支付的批发价格；在上下游合作模式下（第五章），具有买方势力的零售商通过和制造商谈判，虽然上下游企业之间的单位批发价格不变，但上下游之间的固定转移支付降低，从而使上下游平均交易价格下降。在这两种纵向关系环境下，买方势力发挥作用都较为直接，即直接通过和上游谈判，迫使上游给予优惠交易合约。这一作用机理与定价权争夺模式下的买方势力作用机理不同，下面具体分析定价权争夺情况下，买方势力导致批发价格降低的机理。

在定价权争夺的情况下，如果零售商没有买方势力，制造商可以优先根据自身利润最大化决定批发价格 $\left(w_1 = \dfrac{1}{2} \right)$。这时，制造商的批发价格决策不受零售商决策的影响；相反，零售商加价决策会受制于制造商的批发价格决策。但是，当零售商具有买方势力时，制造商的批发价格决策为 $w_1 = \dfrac{1}{2} - \dfrac{\rho_1}{2}$。可以看出，制造商批发价格决策受制于零售商的加价决策，零售商加价越高，制造商制定的批发价格越低。这是因为在零售商加价较高的情况下，如果制造商再制定较高的批发价格，就会使市场零售价格过高，从而降低市场需求数量，对制造商不利。所以，此时制造商只能降低批发价格。零售商买方势力的存在，使其具有了定价权，可以优先制定零售加价，这样就抑制了制造商的批发价格决策，使其只能制定较低的批发价格。由此可以看出，在定价权争夺的模式下，零售商具有定价优先权，这种优先权改变了制造商决策的市场环境，迫使制造商只能制定较低的价格。概括而言，此时买方势力发挥作用的机制在于：零售商通过买方势力获取定价权，定价权的获得使零售商具有了决策的优先权，从而改变了制造商的决策环境，使制造商只能降低批发价格。这一机理与以上两章中零售商直接通过买方势力获取优惠条款的机制不同。

命题6.1还表明，在上下游定价权争夺模式下，买方势力的增强不影响竞争对手的批发价格。这一结论与现有理论不同，关于零售商买方势力对竞争对手交易价格的影响一直是学界争论的重要问题。目前，存在的主要观点有提高竞争对手交易价格（"水床效应"）和降低竞争对手交易价格（"反水床效应"）两种。命题6.1的后一部分表明，在上下游定价权争夺的模式下，买方势力不影响竞争对手批发价格。这一结论与第五章的结论类似，但是机理也存在差别：在第五章中，上下游企业具有合作关系，会制定使联合利润最大化的批发价格，所以，即使买方势力变化也不会影响竞争对手批发价格；在本章中，买方势力表现为定价权争夺，由于大型零售商的竞争对手没有买方势力，所以不能和制造商争夺定价权，其决策模式不变，所以制造商为其制定的批发价格也不变。

命题6.2 在下游零售市场竞争，且上下游定价权争夺模式下，零售市场竞争越激烈，买方势力导致的批发价格降低程度越小。

证明参见附录二第二部分。

从命题6.2可以看出，零售市场的竞争程度会影响买方势力的作用效果。具体地，零售市场竞争程度的增强减弱了买方势力降低批发价格的作用。为了使这一结论更加直观，图 6-1 通过数值仿真的方法模拟出了具有买方势力时，大型零售商批发价格随零售市场竞争程度的变化趋势。从上文的分析可知，当零售商没有买方势力时，大型零售商的批发价格为 0.5，不随零售市场竞争程度而变。所以，图 6-1 中批发价格等于 0.5 的水平线与图中曲线之间的垂直距离就是买方势力导致的批发价格降低程度。从图 6-1 中可以发现，随着零售市场竞争程度的增强，图中垂直距离越小，即买方势力导致的批发价格降低程度越小。由此可见，零售市场竞争的增强降低了买方势力的作用效果。出现这一结论的原因在于：市场竞争程度的增强，降低了零售商的零售加价能力（ρ_i 相对变小），零售加价能力的减小使制造商可以提高批发价格而不会使最终零售价格上升过多 $\left(w_1 = \dfrac{1}{2} - \dfrac{\rho_1}{2} \right)$。

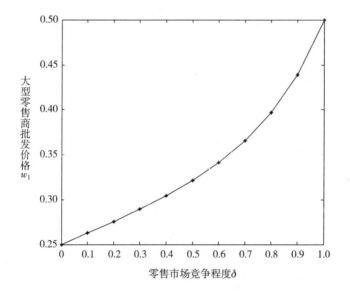

图 6-1 零售市场竞争程度对买方势力批发价格效应的影响

命题 6.3 在下游零售市场竞争，且上下游定价权争夺模式下，买方势力的出现提高自身和竞争对手的零售价格。

证明参见附录二第二部分。

命题 6.3 买方势力对零售价格的影响与前两章有所不同。在前两章中，买方势力的增强会降低零售价格。但是命题 6.3 表明，在定价权争夺模式下，买方势力的增强会提高零售价格。这一结论在已有研究中也很少见。那么，为什么会出现这一结论呢？为了回答这一问题，需要进一步分析买方势力影响零售价格决策的机理。前两章的分析表明，买方势力会通过"横向价格效应"和"纵向价格效应"两种途径影响市场最终零售价格，其中"横向价格效应"是指买方势力改变了竞争零售商的价格决策模式，使具有买方势力的一方具有决策领导权。在其他条件不变的情况下，"横向价格效应"会提高最终零售价格。"纵向价格效应"是指买方势力的出现会改变上下游企业之间的交易价格，交易价格的变化会进一步影响零售价格。通过命题6.1可以发现，买方势力的出现会降低零售商的批发价格，而批发价格的降低会降低市场最终零售价格。所以，在定价权争夺模式下，"纵向价格效应"会降低市场零售价格。市场最终零售价格变化是"横向价格效应"和"纵向价格效应"综合作用的结果，命题6.2的结论说明在定价权争夺模式下，"横向价格效应"比"纵向价格效应"更强，所以买方势力的出现导致最终零售价格上升。

值得注意的是，上述解释的成立需要一个前提，即买方势力导致的批发价格降低没有转化为零售商的自身加价。也就是说，零售商向下游传递了交易条件的优惠。如果零售商将批发价格降低转化为了自身加价，那么，"纵向价格效应"就不会带来最终零售价格的下降。为了探讨定价权争夺模式下"纵向价格效应"的作用机理，需要排除"横向价格效应"的作用。为此，需要模拟出另外一种决策模式（称为"假设情形"）。假设存在如下制造商和零售商决策模型：第一阶段，制造商 M 根据自身利润最大化为零售商 R_1 和 R_2 制定批发价格 w_1 和 w_2；第二阶段，零售商 R_1 决定自身零售价格 ρ_1；第三阶段，小型零售商 R_2 决定自身零售加价 ρ_2。与上文零售商具有买方势力的决策情况相比，此时零售商 R_1 和 R_2 的决策模式相同，可以剔除"横向价格效应"的影响。所以，假设情形与具有买方势力的情形相比，企业决策的差异都是源于"纵向价格效应"。

求解假设情形下企业最优决策，可以得到表6-1第4列的均衡结果。从表6-1中可以看出，假设情形和具有买方势力情形的零售价格相同。也就是说，买方势力的"纵向价格效应"没有影响市场最终零售价格。但是，命题6.1显示买方势力的出现确实降低了批发价格。由此可以确定，买方势力导致的批发价格降低完全转化为了零售商的零售加价。综上分析可知，在上下游定价权争夺模式下，买方势力的"纵向价格效应"并没有导致最终零售价格的变化，而"横向价格效应"导致了最终零售价格上升。所以，市场中最终零售价格随着买方势力的出现而上升。

对命题6.3背后机理进行分析的过程中，得出如下推断：在上下游定价权争夺模式下，买方势力导致的批发价格完全转化为了零售商的零售加价。对表 6-1 的均衡结果进行简单的数理分析可以发现 $\frac{1}{2} - \frac{(2-\delta)(1+\delta)}{4(2-\delta^2)} = \frac{(2+\delta)(1-\delta)}{2(2-\delta^2)} - \frac{(2+\delta)(1-\delta)}{4(2-\delta^2)}$，从而证明这一推断是正确的。由此可以总结出如下命题：

命题6.4　在下游零售市场竞争，且上下游定价权争夺的模式下，买方势力带来的批发价格降低完全转化为了零售商的零售加价，并没有向下游传递。

从命题 6.4 可以看出，如果只考虑买方势力的纵向价格效应，那么以定价权争夺表现出来的买方势力不影响市场零售价格，所以也不会影响消费者的福利水平，只会引起产业利润在制造商和零售商之间的重新分配。从这一角度来说，买方势力的影响是中性的，既不会损害社会福利，也不会提高社会福利。这也证实了 Stigler 等早期对 Galbraith 理论的批评。从直觉来说，这一结论也很好理解，毕竟企业都是以利润最大化为目标的，在没有市场环境的压力下，企业更愿意将获取的好处转化为自身利润，而不是拱手让给消费者。

命题 6.3 给出了上下游定价权争夺模式下，买方势力对最终零售价格的影响。下面来分析零售市场竞争程度对买方势力这一影响的作用。通过上文的分析可知，本章中买方势力导致零售价格上升的根本原因在于买方势力的"横向价格效应"，即买方势力增强使大型零售商在零售价格决策过程中处于主导地位，从而增强了其定价能力，缓解了市场竞争程度。所以，在这种情况下，分析零售市场竞争程度对买方势力作用的影响就是分析零售市场竞争程度对"横向价格效应"的影响。由于"横向价格效应"没有反映出买方势力对上下游企业纵向决策的影响，所以这一效应不是现有文献分析的重点。鉴于此，本章不对零售市场竞争影响"横向价格效应"进行具体分析，只采用数值模拟的方法进行简要说明。① 采用数值仿真的方法，可以得到零售商没有买方势力以及零售商具有买方势力时，不同零售商的最终零售价格，如图 6-2 所示。

从图 6-2 可以看出：①零售商没有买方势力时，大型零售商和小型零售商最终零售价格相同，都低于零售商具有买方势力的情形，这一结论与命题 6.3 一致。②零售商具有买方势力时，大型零售商的零售价格高于小型零售商的零售价格。这是由买方势力"横向价格效应"导致的，零售商买方势力的增强使其在零售价格决策阶段处于领导地位，从而获得了定价优势。③随着零售市场竞争程度的增强，没有买方势力和具有买方势力的零售价格之差先增大后减小，即当零

---

① 可以验证数值模拟的结果具有一般性。

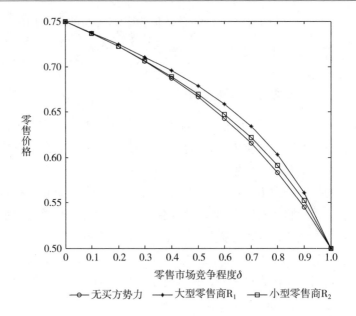

图6-2　不同情形下零售价格随零售市场竞争程度的变化

售市场竞争程度较弱时，零售市场竞争程度的增强促进了买方势力提高零售价格；当零售市场竞争程度足够高时，随着零售市场竞争程度的增强，市场竞争程度会抑制买方势力提高零售价格。

第五节　下游市场竞争条件下的买方势力研究总结

本章以及上文第四章、第五章基于下游零售市场竞争的背景，考察了不同纵向市场环境下买方势力的价格效应，分析了零售市场竞争与买方势力之间的相互作用。本节对这三章的研究进行总结和提炼，一方面比较不同纵向市场环境下，买方势力价格效应的差异；另一方面总结提炼下游市场竞争条件下，买方势力影响上下游交易价格以及市场零售价格的一般结论及一般机理。本节是对第二部分研究内容的系统归纳，同时也为本书第十一章买方势力一般理论构建奠定基础。

一、不同纵向市场环境下买方势力价格效应及机理总结

本小节比较不同纵向市场环境下买方势力对上下游交易价格以及市场零售价

格的影响。表6-2对不同纵向市场环境下买方势力的价格效应进行了总结。

表6-2 不同纵向市场环境下买方势力价格效应总结

纵向市场环境	交易合约				最终零售价格		
	批发价格		固定费用		自身	竞争对手	平均零售价格
	自身	竞争对手	自身	竞争对手			
非合作模式	↘	↗↘	无	无	↘	↗↘	↘
合作模式	/	/	↘	/	/	/	/
定价权争夺	↘	/	无	无	/	/	/

注：①↘表示下降；↗↘表示先上升后下降；/表示无影响。②本表中的结果均表示零售商具有买方势力时买方势力增强的影响，而不是没有买方势力和具有买方势力两种情况下的结果比较。

从表6-2可以看出，在下游零售市场竞争的条件下，买方势力的具体价格效应与纵向市场环境有关。在上下游非合作交易模式下，买方势力的增强会降低自身批发价格和零售价格，但是对竞争对手批发价格和零售价格的影响不确定，随着买方势力的增强，竞争对手批发价格和零售价格都是先上升后下降。也就是说，买方势力在一定条件下会恶化竞争对手的交易环境，降低部分消费者福利。但是，从整体上来看，买方势力的增强降低了市场平均价格，提高了消费者福利。在上下游合作交易模式下，买方势力的增强既不影响零售商本身的批发价格，也不影响竞争对手的批发价格；会降低零售商自身向制造商支付的固定费用，但是对竞争对手支付的固定费用也没影响。也就是说，在上下游合作交易模式下，买方势力的增强不会对竞争对手的交易合约产生影响。由于合作交易模式下，买方势力不影响批发价格，所以市场零售价格也不随买方势力的变化而变化。在上下游定价权争夺模式下，买方势力的增强会降低零售商支付的批发价格，但是批发价格的降低完全转化为了零售商零售加价，所以市场零售价格不受买方势力变化的影响；定价权争夺模式下，买方势力既不影响竞争对手批发价格，也不影响竞争对手零售价格。综上分析可知，买方势力的增强至少不会恶化社会福利，且在一定条件下具有降低价格、提高社会福利的作用。这一结论对于买方势力的规制路径具有重要的参考意义，第十一章将进行详细说明。下面首先重点总结买方势力价格效应的作用机理。

综合第四章、第五章和第六章的分析，在下游零售市场竞争的条件下，买方势力价格效应的作用机理可以总结为图 6 - 3。在买方势力对零售价格影响方面，买方势力的增强首先会改变下游零售商决策模式，进而会对市场零售价格产生影响，即买方势力会产生横向价格效应，这种效应会降低零售市场竞争程度，提高零售价格。这种作用途径表现为图 6 - 3 实线箭头所示的路径。在买方势力对批发价格的影响方面，买方势力的出现会降低制造商利润，所有制造商会重新调整交易合约体系，以应对买方势力的增强。这种途径导致的批发价格变化本书定位为"纵向价格效应"，表示为图 6 - 3 中圆点虚线箭头所示的路径。除此之外，买方势力横向价格效应导致的零售商决策模式的变化会改变制造商面临的下游需求结构，进而也会对批发价格产生影响。这种途径表现为图 6 - 3 中的虚线箭头路径。以上两种途径导致的批发价格变化会进一步影响零售商决策，带来零售价格的变化。所以，买方势力导致零售价格变化共存在三种途径。

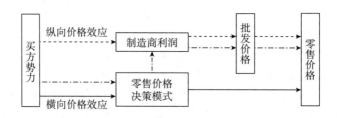

图 6 - 3　下游零售市场竞争条件下买方势力价格效应机理总结

上述买方势力作用机理的分析可以解释表 6 - 2 中买方势力的影响结果。值得说明的是，表 6 - 2 的结果只考察了零售商具有买方势力时，买方势力变化带来的影响，没有比较零售商没有买方势力和具有买方势力两种情况下的结果差异。也就是说，表 6 - 2 是排除买方势力横向价格效应之外的影响。在上下游非合作交易模式下，买方势力的增强降低了零售商支付的批发价格，此时在纵向价格效应的作用下，制造商会改变批发价格体系以应对买方势力。具体地，随着买方势力的增强，制造商首先会提高批发价格，然后降低批发价格。批发价格的这一变化趋势使零售价格出现了相同的变化。在上下游企业合作交易的模式下，上下游企业首先会通过批发价格调整产业链总利润，使其达到最大化；然后通过固定费用进行利润分配。所以，在这种情况下，买方势力既不影响批发价格，也不影响最终零售价格，只会降低具有买方势力的零售商向制造商支付的固定费用。在上下游定价权争夺模式下，买方势力的增强使零售商获取了产品的定价权，可以优先决定自身零售加价，进而在一定程度上抑制了制造商的批发价格定价能力，降低了零售商支付的批发价格。但是，批发价格降低带来的优惠完全转化为了零售商零售加价，所以最终零售价格不随买方势力的变化而变化。此外，由于没有买方势力的零售商与制造商之间的定价模式不变，所以其批发价格和零售价格都不会发生改变。也就是说，在上下游定价权争夺模式下，零售商买方势力的变化不会影响竞争对手的批发价格和零售价格。

从本部分结论和已有研究的对比来看，零售商买方势力的增强是否会降低市场零售价格、提升消费者福利是现有研究关注的核心问题之一。关于这一问题，目前学术界普遍的观点是只有在下游零售市场竞争程度较强的条件下，买方势力的增强才会降低市场零售价格。但是本部分的研究表明，买方势力是否降低市场零售价格除了与下游市场竞争程度有关外，还与上下游纵向市场环境有关。在上下游合作交易以及定价权争夺模式下，即使下游零售市场竞争程度激烈，买方势力的增强也不会影响市场零售价格。所以，对于买方势力是否会降低市场零售价格的问题，除了与零售市场横向竞争因素有关外，还与上下游纵向市场环境有关。

二、下游市场竞争与买方势力之间的相互作用关系

零售市场竞争与买方势力之间的相互作用关系也是本书研究的重要内容，本节即对这一关系进行系统总结。如第四章所述，零售市场竞争与买方势力之间存在双向作用关系。在零售市场竞争影响买方势力效应方面：第四章的研究表明市场竞争程度会对买方势力的作用效果产生影响。具体地，市场竞争程度的增强会减弱买方势力对批发价格的降低效应；在买方势力提高竞争对手批发价格的情况下，市场竞争程度的增强会减弱买方势力对竞争对手批发价格的提升作用。在上下游合作交易以及定价权争夺模式下，由于买方势力不影响批发价格和最终零售价格，此时考察市场竞争对买方势力的作用没有意义。买方势力对市场竞争的影响主要表现在买方势力对批发价格的影响上，因为批发价格构成了零售商的成本，进而会对零售商竞争产生影响。在上下游合作交易模式下，买方势力的增强降低了自身批发价格，在一定程度上会提高竞争对手批发价格。所以，此时买方势力会增强零售商自身竞争力，减弱竞争对手的竞争力。按照这一逻辑推理，买方势力增强可能会排挤市场中小型零售商，从而在更大程度上改变零售市场结构。但是，第四章的结果显示，当买方势力高于某一临界值时，买方势力的增强会降低小型零售商的批发价格，这在一定程度上降低了买方势力排挤小型零售商的概率。此外，在上下游合作交易以及定价权争夺模式下，买方势力不影响批发价格，所以也不会影响零售商的竞争特征。

第六节　本章小结

本章完成了两个主要研究内容：首先，在分析提炼我国零售市场特有的纵向市场环境特征（上下游定价权争夺）的基础之上，考察了上下游定价权争夺模式下，买方势力的价格效应及零售市场竞争对买方势力价格效应的影响；其次，本章还结合第四章和第五章的分析，总结了下游零售市场竞争条件下，买方势力价格效应的一般结论和机理，完成了对本书第二部分研究的系统总结。

通过本章的研究发现，在上下游定价权争夺的模式下，买方势力的增强降低了大型零售商批发价格，但是对竞争对手的批发价格没有影响；与没有买方势力的情况相比，在大型零售商具有买方势力的条件下，大型零售商和小型零售商的最终零售价格都上升。通过具体机理分析发现，买方势力出现导致零售价格上升主要是因为买方势力"横向价格效应"的作用，买方势力的增强改变了零售商横向价格决策模式，使大型零售商可以主导零售价格决策，进而降低了零售价格决策的竞争程度。如果不考虑买方势力的横向价格效应，那么买方势力的变化不会导致最终零售价格的变化，批发价格的降低没有向下传递给最终消费者，而是完全转化为了零售商自身零售加价。此外，本章的研究还表明，零售市场竞争程度的增强减弱了零售商通过买方势力降低批发价格的能力，即减弱了买方势力批发价格效应。但是买方势力对最终零售价格作用的影响不确定。

通过对零售市场竞争条件下买方势力效应进行总结发现：第一，买方势力的价格效应与上下游纵向市场环境有关。在上下游非合作交易模式下，买方势力的增强会降低零售商自身批发价格和零售价格，对竞争对手批发价格和零售价格的影响不确定。在上下游合作交易模式下，买方势力的增强不影响零售商自身的批发价格，但是会降低零售商向制造商支付的固定费用；买方势力既不影响竞争对手的批发价格价格，也不影响竞争对手的固定费用。此外，在上下游合作交易模式下，买方势力的变化不会影响最终零售价格。在上下游争夺定价权模式下，买方势力的增强会降低零售商批发价格，但是批发价格降低完全转化为了零售商自身加价。所以，此时买方势力不影响最终零售价格。第二，在买方势力的影响机理方面，买方势力会通过两种途径影响批发价格，会通过三种途径影响最终零售价格。第三，买方势力与市场竞争之间存在双向作用关系，一方面市场竞争会影响买方势力作用，另一方面买方势力作用反过来也会对零售市场竞争产生影响。

第三部分

上游市场竞争条件下的买方势力价格效应

本部分基于制造商—零售商组成的纵向市场结构，在上游制造商竞争条件下，考察买方势力对上下游交易价格和市场零售价格的影响及机理，探讨买方势力与市场环境之间的相互作用关系。根据第二部分的研究逻辑，在研究过程中，本部分考虑了三种不同的纵向市场环境。具体地，第七章考察上下游定价权争夺模式下，买方势力的价格效应及其机理；第八章考察上下游合作模式和非合作模式下，买方势力的价格效应及其机理。基于以上研究，本部分将总结提炼上游制造商竞争背景下，买方势力价格效应的一般结论和机理，为后文买方势力一般理论的构建做铺垫。

在上游制造商竞争的环境下，探讨买方势力的价格效应既是本书整体研究设计的重要组成部分，也是构建一般性买方势力理论的必要研究内容。更为重要的是，上游制造商竞争环境下的买方势力问题研究对于探讨我国本土企业的决策具有重要的启发意义。随着我国改革开放的深化以及市场经济的发展，越来越多的国外企业进入我国市场，在一定程度上改变了本土企业所处的微观市场结构。从上游制造业层面来看，国外制造商的进入使本土制造商面临着更加激烈的市场竞争；而且由于国外制造商往往在品牌、技术和规模中占据优势，所以在国外制造商和本土制造商竞争过程中，本土制造商往往处于劣势地位。从流通环节来看，国外大型零售商的进入带动了我国零售市场集中度的提高，增强了零售商相对于上游制造商的买方势力。由此来看，本土制造商既面临着国外制造商的横向竞争，又面临着下游零售商的买方势力，在此情景下本土制造商如何决策以提高自身竞争力是一个重要的现实问题。本部分的研究过程中，充分考虑了本土市场环境的上述特征，探讨制造商竞争和不同纵向市场特征下买方势力对企业决策的影响，一方面丰富完善买方势力理论，另一方面为理解、解决本土制造业层面的相关问题提供借鉴。

第七章　上游市场竞争、定价权争夺与买方势力价格效应

[**本章提要**] 本章主要在上游制造商竞争，且上下游定价权争夺的市场环境下，探讨制造商竞争与买方势力之间的相互作用关系，考察买方势力的价格效应及其机理。具体地，本章首先对上游市场竞争与买方势力之间的相互关系进行概括提炼；紧接着从本土市场情景从发，总结提炼我国本土市场中上游制造商竞争特征，并对其进行模型化，为本章及接下来几章的研究提供理论基础；然后从定价权争夺模式入手，详细考察上游竞争条件下，且买方势力表现为定价权争夺时，买方势力的经济效应及其机理，并探讨上游制造商竞争对买方势力作用的影响；最后，结合第六章下游市场竞争情形的研究结论，总结提炼上下游企业定价权争夺模式下，买方势力影响的一般结论。通过本章的研究发现：在上游市场竞争，且上下游定价权争夺的条件下，零售商买方势力的增强会降低与其交易的制造商批发价格，但不会对其他制造商的批发价格产生影响；而且买方势力增强导致的批发价格降低完全转化为了零售商零售加价，并没有向下游传递。此外，制造商竞争程度的增强缓解了买方势力对制造商批发价格的负面影响。

第一节　问题描述

第四、第五和第六章在下游市场竞争条件下，考察了零售商买方势力变化对上下游交易价格以及市场零售价格的影响（买方势力价格效应），探讨了下游市场竞争程度与买方势力之间的相互作用关系，以及市场竞争对买方势力价格效应的影响。为了重点探讨下游零售市场竞争的影响，以上三章假设上游制造商是垄

断的，以排除制造商层面竞争对研究结果造成的干扰。虽然这一处理方法在理论研究中既是可行的，也是必要的，但这一假设与现实情况不完全相符，也不能完全揭示市场环境与买方势力之间的关系。因而有必要对其进行突破，探讨上游制造商存在竞争的情况下，零售商买方势力的影响，以构建更加符合现实产业情况的买方势力理论。

在探讨上游市场竞争环境下买方势力影响之前，有必要对上游市场竞争与买方势力之间的基本逻辑关系进行分析。整体来看，笔者认为上游市场竞争对下游企业买方势力的影响可以分为两个方面：第一，上游制造商竞争会对下游零售商买方势力的存在和大小产生影响，也就是说，上游竞争可能是买方势力的来源；第二，上游制造商竞争会影响买方势力的作用机理及效果。简言之，上游竞争会产生买方势力，同时也会进一步影响买方势力的作用效果及机理。

关于上游竞争与买方势力来源的关系，现有文献已经进行了探讨，其基本逻辑在于：由于上游竞争的存在，使上游企业之间相互产生了外部性，下游买方企业可以利用上游企业之间的外部性形成自身买方势力，获得更低的中间交易价格。比如 Inderst 和 Shaffer（2007）的研究表明，由于上游供应商之间存在竞争，下游零售商（通过兼并形成的单一买方）可以通过停止从某一供应商处购买产品来威胁供应商，以获取优惠的交易条款。[①] Smith 和 Thanassoulis（2006）从上游竞争导致的供应商需求不确定性入手，认为在上游多家供应商竞争的条件下，上游卖方不能确定下游是否会与自己交易，从而使上游企业的需求存在不确定性，下游买方会利用这种需求不确定性获取较低批发价格。除此之外，Caprice 和 Shekhar（2017）也对上游竞争与买方势力的来源进行了考察。上游竞争产生买方势力的情况也比较符合直观理解，且可以容易推知上游竞争程度越激烈，下游企业的买方势力越强。考虑一种极端情形，假设上游完全竞争，下游企业垄断，则下游企业相对于上游具有买方垄断势力，这即是买方势力的一种极端表现。此外，Ellison 和 Snyder（2010）利用美国抗生素的批发价格数据进行的实证研究也证明，只有在上游竞争的市场条件下，下游大型药店才具有买方势力，进而获得批发价格折扣。

鉴于理论界对于上游市场竞争产生买方势力这一观点已初步达成共识，本书不再对此问题进行重点探讨，而是基于现有研究结论，假定上游市场存在竞争，

---

① 由于市场上存在多个供应商，即使零售商停止从某一供应商处购买，仍然可以从其他供应商处获得产品。此时，下游零售商可以给上游供应商以可置信的威胁，从而也就形成了买方势力。此种情形下形成的买方势力正是由于上游竞争制造商存在引起的，因而是上游制造商存在造成的外部性。

且下游零售商具有买方势力，进而重点探讨上游市场竞争特征对买方势力作用的影响，并尝试揭示这种影响背后的机理。现实经济中，无论是上游企业还是下游企业都面临着激烈的市场竞争，上游市场竞争条件下的研究和前文第四、第五和第六章下游市场竞争条件下的研究共同完成了对现实产业环境的描述，综合这两部分的研究即可形成一般性竞争环境下的买方势力理论。

第二节　本土市场情景下的制造商竞争特征描述及模型化

在上游竞争条件下研究买方势力的第一步就是在模型中引入制造商层面竞争。从理论建模的角度来说，只需在第四章模型中引入一个竞争制造商即可，即将第四章垄断的制造商 M 扩展为竞争性制造商 M_1 和 M_2。但是，这种技术化处理需要考虑两个问题：第一，此种方式引入的制造商竞争能否反映现实情况；第二，引入制造商竞争后市场模型变为了"上游竞争 + 下游竞争"的纵向市场结构模型，上下游竞争会同时对买方势力的作用产生影响。那么，如何分离出制造商竞争造成的单独影响？

对于前一个问题，笔者认为不能简单地在第四章模型中引入一个制造商，而应综合分析现实产业情况，尤其是中国本土市场竞争情况，然后对其模型化。作为一个从传统计划经济转轨到市场经济的国家，我国市场经济发展过程中表现出很多独特的特征，其中最为重要的一点就是大量外资企业的进入以及由此带来的市场结构变化。改革开放后，大量的外资企业进入我国市场，[①] 对我国本土市场结构和本土企业产生了较大的影响。在制造业层面，国外企业的进入增强了本土制造业的市场竞争程度；而且在本土制造商与国外制造商竞争过程中，国外制造商往往拥有较为成熟的技术和商业模式，其产品质量较高，消费者偏好程度也较强，这样就使本土制造商处于竞争劣势地位。以日化市场为例，在日化用品的制造商中既有宝洁和联合利华等国外制造商，又有立白、奇强等本土制造商；且宝洁和联合利华两家国外制造商占据了七成以上的市场份额，形成了相对于本土制造商（如立白、奇强、纳爱斯等）的绝对横向竞争优势。可见，在本土市场情

---

① 2014 年我国首次超过美国成为全球最大外资流入国，2016 年我国实际使用外资金额达到 8132.2 亿元人民币。

景下，单单引入制造商竞争是不够的，还应反映出国外制造商进入对本土制造业竞争产生的影响以及由此表现出来的本土制造业竞争特征。

对于第二个问题，笔者认为一个较好的技术处理方式是排除零售市场竞争的影响，即假设下游零售市场是垄断的市场结构，这样便可以集中考察上游制造商竞争条件下买方势力效应以及市场竞争对买方势力效应的影响。但是，进行这种处理之前仍需要对我国本土零售市场的结构进行分析。同制造业类似，外资的进入也对本土零售市场产生了较大影响，一方面国外大型零售商进入增强了我国零售市场的竞争程度；另一方面国外大型制造商先进的运营模式也对本土零售商产生了溢出效应，提高了本土零售商的运营效率和规模，从而提高了本土零售市场集中度，增强了零售市场的买方势力。但是，与制造业不同，本土零售商在与国外零售商竞争过程中，并没有表现出明显的竞争劣势。也就是说，本土大型零售商和国外大型零售商具有类似于对称竞争的关系。比如华润万家、苏宁、国美等本土大型零售商与沃尔玛、乐购等国外大型零售商都具有相当的竞争力。因此，在具体研究过程中，便可以选取一个零售商作为研究对象。

综合以上分析，本章构建由竞争制造商、零售商以及消费者组成的纵向产业链结构（见图7－1），其中上游有一家国外制造商 M_1 和一家本土制造商 M_2，分别以相同的边际成本 c 生产两种差异化产品 y_1 和 y_2，并同时由下游一家大型零售商 R（既可以是国外大型零售商，也可以是本土大型零售商）销售给最终消费者。[①] 假设零售商 R 销售每单位产品的成本为 c_R；同时，不失一般性，将制造商的边际生产成本 c 标准化为 0。[②] 不考虑制造商和零售商的固定成本。

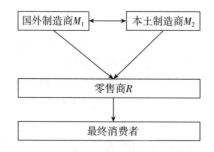

图7－1　上游制造商竞争条件下的纵向市场结构

---

　　① 边际成本相同的假设只是为了简化本书的分析，当本土制造商和国外制造商边际成本不同时本书的结论仍然成立，下文机理分析中将放松这一假设进行具体分析。

　　② 同样地，后文将放松这一假设。

前文的分析指出，本土制造商相对于国外制造商的竞争劣势主要体现在商业模式、产品质量和消费者偏好上，这些因素都使国外制造商的潜在市场规模高于本土制造商的潜在市场规模，所以可以通过潜在市场规模对本土制造商的竞争劣势进行模型化。借鉴 Singh 和 Vives（1984）、Ma 等（2012）的研究，假设国外制造商产品 y_1 的反需求函数为：

$$p_1 = \alpha - q_1 - \beta q_2 \tag{7.1}$$

本土制造商产品 y_2 的反需求函数为：

$$p_2 = 1 - q_2 - \beta q_1 \tag{7.2}$$

其中，p_1 和 p_2 表示产品 y_1 和 y_2 的价格，q_1 和 q_2 表示产品 y_1 和 y_2 的需求数量。β（$0 < \beta < 1$）衡量了上游制造商之间的竞争程度，同时也反映了产品 y_1 和 y_2 的差异化程度。[①] β 越大，产品 y_1 和 y_2 的差异化程度越小，本土制造商和国外制造商之间的竞争程度越激烈。当 $\beta \to 0$ 时，产品 y_1 和 y_2 是完全差异化的，此时制造商之间的竞争程度最弱；当 $\beta \to 1$ 时，产品 y_1 和 y_2 是完全同质的，此时制造商之间的竞争程度最强。

联立式（7.1）和式（7.2）可以得到国外制造商 M_1 和本土制造商 M_2 的需求函数分别为：

$$q_1 = \frac{\alpha - \beta}{1 - \beta^2} - \frac{1}{1 - \beta^2}p_1 + \frac{\beta}{1 - \beta^2}p_2 \tag{7.3}$$

$$q_2 = \frac{1 - \alpha\beta}{1 - \beta^2} - \frac{1}{1 - \beta^2}p_2 + \frac{\beta}{1 - \beta^2}p_1 \tag{7.4}$$

从式（7.3）和式（7.4）可以看出，α 衡量了制造商潜在市场需求，当 $\alpha > 1$ 时，$\frac{\alpha - \beta}{1 - \beta^2} > \frac{1 - \alpha\beta}{1 - \beta^2}$，即国外制造商的潜在市场需求大于本土制造商的潜在市场需求；当 $0 < \alpha < 1$ 时，$\frac{\alpha - \beta}{1 - \beta^2} < \frac{1 - \alpha\beta}{1 - \beta^2}$，即国外制造商的潜在市场需求小于本土制造商的潜在市场需求。由于国外制造商产品知名度较高，质量较好，所以国外制造商的潜在市场需求大于本土制造商的潜在市场需求，为此下文分析过程中假设 $\alpha > 1$。需求函数中潜在市场需求的不同体现了本土制造商和国外制造商的横向差异性，表明本土制造商相对于国外制造商存在横向竞争劣势，α 越大，本土制造商的横向竞争劣势越显著。

以上对基本市场结构进行了设定，但是没有具体分析模型中的买方势力的表

---

① 上文中的 δ 衡量了下游零售商之间的竞争程度。

现及其差异。根据本章第一节的分析，上游市场竞争是买方势力重要来源，所以本章的纵向市场结构下，下游零售商具有买方势力（Jeon and Menicucci，2017）。但是，本章中制造商不仅存在竞争，而且还表现出一定的横向差异，即国外制造商具有较强的竞争优势，本土制造商竞争优势较弱。这种横向竞争差异会进一步反映到制造商和零售商的纵向关系中，导致零售商相对于不同制造商的买方势力出现差异。由于国外制造商品牌优势较强，消费者对其产品偏好较强，当下游零售商不销售其产品时，消费者可能到其他零售商处购买，因此，制造商的损失较弱。但是，对于零售商来说，不仅失去了国外制造商产品的销售，更失去了一定的消费者资源以及由其产生的其他销售机会。所以，下游零售商相对于国外制造商而言，买方势力较弱。但是，对于本土制造商而言，情况恰好相反，由于本土制造商品牌认可度低，忠诚消费者较少，所以本土制造商对大型零售商的依赖更强，一方面本土制造商需要大型零售商所拥有的大量消费者资源，另一方面本土制造商也希望借助大型零售商的品牌效应向消费者传递产品质量信号（Marvel and McCafferty，1984）。所以，下游零售商相对于本土制造商而言，买方势力较强。

综上所述，本章构建上游国外制造商和本土制造商竞争、下游零售商垄断的纵向市场结构模型，以此来考察上游市场竞争条件下买方势力的影响及其机理，探讨上游制造商竞争特征与买方势力效应之间的相互作用关系。本章的市场结构模型具有如下特征：第一，国外制造商和本土制造商不仅存在竞争关系，还表现出不同的横向竞争差异，国外制造商竞争优势较强，本土制造商竞争优势较弱，从模型设定角度来看，主要表现为市场需求中潜在市场规模的差异。第二，下游零售商相对于上游竞争制造商的买方势力不同，相对于国外制造商，下游零售商买方势力较弱；相对于本土制造商，下游零售商买方势力较强。

第三节　不同买方势力情形下企业决策模型

基于前一节纵向市场结构的设定，本部分从定价权争夺入手，考察上游市场竞争条件下买方势力的影响，尤其是买方势力对企业价格决策的影响。为此，首先需要对上游制造商竞争条件下各行为主体的基本决策进行分析。在本章的模型框架下，有制造商、零售商和消费者三方行为主体。其中，制造商进行批发价格决策；零售商进行零售加价决策，即在批发价格基础之上加价销售；消费者进行购买决策，即在给定产品市场价格的情况下决定购买数量以使自身效用最大化。消费者决策的本质是获得市场需求函数，由于本书已经假设了市场需求函数，这就相当于假设消费者已经进行了效用最大化决策。所以，下面重点分析制造商和零售商的决策行为，以及买方势力对两者决策的影响。在制造商和零售商的交易过程中，一方面制造商组织资源进行生产，并以批发价格 W_i 将产品销售给零售商；另一方面零售商决定产品 y_i 零售加价 P_i，并以零售价格 $P_i = P_i + W_i + C_R$ 将产品销售给最终消费者。制造商和零售商的交易过程涉及制造商的批发价格决策和零售商的零售加价决策。此外，批发价格决策和零售加价决策共同形成了市场零售价格，进而决定了消费者福利。所以，分析这两个变量的决策过程还可以得出买方势力对消费者福利的影响。下面分别考察零售商不具有买方势力以及零售商具有买方势力两种情况下，批发价格和零售加价决策过程，通过比较静态分析得出买方势力对企业决策机理以及决策结果的影响。

一、零售商没有买方势力时企业决策模型

要想探讨买方势力对企业决策的影响，首先需要考察不同买方势力条件下的企业决策过程。根据第六章的分析，在零售商没有买方势力的情况下，上游制造商具有较强的定价权，可以优先决定批发价格。所以，此时国外制造商 M_1 和本土制造商 M_2 的批发价格决策都应该优先于零售商的零售加价决策。又因为国外制造商 M_1 相对于本土制造商 M_2 具有较强的竞争优势，所以在批发价格决策过程中，国外制造商具有主导优势。基于此，将零售商没有买方势力情况下，制造商和零售商的决策模型化为如下三阶段博弈：第一阶段，国外制造商 M_1 根据自身利润最大化制定批发价格 w_1；第二阶段，本土制造商 M_2 观察到国外制造商 M_1 的批发价格后，根据利润最大化原则制定批发价格 w_2；第三阶段，下游零售商 R 按照批发价格 w_1 和 w_2 购买国外制造商和本土制造商的产品 y_1 和 y_2，并分别制定零售加价 ρ_1 和 ρ_2。在此基础上，以零售价格 $p_1 = \rho_1 + w_1 + c_R$ 和 $p_2 = \rho_2 + w_2 + c_R$ 销售国外制造商产品 y_1 和本土制造商产品 y_2。为了简化分析，本部分先将零售商单位销售成本 c_R 假定为 0，下一节一般机理的分析中再放松这一假设。

用逆向归纳法求解零售商没有买方势力时的企业博弈模型。在博弈第三阶段零售商 R 的零售加价决策可以表示为：

$$\max_{\rho_1, \rho_2} \pi_R = \rho_1 q_1 \left(\rho_1, w_1; \rho_2, w_2; \beta \right) + \rho_2 q_2 \left(\rho_2, w_2; \rho_1, w_1; \beta \right)$$

$$= \rho_1 \left[\frac{\alpha - \beta}{1 - \beta^2} - \frac{\rho_1 + w_1}{1 - \beta^2} + \frac{\beta (\rho_2 + w_2)}{1 - \beta^2} \right] + \rho_2 \left[\frac{1 - \alpha\beta}{1 - \beta^2} - \frac{\rho_2 + w_2}{1 - \beta^2} + \frac{\beta (\rho_1 + w_1)}{1 - \beta^2} \right]$$

$$(7.5)$$

式（7.5）等号右侧第一项表示零售商销售国外制造商产品获得的利润，第二项表示零售商销售本土制造商产品获得的利润。求解式（7.5）可得：

$$\rho_1(w_1) = \frac{\alpha - w_1}{2}, \ \rho_2(w_2) = \frac{1 - w_2}{2} \qquad (7.6)$$

从式（7.6）可以看出，在上游制造商竞争的条件下：①零售商对每种产品的零售加价只与产品本身的批发价格相关，与竞争性产品的批发价格无关；②每种产品的零售价格都是给定其批发价格下的垄断价格。[①] 从表面上看，这种情况下市场上的零售价格是垄断价格，但实际上由于制造商的批发价格决策存在竞争，进而会导致市场零售价格下降。由此可以看出，在上游竞争、下游垄断的市场结构下，竞争从上游制造商传导到下游零售商，进而使最终市场表现出竞争结果。对比第六章的模型可以看出，在上游垄断、下游竞争的条件下，上游制造商具有垄断倾向，竞争主要表现在下游市场。第六章和第七章的模型结构反映了市场竞争的两种不同传导机制：在第六章中零售商之间存在竞争，进而会导致最终市场表现出竞争的结果；在第七章中，虽然零售商层面不存在竞争，但是制造商的竞争会向下游传导，从而也使最终产品表现出一定程度的竞争结果。[②]

将博弈第三阶段均衡的批发价格代入市场需求函数，可以得到第三阶段的均衡销售数量为：

$$q_1(w_1, \ w_2) = \frac{\alpha - \beta - w_1 + \beta w_2}{2(1 - \beta^2)}, \ q_2(w_1, \ w_2) = \frac{1 - \alpha\beta - w_2 + \beta w_1}{2(1 - \beta^2)} \qquad (7.7)$$

式（7.7）表明，上游制造商面临的市场需求数量不仅与自身的批发价格有关，还与竞争对手的批发价格有关。由此也表明，上游制造商的竞争传递到了最

---

① 当国外制造商产品 y_1 垄断市场时，其需求函数为 $q_1^{mon} = \alpha - p_1^{mon}$，其中上标 mon 表示国外制造商垄断市场的情况。可以很容易验证，当批发价格为 w_1 时，产品 y_1 的垄断价格为 $p_1^{mon} = \frac{\alpha + w_1}{2}$。同理，可以证明 $p_2^{mon} = \frac{1 + w_2}{2}$。

② 从模型设定来看，第六章的模型相当于制造商生产两种差异化的产品，由下游两家不同的零售商来销售；第七章的模型则相当于两种差异化的产品分别由两家制造商来生产，然后由下游一家零售商销售。概括来看，前一种是同一企业生产两种差异化产品的模式；后一种是两个企业分别生产一种产品的模式。在不考虑范围经济的情况下，哪种生产模式更好？这个问题具有一定的现实意义，现实经济中，很多企业会成立子公司或者独立的业务部门，开发现有产品的替代品，由此产生的问题就是差异化产品的开发和生产是单独成立一个公司完成好，还是由原来公司完成好。

终市场，引发了市场需求数量的差异。

在博弈第二阶段，本土制造商 M_2 的决策可以表示为：

$$\max_{w_2}\pi_{M_2}(w_1，w_2) = w_2 q_2(w_1，w_2) \tag{7.8}$$

类似地，在博弈第一阶段国外制造商 M_1 的决策可以表示为：

$$\max_{w_1}\pi_{M_1}(w_1，w_2) = w_1 q_1(w_1，w_2)$$

$$s.\,t.\,w_2 \in \operatorname{argmax}\,\pi_{M_2}(w_1，w_2) \tag{7.9}$$

求解式（7.8）和式（7.9）可以得到在零售商没有买方势力的情况下，市场均衡批发价格为 $w_1 = \dfrac{\alpha}{2} - \dfrac{\beta}{2(2-\beta^2)}$，$w_2 = \dfrac{2-\alpha\beta}{4} - \dfrac{\beta^2}{4(2-\beta^2)}$。可以进一步求出零售商对不同制造商产品的零售加价以及市场需求数量（见表7-1第2列）。

表7-1　不同买方势力情况下的市场均衡结果

变量 \ 情形	零售商没有买方势力	零售商具有买方势力
w_1	$\dfrac{\alpha}{2} - \dfrac{\beta}{2(2-\beta^2)}$	$\dfrac{\alpha}{2} - \dfrac{\beta}{2(2-\beta^2)}$
w_2	$\dfrac{2-\alpha\beta}{4} - \dfrac{\beta^2}{4(2-\beta^2)}$	$\dfrac{2-\alpha\beta}{8} - \dfrac{\beta^2}{8(2-\beta^2)}$
ρ_1	$\dfrac{\alpha}{4} + \dfrac{\beta}{4(2-\beta^2)}$	$\dfrac{\alpha}{4} + \dfrac{\beta}{4(2-\beta^2)}$
ρ_2	$\dfrac{2+\alpha\beta}{8} + \dfrac{\beta^2}{8(2-\beta^2)}$	$\dfrac{1}{2}$
p_1	$\dfrac{3\alpha}{4} - \dfrac{\beta}{4(2-\beta^2)}$	$\dfrac{3\alpha}{4} - \dfrac{\beta}{4(2-\beta^2)}$
p_2	$\dfrac{6-\alpha\beta}{8} - \dfrac{\beta^2}{8(2-\beta^2)}$	$\dfrac{6-\alpha\beta}{8} - \dfrac{\beta^2}{8(2-\beta^2)}$

二、零售商具有买方势力时企业决策模型

本部分考察零售商具有买方势力时企业的决策过程，通过和上一小节进行比较静态分析得出买方势力的影响。根据前文的基本模型分析，零售商相对不同制造商的买方势力存在差异，相对于国外制造商来说，零售商的买方势力较弱；相对于本土制造商来说，零售商的买方势力较强。为了简化分析，本节假设零售商相对于国外制造商的买方势力不足以使其和国外制造商 M_1 争夺定价权，但是相

对于本土制造商 M_2 的买方势力足够使其获得定价权。[①] 也就是说，产品 y_1 的定价权仍然由国外制造商 M_1 主导，但是产品 y_2 的定价权由大型零售商 R 主导。基于此可知，在零售商具有买方势力时，制造商和零售商之间存在如下三阶段博弈：第一阶段，国外制造商 M_1 根据自身利润最大化制定批发价格 w_1；第二阶段，下游零售商 R 分别制定国外制造商产品和本土制造商产品的零售加价 ρ_1 和 ρ_2；第三阶段，本土制造商观察到国外制造商的批发价格以及下游零售商的零售加价后，根据利润最大化原则制定批发价格 w_2。

在零售商具有买方势力的情况下，博弈的求解过程和零售商没有买方势力的情况相同，区别在于企业决策顺序变化导致的决策机理差异。本部分不再具体给出零售商具有买方势力情况下的博弈求解过程，只给出博弈的均衡解，并与零售商没有买方势力的情况做比较，得出定价权争夺模式下买方势力的影响结论。对于结论背后的机理，下一节将进行具体分析。在零售商具有买方势力的情况下，市场均衡结果参见表 7-1 第 3 列。

第四节　上下游定价权争夺模式下买方势力的价格效应分析

比较零售商没有买方势力和零售商具有买方势力两种情况下的批发价格，可以得到如下命题：

命题 7.1　在上游制造商竞争，且上下游企业定价权争夺模式下，零售商相对于本土制造商买方势力的增强会降低本土制造商的批发价格，但对国外制造商批发价格无影响。

证明参见附录二第三部分。

值得提醒的是，本章假设下游零售商相对于上游制造商买方势力存在差异，零售商相对于国外制造商没有买方势力，相对于本土制造商具有买方势力。结合这一假设，命题 7.1 的含义在于：即使上游制造商存在竞争，零售商相对于某一制造商的买方势力只影响该制造商的批发价格，不影响竞争制造商的批发价格。对于这一结论需要从以下几个方面进行深入分析：第一，结论的稳健性。这一假

[①]　实际上，这种买方势力假设是一种极端情况。零售商相对于不同制造商买方势力的一般分布及其影响将在第八章进行详细说明。

设出现的重要条件是上下游交易模式为定价权，在其他纵向交易环境（比如上下游非合作模式、合作模式）下这一结论是否成立需要探讨。第二，结论背后的机理。第三，结论的现实意义。对于前两个问题下文将具体探讨，这里先分析命题7.1的意义。

下游零售商买方势力引发的本土制造商批发价格降低会压缩本土制造商的利润空间，一方面直接降低了本土制造商的盈利能力，另一方面可能对本土制造商的其他决策产生负面影响，比如本土制造商的品牌建设、服务提供以及创新等。[1] 这些负面作用反过来会对本土制造商的横向市场环境和纵向市场环境产生影响：从横向市场环境来看，本土制造商盈利能力的下降，品牌建设费用、创新投入的降低会进一步恶化本土制造商相对于国外制造商的竞争劣势地位，从而增强国外制造商在横向竞争中的主导地位，甚至可能导致国外制造商对本土制造商进行收购，从而直接影响横向竞争环境。这种情况在本土日化市场中表现得较为明显，宝洁、联合利华、欧莱雅等国外日化巨头进入中国市场的同时，也展开了对本土日化企业的大收购，中华牙膏、孩儿面、熊猫等一大批本土品牌纷纷被国外品牌收购。[2] 当然，国外制造商对本土制造商的收购一个重要原因在于国外制造商的横向竞争优势。但是，从以上分析可知，本土制造商的纵向渠道势力差异也是造成这一结果的重要因素。通过以上分析可以看出，零售商买方势力的作用会反过来影响本土制造商和国外制造商的横向竞争环境。由此得到如下推论：

推论 7.1　在上游国外制造商和本土制造商竞争，且上下游企业定价权争夺模式下，买方势力的作用会反过来影响国外制造商和本土制造商的横向竞争环境，增强国外制造商的市场主导地位。

根据命题7.1和推论7.1，买方势力导致的本土制造商利润下降以及横向竞争结构的恶化会进一步增强零售商相对于本土制造商的买方势力，而零售商相对于本土制造商买方势力的增强会进一步恶化本土制造商市场地位，从而形成恶性循环。需要特别指出的是，本书中本土制造商相对于国外制造商竞争地位的下降并不是来源于国外制造商的主动行为，而是来源于纵向买方势力对本土零售商的负面影响。由此可见，纵向买方势力的变化会引起横向市场结构的变化。这一结论的含义在于：在现实经济实践中，本土制造商不仅要培育相对于国外制造商的

---

① 第十章扩展讨论部分将详细分析定价权争夺模式下，买方势力对上游制造商创新决策的影响。

② 关于国外日化企业收购本土品牌的详细内容可以参见 https：//www. baidu. com/link？url = N09tIkapEi1ft5PxOTVDIJE9M_uSIIn151pIjEIfhALELtX3q46pNcVGsjsMMLN6&wd = &eqid = a4f8aebb0005c00900 0000035ac07e4f；http：//www. askci. com/news/chanye/2016/01/11/91416gc8e. shtml；http：//www. xinhua-net. com/fortune/2017 − 02/22/c_129488172. htm。

竞争优势，也应该注重提升相对于下游企业的纵向市场势力。值得指出的是，这两个方面不是矛盾的，而是具有一定的相关关系，本书第十一章买方势力在企业决策实践中的应用将对这一问题进行详细探讨。

此外，对于命题7.1结论的意义还可以从买方势力的理论研究角度进行分析。目前很多学者探讨了零售商买方势力变化对竞争零售商的影响，出现了"水床效应"和"反水床效应"两种不同的观点。但是不论是哪种观点，这些结论都是考察零售商买方势力对零售商竞争对手的影响。命题7.1则考察了零售商相对于某一制造商买方势力的变化对该制造商竞争对手的影响。正如本书第三章所述，买方势力是一个相对概念，从这一角度来说，即使是同一个下游企业，相对于上游企业的买方势力也应该存在差异。这样，存在的一个很自然的问题就是：下游企业相对于某一上游企业的买方势力对其他上游企业是否存在影响？会存在哪些影响？命题7.1则回答了这一问题，在上下游定价权争夺的情况下，零售商相对于某一制造商买方势力的变化不会影响其他制造商的批发价格，这一结论也是对现有买方势力理论研究的补充。

命题7.2 在上游制造商竞争，且上下游争夺定价权的情形下，制造商竞争越激烈，买方势力导致的批发价格降低程度越低，即制造商竞争程度的增强降低了零售商买方势力对本土制造商的利润压榨作用。

证明参见附录二第三部分。

为了更加清晰地展示命题7.2的结论，采用数值仿真的方法模拟零售商没有买方势力和零售商具有买方势力两种情况下，本土制造商批发价格和市场竞争程度的变化趋势，结果参见图7-2。从图7-2可以发现：①无论零售商是否具有买方势力，本土制造商批发价格均随制造商竞争程度的增强而下降，这是因为市场竞争程度的增强降低了企业的定价能力；②随着制造商竞争程度的增强，图7-2中两条线之间的垂直距离减少，这说明制造商竞争程度的增强降低了批发价格减少程度，即缓解了买方势力对本土制造商的纵向压榨。

命题7.3 在上游制造商竞争，且上下游争夺定价权的情形下，本土制造商竞争劣势越显著，买方势力导致的批发价格降低程度越小。

证明参见附录二第三部分。

命题7.3表明，本土制造商相对于国外制造商的竞争劣势减弱了买方势力对本土制造商的负面作用，这一结论与命题7.2类似。从直观上来分析，出现命题7.3的结论可能有两方面原因：第一，当本土制造商竞争劣势很显著时，如果零售商再对本土制造商进行过度压榨将会导致本土制造商退出市场，从而限制了零

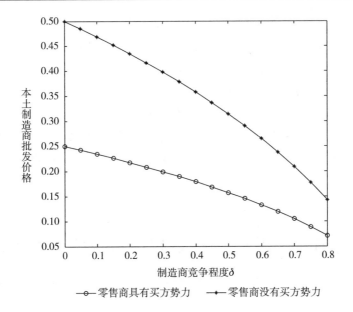

图 7 - 2 不同买方势力情形下的本土制造商批发价格

售商对本土制造商的压榨。第二，从零售商相对于不同制造商的买方势力差异来看，零售商相对于国外制造商买方势力较弱，所以零售商从国外制造商处获得的边际利润较低，但是国外制造商市场份额较大；相反，零售商相对于本土制造商具有较强的买方势力，所以从本土制造商处获得的边际利润较高，但是本土制造商市场份额较小。零售商通过买方势力降低本土制造商批发价格虽然提高了从本土制造商处获得的边际利润，但是也降低了本土制造商的市场份额。所以，零售商在对本土制造商进行压榨的过程中面临着边际利润和市场份额之间的选择。当国外制造商相对于本土制造商具有较强的竞争优势时，本土制造商的初始市场份额就很低，如果此时零售商再对本土制造商进行过度压榨，会进一步压缩本土制造商的市场份额，不利于本土制造商利润的增加。所以，此时零售商最优的决策是减弱对本土制造商利润的压榨，增加其市场份额，以尽可能多地获得利润。

命题 7.4 在上游制造商竞争，且上下游争夺定价权的情形下，零售商买方势力的增强不影响市场最终零售价格，买方势力导致的批发价格降低完全转化为了零售商自身零售加价。

证明参见附录二第三部分。

买方势力对产品最终零售价格的影响一直是学术界争论的焦点。目前，多数学者认为，只有在市场竞争程度较强的情况下，买方势力的增强才会导致最终零售价格的下降。但是命题7.4表明，如果上下游之间存在定价权争夺，虽然买方势力会使零售商获得较低的批发价格，但是这种批发价格降低也不会传递给最终消费者，而是完全转化为了零售商自身加价。由此可见，买方势力是否会导致最终零售价格降低不仅与横向竞争条件有关，还与纵向市场环境有关。此外，还需要注意的是，本章的结论没有考虑买方势力的横向价格效应，即买方势力变化对下游零售商价格决策模式的影响。通过第六章命题6.2可以发现，如果考虑买方势力的横向价格效应，那么，在定价权争夺模式下，买方势力的存在甚至会提高零售价格。

第五节　上游市场竞争和定价权争夺背景下买方势力价格效应的一般机理

上文在制造商竞争以及上下游定价权争夺的背景下，考察了买方势力对制造商批发价格以及市场零售价格的影响，发现零售商买方势力的增强会降低与其交易的制造商批发价格，但是对竞争制造商批发价格无影响。此外，在定价权争夺模式下，买方势力增强不影响市场零售价格。这些结论与已有研究差别较大，虽然上文对这些结论进行了分析，但是并没有对其背后的机理进行详细探讨。本部分从分析企业决策机理出发，考察定价权争夺模式下，买方势力影响批发价格以及市场零售价格的机理。

此外，上文的模型分析还表明，在定价权争夺模式下，买方势力的增强不会降低零售价格，买方势力带来的批发价格完全转化为了零售加价。但是，现实经济中，大型零售商的出现似乎降低了市场零售价格。那么，为什么会出现这种情况呢？其中的原因可能在于上文零售销售成本的假设：为了简化本书分析，上文假设零售商的销售成本为0，这样，无论买方势力如何变化，零售商销售成本都不会改变。但是，实际上，随着零售规模的扩大，零售商买方势力增强，由此也带来了一系列的规模经济效应，从而降低了零售商的单位销售成本。也就是说，零售商销售成本是随着买方势力的变化而内生的。为此，本部分放松前文销售成本为0的假设，假设零售商的单位销售成本为 $c_R > 0$。在此基础上，考察不同买方势力情形下企业决策过程，一方面探讨销售成本变化对结论的影响，另一方面进一步揭示上文结论背后的机理。

为了揭示定价权争夺下买方势力作用的一般机理，本部分放松国外制造商和本土制造商的竞争优势差异，假设制造商 M_i 的需求函数为 $q_i = \alpha_i - p_i + \beta p_j$（$i = 3 - j$，$j = 1, 2$），当 $\alpha_1 > \alpha_2 = 1$ 时，国外制造商 M_1 的潜在市场规模大于本土制造商 M_2，国外制造商相对于本土制造商具有竞争优势，模型退化到上文的模型结构。同时，本部分还放松上文对制造商边际生产成本标准化为 0 的假设，设定制造商 M_i 的边际生产成本为 $c_i > 0$。

同上文分析类似，本部分仍需要比较零售商没有买方势力和零售商具有买方势力的企业决策过程。但是，与上文不同的是，由于本部分弱化了制造商之间竞争优势的差异，所以在具体决策过程中，本部分假设制造商 M_1 和 M_2 同时决策。为了便于区分和比较，下文记零售商没有买方势力的情形为 MS，记零售商具有买方势力的情形为 RS。

一、零售商没有买方势力时企业决策机理

在零售商没有买方势力的情况下，纵向市场环境表现为制造商具有较强的产品定价权。此时，制造商优先决定批发价格，零售商只能被动跟随制造商的批发价格决策制定最终零售价格。具体地，给定制造商 M_i 的批发价格 w_i^{MS}，零售商 R 的决策可以表示为：

$$\max_{\rho_i^{MS}} \pi_R^{MS} = \sum_{i=1, j \neq i}^{2} \rho_i^{MS} [\alpha_i - (\rho_i^{MS} + w_i^{MS} + c_R^{MS}) + \beta(\rho_j^{MS} + w_j^{MS} + c_R^{MS})] \quad (7.10)$$

可以验证 π_R^{MS} 的二阶海赛矩阵负定，所以存在利润最大化的解。令 $\partial \pi_R^{MS} / \partial \rho_i^{MS} = 0$ 可以解得零售商的反应函数为：

$$\rho_i^{MS}(w_i^{MS}) = \frac{\alpha_i + \beta \alpha_j}{2(1 - \beta^2)} - \frac{1}{2} w_i^{MS} - \frac{1}{2} c_R^{MS} \quad (7.11)$$

从式（7.11）中可以看出，在零售商没有买方势力的情况下：第一，零售商对产品 y_i 的加价只与产品 y_i 的批发价格 w_i^{MS} 相关，与竞争产品 y_j 的批发价格 w_j^{MS} 无关，这一结论与上文结论相同；第二，零售商的零售加价受制于制造商批发价格决策，制造商的批发价格越高，零售商获得的零售加价越低（$\partial \rho_i^{MS} / \partial w_i^{MS} < 0$）。这是因为较高的批发价格最终推高了市场零售价格，如果零售商再制定较高的加价，势必会使零售价格进一步提高，进而会降低市场的需求数量，减少零售商利润。所以，理性的零售商不会制定过高的加价。从这一过程中可以看出，在零售商没有买方势力时，其零售加价受到制造商批发价格的牵制和负面影响，使零售商处于被动、不利的地位。

制造商也会意识到其批发价格决策对零售商的影响，并可以预测到零售商相

应反应，所以制造商会在此基础上根据自身利润最大化确定最优的批发价格 w_i^{MS}，其决策可以表示为：

$$\max_{w_i^{MS}} \pi_{M_i}^{MS} = (w_i^{MS} - c_i^{MS})\left[\alpha_i - (\rho_i^{MS} + w_i^{MS} + c_R^{MS}) + \beta(\rho_j^{MS} + w_j^{MS} + c_R^{MS})\right]$$

$$\text{s. t.} \rho_i^{MS} \in \arg \max \pi_R^{MS}$$

$$\rho_j^{MS} \in \arg \max \pi_R^{MS} \tag{7.12}$$

对式（7.12）求解利润最大化的一阶条件，可以得到制造商 M_i 最优的批发价格为：

$$w_i^{MS} = \frac{2\alpha_i + \beta\alpha_j}{4 - \beta^2} + \frac{2}{4 - \beta^2}c_i^{MS} + \frac{\beta}{4 - \beta^2}c_j^{MS} - \frac{1 - \beta}{2 - \beta}c_R^{MS} \tag{7.13}$$

二、零售商具有买方势力时企业决策机理

当零售商具有买方势力时，制造商和零售商所处的纵向市场环境发生了改变，零售商在纵向产业链中占据主导地位，具有产品价格的优先决策权，而制造商只能被动地对零售商的决策做出反应。在零售商具有买方势力的情况下，给定零售商的零售加价 ρ_i^{RS}，制造商 M_i 的决策可以表示为：

$$\max_{w_i^{RS}} \pi_{M_i}^{RS} = (w_i^{RS} - c_i^{RS})\left[\alpha_i - (\rho_i^{RS} + w_i^{RS} + c_R^{RS}) + \beta(\rho_j^{RS} + w_j^{RS} + c_R^{RS})\right] \tag{7.14}$$

可以解得制造商 M_i 的反应函数为：

$$w_i^{RS}(\rho_i^{RS}, \rho_j^{RS}) = \frac{2\alpha_i + \beta\alpha_j}{4 - \beta^2} + \frac{2}{4 - \beta^2}c_i^{RS} + \frac{\beta}{4 - \beta^2}c_j^{RS} - \frac{2 - \beta^2}{4 - \beta^2}\rho_i^{RS} + \frac{\beta}{4 - \beta^2}\rho_j^{RS} - \frac{1 - \beta}{2 + \beta}c_R^{RS}$$

$$\tag{7.15}$$

对式（7.15）进行变换可以得到：

$$w_i^{RS} = \underbrace{\frac{2}{4 - \beta^2}(\alpha_i + c_i^{RS})}_{\text{制造商自身因素}} + \underbrace{\frac{\beta}{4 - \beta^2}(\alpha_j + c_j^{RS})}_{\text{竞争对手因素}} - \underbrace{\frac{\left[(2 - \beta^2)\rho_i^{RS} - \beta\rho_j^{RS}\right]}{4 - \beta^2} - \frac{1 - \beta}{2 + \beta}c_R^{RS}}_{\text{零售商因素}}$$

$$\tag{7.16}$$

从式（7.16）中可以看出，在零售商具有买方势力的情况下，有三种因素会影响制造商的批发价格决策：

第一，制造商 M_i 的自身因素，包括产品的潜在市场需求规模和边际生产成本。产品的潜在市场需求规模越大，制造商的批发价格越高。这一结论符合直觉，当产品的潜在市场需求规模较大时，制造商提高价格不会导致市场需求量降低太多，所以制造商会制定较高的价格。现实经济中知名品牌的产品价格往往较高，这正是由于消费者对这类产品的偏好较强，从而使其潜在市场需求比较大而

引起的。制造商边际生产成本越高，批发价格也越高，这表明制造商会将生产成本转嫁给消费者。

第二，制造商的竞争对手因素，包括竞争对手的潜在市场份额和边际生产成本。竞争对手 M_j 的产品需求规模越大，生产成本越高，制造商 M_i 的批发价格也越高。这是因为制造商 M_j 的潜在市场需求越高、成本越大，制造商 M_j 的批发价格就越高。由于制造商之间存在价格竞争，且价格是互补性策略，一方提高价格，另一方最优的反应也是提高价格，[①] 所以制造商 M_j 的批发价格提高也会促使制造商 M_i 提高批发价格。

第三，零售商因素，主要包括零售商的零售加价和单位销售成本。零售商对产品的加价越高，制造商的批发价格就越低，其中的原理与式（7.11）类似。因为零售商加价越高，市场零售价格也就越高，如果制造商再制定较高的批发价格，就会进一步推高零售价格，降低市场需求，进而使制造的引致需求降低，不利于制造商增加利润。但是零售商对竞争制造商 M_j 产品的加价越高，制造商 M_i 的批发价格越高，这是因为对竞争对手 M_j 产品的较高加价导致了竞争对手产品的零售价格较高，由于产品之间存在替代性，这种较高的零售价格会使一部分消费者转移购买制造商 M_i 的产品，从而增加了其产品需求弹性，使制造商 M_i 可以提高价格而不至于失去太多顾客。更为有趣的是零售商销售成本对制造商批发价格的影响，从式（7.16）可以看出，零售商销售成本越低，制造商的批发价格越高。这表明零售商的效率越高，制造商对其收取的批发价格也越高。这一结论似乎是违反直觉的，因为制造商的这种行为好像是在惩罚效率高的零售商，出现了"鞭打快牛"的现象。实际上，制造商的这种决策行为的机理在于：零售商效率越高，其产品的市场需求也越高，从而导致零售商对制造商产品的引致需求比较缺乏弹性，所以制造商就可以对零售商进行垄断定价，进而制定更高的价格。

按照式（7.16）的分析思路，对零售商没有买方势力时的批发价格决策［即式（7.13）］进行分析可得：

$$w_i^{MS} = \underbrace{\frac{2}{4-\beta^2}(\alpha_i + c_i^{MS})}_{\text{制造商自身因素}} + \underbrace{\frac{\beta}{4-\beta^2}(\alpha_j + c_j^{MS})}_{\text{竞争对手因素}} - \underbrace{\frac{1-\beta}{2+\beta}c_R^{MS}}_{\text{零售商因素}} \qquad (7.17)$$

通过对比式（7.16）和式（7.17），即可得出买方势力对制造商批发价格决

---

① 关于策略性替代和策略性互补，详细内容可以参见 Tirole（1988）。一般而言，价格是策略性互补的，即一方提高价格，另一方最优的策略也是提高价格；产量是策略性替代的，即一方增加产量，另一方最优的策略是降低产量。

策机理的影响：第一，零售商买方势力的增强不会改变影响批发价格决策的因素。无论零售商是否具有买方势力，影响制造商批发价格决策的因素都是制造商自身因素、竞争对手因素和零售商因素。第二，买方势力的变化会改变零售商因素对批发价格决策的作用过程。在没有买方势力的情况下，制造商根据零售商的销售成本特征决定批发价格。在具有买方势力的情况下，制造商除了要考虑零售商的销售成本外，还需要考虑零售商对产品的加价，根据零售加价和销售成本综合决定批发价格，且从式（7.16）可以看出，零售加价抑制了制造商的批发价格决策。所以，最终表现结果为买方势力的增强降低了制造商批发价格。

从上述机理的分析中还可以发现：在零售商没有买方势力的情况下，零售商在决策过程中处于不利的地位，只能对制造商的决策做出被动的反应。随着买方势力的增强，零售商有激励摆脱这种不利地位，即有激励主导产业链的决策。但是从式（7.16）可以看出，一旦零售商主导产业链决策，又会使制造商处于跟随、不利的地位。如果此时制造商也恰好具有一定的卖方势力，则一定会奋起反抗，和零售商争夺产业链决策的主导权，从而引发产业链矛盾。格力与国美的冲突、家乐福与康师傅的矛盾都集中反映了这一机理。在格力与国美的冲突中，国美在没有事先告知格力的情况下对格力空调进行降价，这实质上是抢在格力批发价格变动之前变动零售加价，根据上文的分析，这自然会使格力处于不利的市场地位。所以格力无法忍受，多次要求国美立即终止低价销售行为，但国美依旧我行我素，格力电器当即宣布正式对成都国美停止供货。[1] 这一冲突案例的实质正是具有一定买方势力的零售商欲争夺产业链定价领导权，但是遇到了具有较强卖方势力的制造商的抵抗，进而爆发的决策领导权争夺战。类似地，在康师傅与家乐福的冲突中，康师傅声称原材料等成本上涨，要提高产品价格，这实际上是康师傅要领先于家乐福进行价格决策。由于家乐福具有一定的买方势力，自然不愿意让自己处于被动地位，牺牲自身利益，所以就奋起反抗，引发了冲突。[2]

下面再来分析零售商的零售加价决策。在具有买方势力的情况下，零售商会预测到制造商 M_i 的反应［即式（7.16）］，进而根据自身利润最大化制定零售加价 ρ_i^{RS}，其决策可以表示为：

$$\max_{\rho_i^{RS}} \pi_R^{RS} = \sum_{i=1, j \neq i}^{2} \rho_i^{RS} \left[\alpha_i - (\rho_i^{RS} + w_i^{RS} + c_R^{RS}) + \beta(\rho_j^{RS} + w_j^{RS} + c_R^{RS}) \right]$$

① 吴伟洪，黄汉英. 格力国美分道扬镳，当事双方各执一词 ［EB/OL］. http：//business. sohu. com/2004/03/12/79/article219407944. shtml.

② 北京青年报. 康师傅与家乐福缘何翻脸 ［EB/OL］. http：//finance. ifeng. com/news/special/jialefu-kangshifu/20101214/3054888. shtml.

s. t. $w_i^{RS} \in \arg \max \pi_{M_i}^{RS}$

$w_j^{RS} \in \arg \max \pi_{M_j}^{RS}$　　　　　　　　　　　　　　　(7.18)

可以解得零售商的最优加价为：

$$\rho_i^{RS} = \underbrace{\frac{\alpha_i + \beta\alpha_j}{2(1-\beta^2)}}_{\text{市场环境因素}} - \underbrace{\frac{1}{2}c_i^{RS}}_{\text{交易条件因素}} - \underbrace{\frac{1}{2}c_R^{RS}}_{\text{自身成本因素}} \qquad (7.19)$$

对零售商没有买方势力时的零售加价决策公式［式（7.11）］进行类似的改写，可以得到：

$$\rho_i^{MS} = \underbrace{\frac{\alpha_i + \beta\alpha_j}{2(1-\beta^2)}}_{\text{市场环境因素}} - \underbrace{\frac{1}{2}w_i^{MS}}_{\text{交易条件因素}} - \underbrace{\frac{1}{2}c_R^{MS}}_{\text{自身成本因素}} \qquad (7.20)$$

对比式（7.19）和式（7.20）可以得出买方势力对零售加价决策机理的影响：第一，不同的买方势力条件下，影响零售加价决策的因素不会发生变化，零售商总是根据市场环境因素、交易条件因素和自身成本因素决定最优的零售加价。其中，市场环境因素主要包括产品潜在市场规模和竞争程度，产品的潜在市场份额越大，零售商的加价越高（$\partial p_i / \partial \alpha_i > 0$），其中的原因与制造商的批发价格决策类似。制造商竞争越激烈，零售商的零售加价越高（$\partial p_i / \partial \beta > 0$），这是因为制造商竞争越激烈，其批发价格越低，较低的批发价格使零售商可以进行更高的加价而不会使市场需求降低过多。交易条件因素主要是指制造商批发价格对零售加价的影响，制造商的批发价格越高，零售加价越低（$\partial p_i / \partial w_i < 0$）。这是因为在批发价格较高的情况下，如果零售商再进行较高加价，就会使得市场需求降低过多，不利于利润的提高。自身成本因素则是指零售商自身销售成本对零售加价的作用。销售成本越低，零售商加价越高（$\partial p_i / \partial c_R < 0$），这表明零售商效率的提高会增强其盈利能力。

第二，买方势力的变化不会改变市场环境因素和自身成本因素对零售加价决策的影响，但是会改变交易条件因素对零售加价的影响。在零售商没有买方势力的情况下，零售商只能根据制造商批发价格被动地决定零售加价，这会使零售商的加价决策受制于制造商的批发价格决策，一方面降低了零售商的加价能力，另一方面也使零售商不能根据市场环境变化灵活改变销售价格。而在零售商具有买方势力的情况下，零售商只需根据制造商的边际生产成本进行加价决策即可，这样就摆脱了制造商批发价格的制约，提高了自身价格的灵活性以及价格调整的机动性。由于零售加价反映了零售商的边际利润，所以这一决策机理的变化最终使不同买方势力下零售商边际利润产生差异。零售商买方势力的增强确实会对其产生有利影响，这符合直观理解和现实产业情况。而且买方势力导致的零售加价提高一方面源于零售商可以获得更低的批发价格，另一方面源于零售商自身效率的提高。

以上分析了买方势力对零售加价决策机理的影响。制造商批发价格、零售加价及成本之和构成了产品最终零售价格。通过分析不同买方势力情形下的最终零售价格可以发现如下结论：如果不考虑零售效率的提高，那么买方势力的增强不会改变市场中的零售价格和消费者福利。如果考虑零售效率的提高，那么买方势力增强会降低市场零售价格，提高消费者福利。

以往关于买方势力影响的主要争论之一就在于大型零售商从制造商处获得的批发价格优惠能否传递给最终消费者，造成零售价格的下降。以 Galbraith 为代表的学者认为零售商会传递成本节约，降低市场零售价格。但是以 Stigler 为代表的学者认为零售商没有激励传递这种成本节约。而本书的结论表明，零售商获得的成本节约全部转化为了自身的边际利润（$w_i^{MS} - w_i^{RS} = \rho_i^{RS} - \rho_i^{MS}$），并没有传递给消费者。这一结论在一定程度上支持了 Stigler 等的观点。但是，现实经济中大型零售商的产品价格确实较低，低价已成为许多大型零售商的经营策略。如果这一观点成立，那么这种低价策略到底如何解释呢？本书的研究表明，这种低价策略可能来源于大型零售商的效率提高，而非来源于大型零售商可以获得更低的批发价格，并把这种较低的批发价格传递给消费者。所以买方势力导致消费者福利提高不是因为零售商传递了成本节约，而是因为零售商的效率提高了，零售商传递了自身效率。

三、定价权争夺模式下买方势力价格效应的一般机理总结

以上分析了零售商没有买方势力和零售商具有买方势力两种情况下，制造商批发价格决策过程以及零售商零售加价决策过程，揭示了零售商买方势力变化对批发价格以及市场零售价格的影响机理。具体地，可以用图 7-3 进行说明。

结合图 7-3 以及上文分析，将上下游定价权争夺模式下买方势力价格效应的一般作用机理总结如下：

（1）买方势力降低制造商批发价格的机理。无论零售商是否具有买方势力，影响制造商批发价格决策的因素都有三种：制造商自身因素、制造商竞争对手因素以及零售商因素。但是，不同的买方势力情形下，零售商自身因素对制造商批发价格决策的影响存在差异，进而导致了最终批发价格的变化。在零售商没有买方势力的情况下，制造商制定批发价格时只需考虑零售商的销售成本；但是，当零售商具有买方势力时，制造商除了需要考虑零售商销售成本外，还需要考虑零

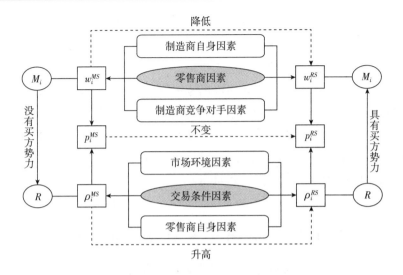

图 7 - 3 买方势力影响企业决策的机理

售商的零售加价。零售加价越高，最终产品的零售价格越高，此时，制造商如果再制定较高的批发价格就会导致较为严重的双重加价，大幅度地降低市场需求，对制造商不利。所以，制造商只能被动降低批发价格。

（2）买方势力影响零售加价的机理。同批发价格决策类似，影响零售商零售加价决策的因素也有三种：市场环境因素、交易条件因素以及零售商自身因素。在不同的买方势力背景下，交易条件因素和零售商自身因素对零售商零售加价的影响存在差异。从交易条件因素来看，在零售商没有买方势力的情况下，零售商只能根据制造商所制定的批发价格被动地决定零售加价，零售加价受制于制造商批发价格决策的影响；在零售商具有买方势力的情况下，零售商只需根据制造商的边际生产成本决定零售加价，其决策不受制造商批发价格决策的影响。所以，在零售商具有买方势力的条件下，零售商零售加价能力较强。从零售商自身因素来看，零售商没有买方势力和具有买方势力两种情形下，零售商单位销售成本不同。在具有买方势力的情况下，规模经济的存在降低了零售商单位销售成本，从而也增强了零售商零售加价能力。

（3）买方势力影响零售价格的机理。产品最终零售价格是制造商批发价格、零售商零售加价以及各阶段的成本之和。因而，买方势力对最终零售价格的影响机理就可以分解为买方势力对批发价格、零售加价以及成本的影响机理。从上文的分析可以看出，买方势力的增强降低了制造商批发价格，所以，从这一角度来看，买方势力具有降低零售价格的效应；同样地，买方势力的增强提高了零售商的零售加价，从这一角度来看，买方势力具有提高市场零售价格的倾向；此外，买方势力的增强会降低零售商的销售成本，进而也具有降低市场零售价格的可能。买方势力对最终零售价格的实际影响是以上三种影响机制的综合作用。从具体结果来看，买方势力通过批发价格降低零售价格的效应与通过零售加价提高零售价格的效应相互抵消，即批发价格降低完全转化为了零售商零售加价，对最终零售价格不会产生影响。所以，单从这两种效应来看，买方势力不会影响最终零售价格。但是，如果考虑买方势力通过规模效应带来的单位销售成本降低，那么，买方势力的存在会降低最终零售价格。

第六节 定价权争夺模式下买方势力价格效应及机理总结

第六章在下游市场竞争条件下，考察了上下游交易环境为定价权争夺时，买方势力的价格效应及其机理。本章在上游市场竞争条件下，考察了上下游交易环境为定价权争夺时，买方势力的价格效应及其机理。通过比较和总结这两章的研究，可以提炼出上下游定价权争夺模式下，买方势力价格效应的一般性结论及其机理，本节即尝试对这一内容进行总结。在具体总结之前，有两点值得说明：第一，"一般性"的概念主要是针对上下游横向市场环境的，第六章和第七章分别考察了下游零售市场竞争和上游制造商竞争情况下的结论。现实经济中上下游市场均存在竞争，所以本节总结的买方势力一般性结论是针对上下游市场均存在竞争的情况。以图7-4为例，上游层面制造商 M_1 和制造商 M_2 竞争，下游层面零售商 R_1 和零售商 R_2 竞争。

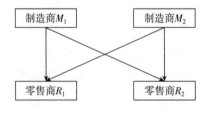

图7-4 一般性的纵向市场结构

第二，本节所关注的是上下游定价权争夺这种纵向市场环境下买方势力的价格效应及机理。如上文所述，定价权争夺既反映了上下游企业在产品最终价格决策过程中的关系，也反映了上下游之间的交易关系。

一、买方势力对批发价格影响及机理总结

在分析买方势力对批发价格的影响前，首先需要梳理一般市场环境下，买方势力影响批发价格的机制。通过第三章的分析可知，买方势力是上下游交易过程中的相对概念，是某一零售商相对于某一制造商的势力。所以，买方势力对批发价格最直接的影响应该是制造商和零售商交易时的批发价格。以图 7-3 为例进行分析，零售商 R_1 相对于制造商 M_1 的买方势力会直接影响制造商 M_1 和零售商 R_1 之间的批发价格。这种影响是买方势力最为直接的影响。但是，除了这种影响外，零售商 R_1 相对于制造商 M_1 的买方势力可能还会影响其他企业的批发价格。仍以图 7-3 为例，买方势力可能还会对制造商 M_1 和零售商 R_2 之间的批发价格产生影响，还可能对制造商 M_2 与零售商 R_1 之间的批发价格产生影响，甚至会对制造商 M_2 和零售商 R_2 之间的批发价格产生影响。也就是说，一般市场环境下，零售商相对于某一制造商买方势力的变化，不仅会直接影响两者之间的交易价格，可能还会对其他企业之间的交易价格产生影响。那么，这种影响的传导机制是什么呢？笔者认为，零售商相对于某一制造商买方势力的变化对市场其他企业批发价格的影响主要通过竞争机制来传导。某一制造商和零售商之间的批发价格变化，会引起市场竞争环境的变化，市场竞争环境的变化反过来会引起企业决策的变化。但是，在不同的纵向市场环境下，竞争机制的作用可能存在差异，所以，可能出现的结果是不同纵向市场环境下，买方势力对市场批发价格的影响有所不同。下面重点分析上下游定价权争夺模式下，买方势力对批发价格的影响。

通过第六章和第七章的研究可知，在上下游定价权争夺模式下，买方势力的增强会降低自身批发价格，但是对市场中其他企业的批发价格没有影响，包括竞争制造商的批发价格以及竞争零售商的批发价格。这是因为在定价权争夺模式下，买方势力的增强会导致制造商和零售商决策机制的变化。具体地，买方势力的增强使零售商具有优先决策权，零售商的优先决策降低了制造商批发价格的定价能力，制造商只能根据零售商的零售加价被动进行批发价格决策，从而降低了制造商批发价格定价能力。但是，零售商买方势力的变化对其他企业的决策模式没有影响，所以不会影响其他企业的批发价格决策机理，自然也不会影响市场中其他企业的批发价格大小。

二、买方势力对零售价格影响及机理总结

同批发价格的分析一样，零售商买方势力的变化除了会影响自身零售价格外，还可能会对其他零售商的零售价格产生影响。通过第六章和第七章的分析可知，在上下游定价权争夺模式下，买方势力对市场零售价格的影响可能存在不同的结果，主要与市场环境有关。为了分析买方势力对零售价格的影响，首先考察买方势力影响零售价格的一般机理。

如图7-5所示，在上下游定价权争夺的情形下，买方势力仍然会通过"横向价格效应"影响最终零售价格，"横向价格效应"会提高市场零售价格，其作用机理在第四章已经进行详细说明，这里不再重复说明。此外，根据上一节的分析，在上下游定价权争夺模式下，买方势力对最终零售价格的影响途径可以分为三种，即图7-5中的批发价格途径、零售加价途径和销售成本途径。根据上文的分析，批发价格途径会降低最终零售加价，零售加价途径会提高零售价格，销售成本途径会降低零售价格；而且批发价格途径和零售加价途径的作用效果相互抵消。所以，在上下游定价权争夺模式下，买方势力最终会通过"横向价格效应"和销售成本途径影响最终零售价格，前者倾向于提高市场零售价格，后者倾向于降低市场零售价格。所以，最终零售价格变动情况取决于两者作用的强度。当不考虑买方势力引发的销售成本变化时，只存在横向价格效应的作用，此时买方势力会提高市场零售价格，即出现命题6.3的结论。当不考虑买方势力的横向价格效应，只考虑销售成本途径时，买方势力的增强会降低市场零售价格。

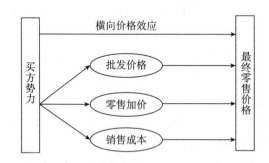

图7-5　上下游定价权争夺模式下买方势力影响零售价格的一般途径

以上分析了买方势力对零售商自身零售价格的影响。但是，除了自身零售价格外，买方势力可能还会对竞争对手的零售价格产生影响。根据上文的分析，在

上下游定价权争夺模式下，买方势力最本质的影响是改变了上下游企业的决策模式，但是没有买方势力的零售商其决策模式不变。所以，买方势力不会通过批发价格途径、零售加价途径以及销售成本途径影响其他零售价格决策。但是，买方势力可能会通过"横向价格效应"影响其他零售商的零售价格决策。横向价格效应的本质在于：当零售商没有买方势力时，零售商同时决策零售价格；当零售商具有买方势力时，买方势力的出现会伴随着零售商横向市场地位的提升，所以具有买方势力的零售商可以在零售价格决策中占据主导地位，从而使零售价格决策模式变化领导者—跟随者决策，降低了零售市场价格竞争程度，也提高了竞争零售商的零售价格，这即是命题6.3后一部分的结论。

总结以上分析可知，在上下游定价权争夺模式下，买方势力的增强会降低零售商支付的批发价格，即买方势力的增强使零售商对制造商进行纵向价格压榨。上文对这一结论背后的机理进行了详细分析。通过上文的分析还可以发现，市场竞争程度的变化会影响买方势力的纵向价格压榨效应。从命题6.2和命题7.2可以发现，市场竞争程度的增强缓解了买方势力对制造商批发价格的压榨作用。

第七节　本章小结

本章基于上游制造商竞争的背景，在上下游定价权争夺模式下，考察了买方势力的变化对制造商批发价格以及市场零售价格的影响，揭示了此种纵向市场环境下买方势力价格效应的具体作用机理，探讨了制造商竞争环境对买方势力价格效应的影响。通过本章的研究发现，零售商相对于本土制造商买方势力的增强降低了本土制造商的批发价格，压缩了本土制造商的利润空间。但是，零售商买方势力的增强不会影响国外制造商的批发价格。具体机理分析表明，出现这种结果的原因在于在上下游定价权争夺模式下，买方势力的出现改变了零售商和制造商的决策模式，使制造商在进行批发价格决策时必须考虑零售商的加价决策，从而抑制了本土制造商的批发价格定价能力。但是，零售商买方势力的变化对国外制造商和零售商之间的决策机理没有影响，所以不会改变国外制造商的批发价格。在零售价格影响方面，在不考虑销售成本变化时，零售商买方势力的增强不会降低市场零售价格，买方势力导致的批发价格降低完全转化为了零售商自身零售加价。在考虑销售成本变化时，零售商买方势力的增强一般伴随着零售商规模的扩大，由此会带来规模效应，降低零售商单位销售成本。买方势力增强导致的销售成本下降会传递给最终消费者，导致市场零售价格的降低。

结合第六章下游零售市场竞争情况下的研究，本章还总结了上下游定价权争夺模式下买方势力价格效应的一般结论及其机理。通过这部分总结分析可以发现，在一般的市场竞争环境下，上述结论具有稳健性，即在上下游定价权争夺模式下，买方势力的增强会降低零售商批发价格，但是对其他企业的批发价格无影响。同时，买方势力导致的批发价格降低不会向下游传递，所以不会引发零售价格的变化。市场零售价格的变化是由于其他原因导致的，比如买方势力导致的零售商横向价格决策模式的变化或者零售商销售成本的变化。

第八章　上游市场竞争、上下游合作交易与买方势力价格效应

[**本章提要**]　本章以上游制造商竞争为研究背景，考察上下游企业合作交易和非合作交易模式下买方势力的影响及其机理。具体地，本章首先通过构建企业决策模型，考察了上下游合作交易模式下买方势力的影响。结果表明：在上游制造商竞争且上下游合作交易的模式下，买方势力的增强不影响上下游企业的批发价格和市场零售价格；但是买方势力的变化会影响固定费用，且零售商相对于某一制造商买方势力的增强不仅降低了支付给该制造商的固定费用，还降低了支付给其他制造商的固定费用，即买方势力具有"马太效应"。其次，本章对上下游非合作交易模式下买方势力的影响进行了分析，发现：在上游制造商竞争且上下游非合作交易模式下，买方势力仍然具有"买方效应"，即零售商相对于某一制造商买方势力的增强，不仅降低了支付给该制造商的批发价格，还降低了支付给其他制造商的批发价格；而且在上下游非合作交易模式下，买方势力的增强还降低了市场零售价格。结合以上研究内容和第七章的研究，本章最终总结提炼了上游制造商竞争条件下买方势力的一般理论。

第一节　问题描述

第七章在上游制造商竞争的条件下，考察了下游零售商买方势力增强对产品批发价格、市场零售价格的影响，并探讨了制造商竞争程度在买方势力上述影响中的作用。值得特别说明的是，第七章的研究假设上下游企业之间的纵向关系表现为定价权争夺。如第六章所述，产品定价权控制是企业面临的重要纵向市场环

境，尤其是在我国本土零售市场中，下游零售企业长时间面临着制造商对产品定价权的控制。在这种纵向市场环境下，一旦零售商买方势力增强，便有足够的动机来争夺定价权。所以，这种纵向市场环境下买方势力的作用存在一些独特的特征。但是，正如第二部分所述，除了定价权控制和争夺以外，企业纵向市场环境还有很多其他表现形式，比如第四章中的上下游非合作交易形式、第五章的上下游合作交易形式。在上游制造商竞争的条件下，如果纵向市场环境表现为上下游合作交易或者非合作交易，那么买方势力的效应会发生哪些变化？买方势力的作用机理会有何不同？本章即对这些问题进行探讨。具体地，本章依然延续上文国外制造商和本土制造商竞争的市场结构模型，首先，探讨上游制造商和下游零售商合作交易模式下，买方势力对批发价格以及市场零售价格的影响，揭示买方势力的作用机理以及与制造商竞争之间的作用关系。然后，简要讨论上下游企业非合作交易模式下买方势力的影响。本章和第七章共同完成了对上游制造商竞争条件下的买方势力价格效应的研究。

本章采用的基本市场结构与第七章相同，即上游国外制造商 M_1 和本土制造商 M_2 生产差异化产品，并由下游零售商 R 销售。国外制造商 M_1 相对于本土制造商 M_2 具有横向竞争优势，表现为国外制造商潜在市场需求规模大于本土制造商潜在市场需求规模。在上下游纵向市场势力设定方面，下游零售商相对于不同制造商买方势力存在差异。根据第七章设定，下游零售商相对于本土制造商 M_2 具有较强的买方势力，但是相对于国外制造商 M_1 买方势力较弱。这里需要对零售商买方势力"较强"和"较弱"的设定进行详细说明。"较强"和"较弱"都是对买方势力大小的描述性说明，而非准确度量。但是在理论建模过程中，往往需要将买方势力模型化为一个可以具体度量的参数（或情景）。所以，这里就需要实现买方势力直观描述到理论建模的转换。在第七章的分析中，买方势力被模型化为两种不同的定价模式：当买方势力较强时，零售商具有定价权；当买方势力较弱时，制造商具有定价权。这种模型化方法通过企业决策顺序的设定（见第七章第三节）不仅实现了买方势力的理论模型化，同时也实现了零售商相对于不同制造商买方势力差异的刻画。按照第五章的分析逻辑，在上下游合作模式下，可以采用具体的参数（谈判势力参数）对买方势力进行模型化。具体地，假设在零售商与国外制造商 M_1 谈判过程中，零售商的谈判势力为 γ_1，则 γ_1 衡量了零售商相对于国外制造商的买方势力；类似地，假设零售商和本土制造商 M_2 谈判过程中，零售商的谈判势力为 γ_2，则 γ_2 衡量了零售商相对于本土制造商的买方势力。在这种情景下，通过设定 γ_1 和 γ_2 的大小关系即可反映零售商相对于不同制造商买方势力的差异。特别地，假设 $0 < \gamma_1 < \gamma_2 < 1$ 即可反映零售商相对于国外制造商买方势力较弱，相对于本土制造商买方势力较强的情况。虽然这种刻画买方势力差异的方法在理论上是可行的，但会使模型的分析和求解变得较为复杂（下文将具体说明）。为了避免这种情况，另一个可行的方案就是假设零售商相对于国外制造商没有买方势力，只能被动地接受国外制造商的交易条件；而零售商相对于本土制造商具有一定的买方势力，可以和本土制造商谈判确定交易合约，假设零售商和本土制造商谈判过程中的谈判势力为 γ（$0 < \gamma < 1$），则 γ 衡量了零售商相对于本土制造商的买方势力。此种情况下，γ 不仅刻画了零售商相对于本土制造商的买方势力，同时也反映了零售商相对于不同制造商买方势力的差异。值得说明的是，这两种方法在本质上是相同的，后者是前者 $\gamma_1 = 0$ 的特殊情况。为了使模型更易于处理，下文首先采用后一种模型化方法进行分析，然后对前一种情况进行扩展分析。

在对买方势力的模型化方法进行讨论之后，另一个需要思考的问题就是研究对象的问题。根据上文的分析，零售商相对于国外制造商和本土制造商都具有买方势力，那么在研究过程中，应该重点研究零售商相对于哪个制造商的买方势力。对于这一问题，本书着重研究买方势力相对于本土制造商的买方势力影响。之所以选择零售商相对于本土制造商的买方势力作为研究对象，原因有以下几点：①如上文所述，本土制造商一方面面临国外制造商的竞争，另一方面又面临下游零售商的买方势力，在这种市场环境下，本土制造商的决策环境变得较为困难，本土制造商在此环境下的最优决策问题也变得十分重要。考察零售商相对于本土制造商买方势力的影响，有助于为本土制造商的最优决策提供依据。②零售商相对于本土制造商买方势力较强，但是相对于国外制造商买方势力较弱，甚至可以忽略不计，所以研究买方势力更强的情形更有意义。

基于以上分析，下文首先假设零售商相对于国外制造商没有买方势力，相对于本土制造商的买方势力为 γ，进而探讨零售商买方势力的影响；然后对这一假设进行扩展，讨论零售商相对于国外制造商也具有买方势力时的情况；基于这些研究，总结提炼上游制造商竞争、上下游合作交易模式下，买方势力的影响及机理；紧接着，结合第五章下游零售市场竞争的研究，总结一般市场竞争环境和上下游合作交易模式下买方势力的影响。

第二节 上下游合作交易模式下买方势力的价格效应分析

在下游零售商相对于国外制造商没有买方势力，但是相对于本土制造商具有一定买方势力的情况下，制造商和零售商之间存在如下三阶段博弈：第一阶段，国外制造商 M_1 为零售商 R 制定要么接受要么离开的两部收费制合约（w_1，F_1）；第二阶段，本土制造商 M_2 和零售商 R 谈判确定两部收费制合约（w_2，F_2）；第三阶段，零售商 R 按照交易合约购买产品，并制定零售价格 p_1 和 p_2 将产品转售给最终消费者。值得说明的是，在以上博弈设定中，国外制造商和零售商交易合约的决定先于本土制造商和零售商交易合约的决定，这一设定方法与第七章相同，原因在于国外制造商相对于本土制造商具有较强的横向优势，所以国外制造商在交易合约的确定过程中具有领导权。

下面通过对具体博弈过程进行分析来探讨买方势力的影响。首先，分析博弈第三阶段，此阶段零售商 R 根据自身利润最大化决定零售价格 p_1 和 p_2，其决策可以表示为：

$$\max_{p_1,p_2}\pi_R = (p_1 - w_1)q_1(p_1,\ p_2) - F_1 + (p_2 - w_2)q_2(p_2,\ p_1) - F_2 \tag{8.1}$$

将第七章的需求函数代入式（8.1），可以解得零售商最优价格决策为 $p_1(w_1) = \dfrac{\alpha + w_1}{2}$，$p_2(w_2) = \dfrac{1 + w_2}{2}$。通过和第七章的结果进行比较可以发现，零售商制定的最终零售价格和第七章的零售价格相同，但是第七章中零售商的决策变量是零售加价。由此可以看出，零售价格决策和零售加价决策是等价的。此外，零售价格也是给定制造商产品的垄断价格，其背后原理与第七章相同，不再重复说明。同理可以求得第三阶段均衡时的销售数量，也与第七章相同，分别为

$$q_1(w_1,\ w_2) = \frac{\alpha - \beta - w_1 + \beta w_2}{2(1 - \beta^2)},\quad q_2(w_1,\ w_2) = \frac{1 - \alpha\beta - w_2 + \beta w_1}{2(1 - \beta^2)}。$$

下面来重点分析零售商 R 和制造商 M_2 交易合约的谈判过程，本章仍采用纳什讨价还价博弈来模型化制造商和零售商之间的谈判。通过上文的分析可知，纳什讨价还价博弈中最重要的因素之一就是谈判破裂时谈判双方能够获得的利润，即外部选择价值（Outside Option Value），或者称为谈判威胁点（Threat Point）。

在零售商 R 与本土制造商 M_2 的谈判过程中，若谈判破裂，本土制造商 M_2 没有其他零售商可供选择，所以其外部选择价值为 0；谈判破裂后零售商 R 仍可以选择与国外制造商 M_1 进行交易，但是由于零售商相对于国外制造商没有买方势力，所以国外制造商会通过两部收费制合约攫取零售商的全部利润，因此零售商的外部选择价值也为 0。综合以上分析，在上下游合作模式下，零售商 R 和制造商 M_2 的谈判可以表示为：

$$\max_{(w_2, F_2)} \prod = (\pi_{M_2} - 0)^{1-\gamma} (\pi_R - 0)^{\gamma}$$
$$= [w_2 q_2(w_1, w_2) + F_2]^{1-\gamma} \{[p_1(w_1) - w_1] q_1(w_1, w_2) -$$
$$F_1 + [p_2(w_2) - w_2] q_2(w_1, w_2) - F_2\}^{\gamma} \quad (8.2)$$

求解式（8.2）可知两部收费制中的批发价格 w_2 由下式决定：

$$\frac{\partial p_2(w_2) q_2(w_1, w_2)}{\partial w_2} + \frac{\partial [p_1(w_1) - w_1] q_1(w_1, w_2)}{\partial w_2} = 0 \quad (8.3)$$

式（8.3）等号左侧的第一项 $p_2(w_2) q_2(w_1, w_2)$ 表示零售商 R 和本土制造商 M_2 的联合利润，第二项 $[p_1(w_1) - w_1] q_1(w_1, w_2)$ 表示零售商 R 销售国外制造商 M_1 获得的利润（不包含固定的转移支付费用 F_1）。可见，零售商 R 和本土制造商 M_2 在谈判批发价格时，不仅要考虑两者的联合利润，还要考虑零售商 R 销售国外制造商的利润。从直觉上来说，在上下游合作交易模式下，零售商 R 和本土制造商 M_2 的谈判只需实现两者的联合利润 $p_2(w_2) q_2(w_1, w_2)$ 最大化即可，其一阶条件为式（8.3）的第一项等于 0，可以求得批发价格 $w_2 = \beta(w_1 - \alpha)/2 < 0$。可见，此时本土制造商的批发价格小于边际成本，即本土制造商会以低于成本的批发价格将产品销售给零售商。[①] 结合上文第三阶段均衡市场需求可以发现，低于边际生产成本的批发价格可以最大限度地提高本土制造商需求，降低国外制造商的需求。也就是说，如果本土制造商和零售商根据两者联合利润最大化制定交易合约，那么，此时的批发价格决策会给国外制造商带来负的外部性，降低国外制造商的市场需求。但是，由于零售商同时销售国外制造商的产品，国外制造商产品需求的降低对零售商也不利，所以零售商在和本土制造商谈判过程中会考虑从国外制造商处获得的利润。将博弈第三阶段均衡的零售价格和销售数量代入式（8.3）求解，可以得到 $w_2 = 0$。即零售商 R 和本土制造商 M_2 谈判的批发价格等于本土制造商的边际成本。出现这一结果的原因有两点：第一，批发价格等于边

---

① 这一结论与 Shaffer（1991）、Alipranti 等（2014）等研究类似。关于批发价格小于边际成本的原因可以参见这些研究，本书不再详细说明。

际成本消除了本土制造商和零售商之间的双重加价问题，从而可以使两者联合利润变大；第二，根据上文分析，批发价格等于边际成本也最大限度地降低了本土制造商批发价格对国外制造商产品需求造成的负外部性。

类似地，可以通过求解式（8.2）得到固定费用 F_2，由下式决定：

$$F_2 = (1 - \gamma) \{ [p_1(w_1) - w_1] q_1(w_1, 0) - F_1 + p_2(0) q_2(w_1, 0) \} \tag{8.4}$$

通过对上述零售商和本土制造商谈判过程的分析可知，在上下游合作模式下，即使零售商相对于本土制造商具有买方势力，买方势力也不会影响双方交易的批发价格（批发价格等于制造商的边际生产成本），但是会影响零售商向制造商支付的固定费用，从式（8.4）可以看出，在国外制造商和零售商交易合约 (w_1, F_1) 给定的条件下，零售商买方势力的增强会降低其支付给本土制造商的固定费用。

博弈第二阶段零售商 R 获得的利润为：

$$\pi_R = \gamma \{ [p_1(w_1) - w_1] q_1(w_1, 0) - F_1 \} + \gamma p_2(0) q_2(w_1, 0) \tag{8.5}$$

从式（8.5）可以看出，零售商 R 的利润由两部分构成：第一项是销售国外制造商产品获得的利润；第二项是零售商和本土制造商交易过程中，零售商获取的联合利润分成。

再分析国外制造商的决策，在博弈第一阶段，国外制造商 M_1 在满足零售商参与约束的条件下，制定最优的两部收费制合约 (w_1, F_1) 以使自身利润最大化。在国外制造商决策过程中，最为重要的是要确定零售商 R 的参与约束，即保证零售商 R 有激励销售国外制造商的产品。一个较为直观的理解是，只要保证零售商 R 销售国外制造商 M_1 产品获得的利润不小于 0 即可，即 $(p_1 - w_1) q_1 - F_1 \geq 0$。这一设定表面上看似合理，但实际上却存在一些问题。要保证满足零售商 R 的参与约束，实质上就是要使零售商 R 销售或者不销售国外制造商产品无差异。为此，需要考察零售商 R 销售国外制造商产品和不销售国外制造商产品获得的利润。当零售商 R 销售国外制造商产品时，其获得的利润如式（8.5）所示；当不销售国外制造商产品时，零售商 R 与本土制造商成为市场的垄断者，两者首先会将联合利润做到最大化，然后根据零售商 R 的买方势力大小分配联合利润。通过求解可知，此时零售商 R 获得的利润为 $\pi_R^0 = \gamma/4$。由此可见，在国外制造商 M_1 决策过程中，零售商 R 的参与约束是 $\pi_R^0 = \gamma/4$。[①] 所以，国外制造商 M_1 的决策可以表示为：

---

① 这里零售商的参与约束即是其外部选择价值。本章将零售商的外部选择价值设定为国外制造商不与零售商交易时零售商获得的利润，关于外部选择价值的其他设定方法可以参见本书第五章。

$$\max_{(w_1, F_1)} \pi_{M_1} = w_1 q_1(w_1, 0) + F_1$$

$$s.t. \quad \pi_R = \gamma \{ [p_1(w_1) - w_1] q_1(w_1, 0) - F_1 \} + \gamma p_2(0) q_2(w_1, 0) \geqslant \pi_R^0 \quad (8.6)$$

利用库恩—塔克条件可以解得 $w_1 = 0$，$F_1 = \dfrac{(\alpha - \beta)^2}{4(1 - \beta^2)}$。将均衡结果代入式

(8.4) 可得均衡的固定转移支付费用 $F_2 = \dfrac{1 - \gamma}{4}$。

命题 8.1 在上游制造商竞争，且上下游企业合作交易的情况下，买方势力的增强不影响国外制造商和零售商之间的交易合约，也不影响本土制造商和零售商的单位批发价格，但是会降低零售商向本土制造商支付的固定费用。

买方势力对上下游企业交易价格的影响是现有文献研究的一个重点，目前学术界比较具有代表性的是"水床效应"和"反水床效应"的观点。本书第五章和第六章研究发现，在一定条件下，买方势力的变化还可能不影响其他零售商交易价格。但是不管具体结论如何，这些研究重点探讨的都是零售商买方势力增强对其竞争对手交易价格的影响，其暗含的市场情景是不同零售商和同一制造商进行交易，其中一个零售商买方势力的增强会影响其他零售商和制造商交易的价格。这一研究的现实意义来源于学术界对大型零售商买方势力的担忧，即大型零售商买方势力的增强可能会恶化市场中小型零售商的交易环境，影响零售市场的竞争环境。而命题 8.1 却给出了另外一种市场情景下买方势力的影响，即零售商销售不同制造商的产品，且零售商相对于不同制造商买方势力不同，这时零售商相对于一个制造商的买方势力变化是否对其他制造商的交易条款以及制造商之间的竞争产生影响有待研究。这一市场情景在我国市场中具有特殊的含义，在上游制造层面存在差异化竞争的情况下，买方势力可能会对不同制造商产生不同的影响，进而影响制造商层面的竞争特征和竞争环境。

从命题 8.1 中可以看出，在上下游合作模式的情况下，零售商相对于本土制造商买方势力的增强，不会影响零售商和国外制造商之间的交易合约，因而也不会影响本土制造商和国外制造商的竞争模式。这一结论与第七章上下游定价权争夺模式下的结论相同，这是因为零售商相对于本土制造商的买方势力没有影响国外制造商的交易价格决策模式。此外，命题 8.1 还表明，即使零售商相对于本土制造商具有买方势力，买方势力也只影响零售商向制造商支付的固定费用，不影响单位批发价格。这一结论与第五章下游零售市场竞争的结论相同，其机理都在于：上下游合作交易的情形下，制造商和零售商首先通过批发价格的制定使两者的联合利润最大化，然后通过固定费用来分配利润。零售商相对于本土制造商买方势力越大，零售商在联合利润中的分成比例越高，获得的利润越多，所以只需

向本土制造商支付较低的固定费用即可。

由于最终零售价格是批发价格的函数，而单位批发价格不受买方势力的影响，所以最终零售价格也不受买方势力的影响。由此可以得到以下命题：

命题 8.2　在上游制造商竞争，且上下游企业合作交易的情况下，买方势力的变化不影响最终零售价格。

命题 8.2 的结论与第五章的结论基本一致，由此可见，在上下游合作交易的模式下，买方势力的影响具有稳健性，买方势力不会影响单位批发价格，也不会影响市场最终零售价格，只会导致利润在上下游企业之间的重新分配。这一结论验证了一些学者对 Galbraith 观点的批评，Hunter（1958）、Stigler（1954）、Whitney（1953）等学者都认为，即使零售商可以通过抗衡势力获取优惠的交易条款，也不一定有激励将这种优惠向下游传递。本章和第七章的研究则表明，在上下游合作交易，且采用两部收费制合约的情况下，零售商没有激励向下游传递优惠的交易条款，此时市场零售价格不受买方势力的影响。

市场竞争环境对买方势力作用效果的影响也是本书关注的重要问题，但是在上下游合作模式下，买方势力不会影响制造商批发价格，制造商竞争程度的变化自然也不会改变这一结论。从命题 8.1 可以看出，买方势力的增强降低了零售商支付给本土制造商的固定费用。从最终均衡结果来看，固定费用 $F_2 = (1 - \gamma)/4$，$\partial^2 F_2 / \partial \gamma \partial \beta = 0$，所以制造商竞争程度的变化不会改变买方势力的作用。

第三节　扩展分析

上文重点探讨零售商相对于某一制造商买方势力增强对其他制造商交易合约以及市场零售价格的影响。在上文的研究过程中，存在一个重要假设，即上下游企业采用两部收费制合约。两部收费制合约和谈判是上下游合作交易模式的重要特征，在这种模式下，上下游企业可以共同将总利润做到最大化，然后进行分配。这一特征也决定了买方势力在这种纵向市场模式下的影响。然而，两部收费制只是纵向交易合约中的一种，除两部收费制外，常见的纵向交易合约就是线性定价。那么，当上下游采用线性定价进行交易时，买方势力的增强对上下游交易价格以及市场零售价格会产生哪些影响？具体机理如何？本节首先对这一问题进行扩展讨论。此外，上文研究假设零售商相对于国外制造商没有买方势力，这是一个较强的假设，本节也将对放松这一假设的情况进行讨论。

一、基于交易合约的扩展分析

本小节对前一节的分析进行两方面的扩展：第一，假设制造商和零售商之间采用线性定价的合约进行交易；第二，允许制造商和零售商之间的势力分布更具有一般性，即下游零售商相对于国外制造商和本土制造商的买方势力分别为 γ_1 和 γ_2，且 $0 < \gamma_1 < \gamma_2 < 1$。在此情况下，制造商和零售商之间的博弈为：第一阶段，国外制造商 M_1 和零售商 R 谈判确定批发价格 w_1；第二阶段，本土制造商 M_2 和零售商 R 谈判确定批发价格 w_2；第三阶段，零售商 R 分别以批发价格 w_1 和 w_2 向国外制造商和本土制造商购买产品，并制定零售价格 p_1 和 p_2 将产品转售给最终消费者。

上述博弈的求解过程和第二节相同，这里主要对博弈关键阶段的决策机理进行分析。在本土制造商和零售商批发价格谈判阶段，零售商和本土制造商谈判确定的批发价格 w_2 一定是零售商买方势力 γ_2 的函数。这是因为在线性定价合约下，批发价格需要用于上下游利润的分配，零售商相对于本土制造商的买方势力越强，其利润诉求越高，在上下游线性定价合约下较高的利润诉求只能通过较低的批发价格来获取。这与两部收费制合约存在很大差异，在两部收费制合约下，批发价格可以用来调整零售商和本土制造商的联合利润，而固定费用可以用来分配利润。在线性定价下，缺少了利润分配的工具，所以批发价格更多地用来分配上下游利润，而非用来调整联合利润。本土制造商批发价格的下降会导致其产品最终零售价格的下降（$\partial p_2 / \partial w_2 > 0$），这样，国外制造商和本土制造商竞争过程中，国外制造商的产品就处于不利的竞争地位，为了避免这种情况的发生，国外制造商有激励降低自身批发价格，从而降低产品的零售价格，以免在最终产品价格竞争中处于不利地位。由此可见，买方势力的存在不仅会降低本土制造商批发价格，还会降低国外制造商批发价格，批发价格的降低会进一步导致市场零售价格的下降。

以上买方势力导致批发价格的降低是通过制造商之间的竞争实现的。除此之外，买方势力还会通过另外一种途径影响批发价格。考虑零售商和国外制造商批发价格谈判过程，决定批发价格谈判的重要因素是零售商相对于国外制造商的买方势力 γ_1，以及零售商的外部选择价值。零售商与国外制造商谈判失败后，能够获得的利润越高，零售商的外部选择价值越大，在谈判过程中的优势地位就越强，从而便可以获得更加优惠的交易条款。当零售商与国外制造商谈制失败后，其可以获得的利润是与本土制造商交易时的利润，而这一利润大小与零售商相对于本土制造商的买方势力 γ_2 有关。零售商相对于本土制造商的买方势力 γ_2 越大，和国外制造商谈判失败后零售商能获取的利润越高，即外部选择价值越高，进而在与国外制造商谈判过程中就能获取更低的批发价格。

综上所述，在线性定价的条件下，零售商相对于本土制造商买方势力的增强不仅会降低本土制造商的批发价格，还会降低国外制造商的批发价格，这种批发价格的降低会向下游传递，引发市场零售价格的下降。买方势力导致本土制造商批发价格降低的原因是买方势力提高了本土制造商的利润要求，在没有其他利润分配工具的情况下，本土制造商只能通过降低批发价格来达到零售商的利润需求。而零售商相对于本土制造商买方势力增强导致国外制造商批发价格降低主要有两种途径：第一，本土制造商批发价格的降低导致国外制造商处于不利的市场竞争地位，因而国外制造商会通过降低批发价格的方式提升竞争优势；第二，零售商相对于本土制造商买方势力的增强提高了零售商与国外制造商谈判过程中的外部选择价值，进而使零售商具有更强的谈判地位，从而促使国外制造商降低批发价格。以上结论可以总结为如下命题：

命题 8.3 在上游制造商竞争，且上下游交易合约为线性定价的情况下，零售商相对于本土制造商买方势力的增强不仅会降低本土制造商的批发价格，还会降低国外制造商的批发价格；批发价格的降低会通过竞争向下传递，引发最终零售价格的下降。

二、一般性买方势力分布的扩展分析

本小节假设制造商和零售商的纵向势力分布更加一般，进而对上节的研究进行扩展分析，在此部分的扩展讨论中，仍假设上下游企业采用两部收费制合约进行交易。本部分的扩展一方面考察上节中买方势力的价格效应在一般的势力分布下是否还成立，另一方面分析零售商买方势力对企业利润的影响。为了简化上下游博弈过程分析，本部分借鉴 Majer（2008）的处理方法，假设国外制造商和本土制造商同时与零售商谈判确定交易合约。根据第五章的分析，可以假设这种情景下零售商指派两个代理人，分别与国外制造商和本土制造商进行谈判。在谈判结束后，零售商制定产品的最终零售价格 p_1 和 p_2。

同样地，重点分析制造商和零售商的谈判过程。零售商和本土制造商之间的谈判可以表示为：

$$\max_{(w_2, F_2)} \prod_2 = (\pi_{M_2} - 0)^{1-\gamma_2} (\pi_R - \pi_{R-M_1}^0)^{\gamma_2}$$

$$= [w_2 q_2(w_1, w_2) + F_2]^{1-\gamma_2} (\pi_R - \pi_{R-M_2}^0)^{\gamma_2} \tag{8.7}$$

同理，零售商和国外制造商之间的谈判可以表示为：

$$\max_{(w_1, F_1)} \prod_1 = (\pi_{M_1} - 0)^{1-\gamma_1} (\pi_R - \pi_{R-M_2}^0)^{\gamma_1}$$

$$= [w_1 q_1(w_1, w_2) + F_1]^{1-\gamma_1} (\pi_R - \pi_{R-M_1}^0)^{\gamma_1} \tag{8.8}$$

其中，$\pi_R = [p_1(w_1) - w_1] q_1(w_1, w_2) - F_1 + [p_2(w_2) - w_2] q_2(w_1, w_2) - F_2$ 表示零售商的利润，$\pi_{R-M_1}^0$ 和 $\pi_{R-M_2}^0$ 分别表示零售商与国外制造商 M_1、本土制造商 M_2 谈判破裂后获得的利润。当零售商和国外制造商谈判失败后，零售商与本土制造商垄断市场，此时零售商获得的利润为 $\gamma_2/4$，即 $\pi_{R-M_1}^0 = \gamma_2/4$。同理，当零售商和本土制造商谈判失败后，零售商与国外制造商垄断市场，此时零售商获得的利润为 $\pi_{R-M_2}^0 = \alpha\gamma_1/4$。求解式（8.7）和式（8.8）可以得到：

$$w_1 = w_2 = 0 \tag{8.9}$$

$$F_1 = \frac{(1-\gamma_1)[(1-\beta^2)\gamma_2^2 - 2A\gamma_2 + A - \alpha(1-\beta^2)(1-\gamma_2)\gamma_1]}{4(1-\beta^2)[2 - 3\gamma_2 - 2(1-\gamma_2)\gamma_1]} \tag{8.10}$$

$$F_2 = \frac{(1-\gamma_2)\{A - [2A - \alpha(1-\beta^2)]\gamma_1 - 2(1-\beta^2)(1-\gamma_1)\gamma_2\}}{4(1-\beta^2)[2 - 3\gamma_2 - 2(1-\gamma_2)\gamma_1]} \tag{8.11}$$

其中，$A = \alpha^2 - 2\beta\alpha + 1$。从上述均衡结果可以看出，在更加一般性的买方势力条件下，制造商批发价格仍然不受买方势力的影响，且此时本土制造商和国外制造商的批发价格都等于边际成本（本章标准化为 0）。但是，零售商向制造商支付的固定费用与零售商买方势力有关，这一结论与上节相同。出现这一结论的原因还是在上下游合作且采用两部收费制合约的情况下，制造商和零售商首先谈判制定使联合利润最大化的批发价格，由于此时批发价格是用于调整总利润的工具，所以与买方势力无关。在联合利润最大化的基础上，上下游企业根据买方势力大小使用固定费用来分配利润。与上节不同的是，由于零售商相对于本土制造商和国外制造商均有买方势力，此时零售商向某一制造商支付的固定费用除了与相对于该制造商的买方势力有关外，还与相对于其他竞争制造商的买方势力有关。为了考察零售商相对于不同制造商买方势力的变化对固定费用的影响，现对固定费用进行数值模拟分析。①

首先，分析零售商相对于国外制造商买方势力变化对国外制造商固定费用的

---

① 考察买方势力对固定费用的影响更好的一个方式是求解固定费用关于买方势力的偏导数，进而进行判断。但是由于解析式较为复杂，这种方法很难得到确切的答案，为此本书采用了数值模拟的方法进行分析。除了本书中呈现出来的数值模拟结果，笔者还进行了其他数值模拟的分析，证明了这一结论具有一定的稳健性。

影响。图 8 - 1 反映了固定费用 F_1 随买方势力 γ_1 的变化趋势。从图 8 - 1 中可以看出，随着零售商相对于国外制造商买方势力的增强，其向国外制造商支付的固定费用降低。这一结果与前文分析相同，买方势力的增强提高了零售商的利润要求，只需向制造商支付较少的固定费用即可。

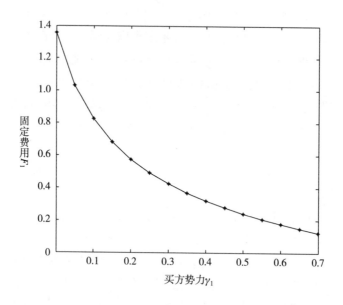

图 8 - 1 买方势力 γ_1 与固定费用 F_1 之间的关系

图 8 - 2 反映了零售商相对于本土制造商买方势力的变化对国外制造商固定费用的影响。从图 8 - 2 中可以看出，零售商相对于本土制造商买方势力的增强会降低零售商向国外制造商支付的固定费用。其机理与命题 8.3 类似，零售商和国外制造商谈判的外部选择价值是零售商和本土制造商垄断市场时获得的利润，零售商相对于本土制造商买方势力越强，零售商与国外制造商谈判破裂后获得的利润越高，即零售商的外部选择价值越大。这样，就会使零售商在与国外制造商谈判过程中具有更强的竞争谈判优势，进而会降低向国外制造商支付的固定费用。

同理，可以模拟本土制造商固定费用 F_2 与买方势力的关系，结果分别如图 8 - 3 和图 8 - 4 所示。图 8 - 3 与图 8 - 1 的含义一致，即零售商相对于本土制造商买方势力的增强会降低其向本土制造商支付的固定费用。

图 8 - 4 反映了零售商相对于国外制造商买方势力的变化对本土制造

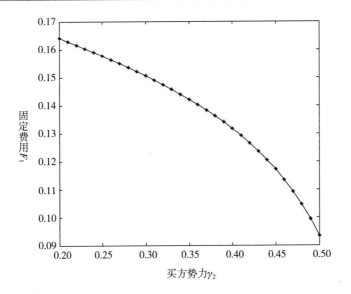

图 8 - 2　买方势力 γ_2 与固定费用 F_1 之间的关系

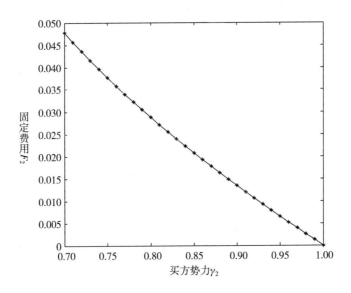

图 8 - 3　买方势力 γ_2 与固定费用 F_2 之间的关系

费用的影响。从图 8 - 4 可以看出，零售商相对于国外买方势力的增强会降低零售商向本土制造商支付的固定费用。这一结论的现实意义在于零售商相对于国外制造商买方势力的增强有利于本土制造商获得更多的利润。

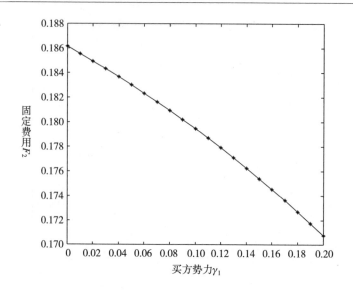

图 8 - 4　买方势力 γ_1 与固定费用 F_2 之间的关系

　　以上分析了零售商相对于制造商买方势力分布更为一般的情况下，买方势力的影响。综合以上分析可知，在上下游合作模式下，即使买方势力分布更加一般，买方势力的变化也不会影响单位产品批发价格，而只会对上下游企业之间的固定费用产生影响。买方势力对固定费用的影响可以分为两种途径：首先，买方势力的增强提高了零售商的获利能力，因而会降低零售商向制造商支付的固定费用；其次，买方势力的增强还会改变零售商与其他制造商谈判时的外部选择价值大小，从而会对其他制造商的固定费用产生影响。买方势力越强，零售商与其他制造商谈判时的外部选择价值越大，因而会降低向其他制造商支付的固定费用。

第四节　上下游合作交易模式下买方
势力价格效应总结

　　第五章在下游零售市场竞争的背景下，考察了上下游企业采用合作交易模式时，买方势力的价格效应及其机理。本章则基于上游制造商竞争的背景，对上下游企业合作交易模式下的买方势力价格效应进行了探讨。结合这两章的研究，本部分试图提炼一般市场竞争环境下，上下游企业合作交易模式时，买方势力的价格效应及其机理。①

在上下游合作交易模式下，买方势力的变化不会影响批发价格，但是会改变上下游企业间的固定转移支付费用。这一结论背后的机理解释如下：与横向市场关系不同，在纵向市场关系中，上下游企业的利益关系既有相互冲突的地方，又有一致的地方。如果将上下游企业看作一个系统，那么在系统总利润给定的情况下，上游（下游）企业利润的增加必然会导致下游（上游）利润的降低，这体现了上下游企业之间的利润冲突。但是，如果上下游企业组成的系统总利润增大，那么上游企业和下游企业都可以从中获利，这体现了两者利益的一致性。在纵向关系中，企业需要处理自身利润和系统总利润之间的平衡关系。在上下游合作交易模式下，企业有足够的工具来处理这两者之间的关系。具体地，线性定价可以用来调整总利润，使系统总利润最大化；固定费用可以通过转移支付的方式来调整利润在上下游之间的分配。所以，在这种情况下，不论买方势力如何变化，上下游企业之间的批发价格都不会改变，且批发价格都是使上下游系统总利润最大化的批发价格；而固定费用会随着买方势力的变化而改变。

买方势力影响固定费用主要存在如下两条途径：①买方势力增强后，零售商的获利能力增加，在上下游系统总利润中的利润分成能力提高，所以，此时零售商只需向上游制造商支付较少的固定费用。②零售商在途径①中获得的利润构成了零售商与其他制造商谈判时的外部选择价值，零售商在途径①中买方势力越强，获得的利润越多，外部选择价值越大，所以在与其他制造商谈判时就具有更强的谈判优势，从而也可以降低向其他制造商支付的固定费用。同理，制造商在途径①中获得的利润构成了制造商与其他零售商谈判时的外部选择价值，零售商在途径①中买方势力越强，制造商的外部选择价值越小，所以在其他零售商谈判过程中，制造商就处于不利的谈判地位，其他制造商向零售商支付的固定费用也会降低。由此可知，零售商相对于某一制造商买方势力的增强不仅会降低该制造商支付的固定费用，还降低了向其他制造商支付的固定费用。也就是说，买方势力的存在具有"马太效应"。②

根据上述分析，在上下游合作模式下，买方势力的变化不影响上下游企业的批发价格，自然也不影响市场零售价格。此时的零售价格也是使上下游系统总利润最大化的零售价格。这一结论的含义在于给出了零售商买方势力导致的交易价格决策不会向零售商传递的条件。正如第二章文献回顾部分所述，在 Galbraith 提

---

① 同样地，这里"一般市场竞争环境"是指上下游都存在竞争的情况。

② 下文将对买方势力的"马太效应"进行详细分析。

出抗衡势力的相关假说时，很多学者对其观点进行了批评（Whitney，1953；Stigler，1954；Hunter，1958）。这些批评的一个重要方面就是零售商没有激励将从制造商处获得的好处向下游传递给消费者。对于这一问题，后来学者的研究发现，只有在下游零售市场竞争比较激烈的情况下，买方势力的增强才会导致最终零售价格下降。也就是说，在下游零售商竞争不激烈的情况下，买方势力导致的优惠条款不会向下游传递。与这些研究关注横向市场条件不同，本书的上述研究从纵向市场环境角度揭示了买方势力导致优惠交易条款不向下游传递的条件，即在上下游合作交易模式下，买方势力不会导致最终零售价格的变化。由此可见，零售商买方势力带来的优惠交易条款能否向下游传递除了与零售商横向竞争条件有关外，还与制造商和零售商之间的纵向市场环境有关。

综上所述，在上下游合作交易模式下，买方势力的增强不影响上下游交易的批发价格，也不影响市场最终零售价格。买方势力的变化只会影响系统总利润在上下游之间的分配，且这种利润分配是通过上下游企业间的固定转移支付来实现的。

第五节　上游市场竞争条件下买方势力研究总结

本章和第七章基于上游制造商竞争的背景，探讨了上下游定价权争夺以及合作交易模式下买方势力的价格效应及其机理。在这些研究的基础上，本节试图总结提炼上游制造商竞争条件下买方势力价格效应的一般结论。但是，根据第二部分的研究逻辑，本部分还应对上下游非合作交易模式下买方势力的价格效应进行探讨。所以，本节首先结合第四章的分析逻辑，简要讨论上下游非合作模式下买方势力的价格效应。然后，结合第七章和本章的研究，总结提炼上游制造商竞争条件下，买方势力价格效应及一般机理，为本部分的研究做总结。

一、上下游非合作模式下买方势力价格效应讨论

根据前文的分析，上下游非合作交易模式应该具有如下两点内涵：第一，在不考虑买方势力情况下，上下游企业根据自身利润最大化进行决策，不考虑自身决策对对方以及系统总利润的影响。具体地，制造商根据自身利润最大化决定批发价格，零售商根据自身利润最大化决定零售价格。此时，制造商和零售商之间

的决策是传统双重加价决策（Tirole，1988）。第二，当零售商具有买方势力时，零售商会根据自身买方势力大小直接向上游制造商索要更低的批发价格，而不考虑这一行为对制造商及总利润的影响。分析上下游非合作模式下买方势力价格效应的关键是如何对零售商获取更低批发价格的方式进行模型化。可行的模型化方法至少有两种：第一，以制造商给予其他没有买方势力的零售商的批发价格作为基准，在此基础上给予有买方势力零售商一定的批发价格折扣。这种模型化方法即是第四章的分析方法，这种方法具有较强的可行性，现实经济中很多制造商和零售商之间的交易也正是这种方式。第二，将制造商和零售商之间的批发价格决策模型化为纳什讨价还价谈判，通过谈判势力的大小来分析买方势力对交易价格的影响。这种方法本质上与第三节的分析相同。下面分别具体讨论采用这两种模型化方法的结果。

首先，考虑批发价格折扣的情形。与第四章不同，在本章的市场结构中，下游零售商是垄断的，所以不存在没有买方势力的零售商作为比较基准来决定批发价格。虽然如此，但可以将零售商没有买方势力时的批发价格作为基准，当零售商具有买方势力时，只需在此基础上降低批发价格即可。这种方式也符合买方势力的内在逻辑。根据这一逻辑，零售商相对于本土制造商买方势力的增强会降低本土制造商的批发价格。根据上文零售商决策的分析，本土制造商批发价格的降低会导致本土制造商产品零售价格的下降（$\partial p_2/\partial w_2>0$）。考虑到本土制造商和国外制造商之间存在竞争，本土制造商产品价格的下降会导致本土制造商具有更强的竞争优势。此时，国外制造商自然也会降低批发价格，从而使自身产品的零售价格下降。所以，在这种情况下，零售商相对于本土制造商买方势力的增强不仅降低了本土制造商的批发价格，还降低了国外制造商的批发价格，且这种批发价格的降低使市场零售价格进一步下降。

其次，考虑零售商和制造商谈判决定批发价格的情形。这种情况的分析与第三节的分析相同。由于零售商相对于本土制造商具有买方势力，所以在谈判过程中可以获得更低的批发价格，这种批发价格的降低会向下游传递，导致本土制造商产品零售价格的下降。由于制造商之间存在竞争，所以这种效应会进一步导致国外制造商批发价格和零售价格的下降。此外，如果假设零售商和制造商之间的买方势力分布更加一般，那么买方势力还会通过谈判外部选择价值来影响批发价格。总之，在制造商和零售商谈判确定批发价格的方式下，买方势力的增强也会降低批发价格和最终零售价格。且通过比较可以发现，这种方式与批发价格折扣的方式在本质上是一致的，只是理论模型方法的区别。所以，综合以上分析可以得到如下命题：

命题 8.4 在上游制造商竞争，且上下游非合作模式下，零售商相对于本土制造商买方势力的增强不仅会降低本土制造商批发价格，还会降低国外制造商批发价格；且批发价格的降低最终会导致产品零售价格的下降。

二、上游市场竞争条件下买方势力价格效应及机理总结

至此，本章完成了上游制造商竞争情景下买方势力价格效应及机理的研究。按照第二部分的分析逻辑，本部分具体探讨了上下游非合作模式、合作模式以及定价权争夺三种纵向市场环境下买方势力的价格效应。本节对本部分的研究进行系统总结，提炼上游制造商竞争情况下买方势力价格效应的一般结论。

从研究结论来看，在上游制造商竞争的条件下，买方势力的价格效应与上下游纵向市场环境有关。在上下游合作模式以及定价权争夺模式下，买方势力的增强只会增强零售商的获利能力，对其他企业交易价格以及市场零售价格都没有影响。但在上下游非合作模式下，买方势力的增强不仅会降低市场批发价格以及零售价格，此时买方势力的增强也给最终消费者带来了优惠。

在下游零售商竞争的情况下，买方势力的出现会导致"水床效应"或"反水床效应"，即零售商买方势力的增强不仅影响零售商本身的交易价格，还会影响竞争对手的交易价格。在上游制造商竞争的情况下，买方势力的出现导致"马太效应"，即零售商相对于某一制造商买方势力的增强，不仅会降低零售商与该制造商交易时的批发价格，还可能降低零售商与其他制造商交易时的批发价格。"水床效应"（或"反水床效应"）关注的是零售商买方势力对其他零售商的影响，"马太效应"关注的是零售商相对于某一制造商买方势力的变化对该零售商与其他制造商交易关系的影响。"马太效应"是上游制造商竞争环境下得出的重要结论。

第六节 本章小结

本章基于国外制造商和本土制造商竞争的背景，考察了上下游合作交易以及非合作交易模式下，买方势力的价格效应及其机理。通过本章的研究发现，在上下游合作交易模式下，零售商相对于制造商买方势力的变化不影响批发价格，但

是会改变固定费用。更为重要的是，零售商相对于本土制造商（国外制造商）买方势力的增强不仅会降低零售商向本土制造商（国外制造商）支付的固定费用，还会降低零售商向国外制造商（本土制造商）支付的固定费用，本章将这一效应称为买方势力的"马太效应"。此外，在上下游合作交易模式下，买方势力的增强不改变市场零售价格，也就是说，买方势力给零售商带来的优惠交易条款没有向消费者传递，这一结论为 Galbraith 早期批评者的观点提供了理论证据。在上下游非合作交易模式下，买方势力的"马太效应"依然存在，即零售商相对于某一制造商买方势力的增强不仅降低了支付给该制造商的批发价格，还降低了支付给其他制造商的批发价格。但是，在上下游非合作模式下，买方势力的存在会降低最终产品最终零售价格。由此可见，零售商是否向消费者传递买方势力带来的优惠交易条款不仅与横向市场竞争环境有关，还与上下游纵向交易环境有关。

结合第五章的分析，本章还总结提炼了上下游合作交易模式下，买方势力的价格效应的一般结论及其机理，得到了两个重要结论：第一，无论上下游竞争环境如何，当上下游企业采用合作交易模式时，买方势力的变化始终不影响批发价格和最终零售价格；第二，买方势力的变化会影响上下游支付的固定费用，一方面零售商相对于某一制造商买方势力的增强会降低向该制造商支付的固定费用，另一方面还会降低向其他竞争制造商支付的固定费用，即买方势力的作用具有"马太效应"，这一效应的存在增强了买方势力对零售商的有利影响。

此外，本章还简要分析了上下游制造商竞争，且上下游非合作交易模式下，买方势力的价格效应。这一分析与第七章以及本章的其他研究共同完成了对上游制造商竞争条件下买方势力价格效应的研究。基于这些研究内容，本章总结并提炼了上游制造商竞争条件下，买方势力的价格效应及其机理。通过本章的总结发现，在上游制造商竞争的条件下，买方势力的价格效应与上下游交易模式存在一定的关系。在不同的交易模式下，买方势力的作用机理存在一定差异：在上下游合作交易以及定价权争夺模式下，零售商买方势力的增强不会改变市场零售价格，只会引起产业链利润在制造商和零售商之间重新分配；在上下游非合作模式下，买方势力的增强会降低上下游交易价格以及市场零售价格。

第四部分

市场竞争条件下的买方势力创新效应

第二部分和第三部分在不同的横向市场环境和纵向市场环境下，考察了买方势力对上下游交易价格、市场零售价格的影响及其机理。从企业决策的角度来说，交易价格和零售价格都属于短期决策。在交易成本和菜单成本较低时，企业可以较为灵活地改变价格以适应市场环境变化。除了短期决策以外，企业往往还面临着一些长期决策，比如创新决策、进入退出决策等。买方势力对企业长期决策的影响也是一个重要研究问题，其中最为重要的就是买方势力对企业创新的研究。零售产业买方势力增强引起学术界担忧的一个重要原因就是买方势力的增强会影响企业创新投入激励，从而降低产业的长期竞争力。所以，本部分就重点考察买方势力的长期影响，探讨买方势力对企业（尤其是上游制造商）创新行为的影响，本书称为买方势力的创新效应。

根据第三章的分析，笔者认为买方势力对制造商创新的影响可能也与市场环境有关。所以，本部分将在不同市场环境下，探讨买方势力的创新效应，揭示买方势力影响创新的机理。具体地，第九章在下游零售市场竞争的条件下考察买方势力的创新效应及机理；第十章在上游制造商竞争条件下，考察买方势力对不同制造商创新决策的影响及其机理。在具体构建理论模型过程中，本部分重点以上下游合作交易模式为例进行探讨，然后对其他纵向市场环境的情况进行扩展讨论。在此基础上，总结提炼买方势力创新效应的一般结论和机理。

第九章　下游市场竞争与买方势力创新效应

[**本章提要**] 本章在下游零售市场竞争的条件下，考察买方势力变化对上游制造商创新激励的影响，探讨零售市场竞争对买方势力创新效应的作用，揭示买方势力影响创新的背后机理。具体地，本章首先在上游合作交易模式下，比较零售商没有买方势力和具有买方势力两种情况下制造商的创新决策，得出买方势力对上游制造商创新的影响及机理，并分析零售市场竞争对买方势力影响的作用；然后对其他纵向市场环境下，买方势力影响制造商创新的机理进行扩展讨论，进而得出买方势力创新效应的一般结论。通过本章研究发现：买方势力的增强会降低上游制造商的创新激励，抑制制造商创新投入；但是，随着零售市场竞争程度的增强，买方势力对制造商创新的抑制作用降低。买方势力降低制造商创新水平的机理在于买方势力的增强压榨了上游制造商利润空间，减少了制造商创新收益。但是，在不同的纵向市场环境下，买方势力引起制造商利润降低的途径存在差别。零售市场竞争程度的增强降低了制造商的利润边际，使零售商不能对制造商进行过度压榨，所以缓解了买方势力对制造商创新的抑制作用。

第一节　问题描述

本书第二部分和第三部分主要研究了买方势力对上下游交易价格和零售价格决策的影响及机理，即买方势力的价格效应。在不考虑交易成本和菜单成本或者这些成本较小时，企业可以较为灵活地改变交易价格和零售价格。所以，从这一角度来看，上下游交易价格决策和下游零售价格决策都属于短期决策，买方势力对企业价格决策的影响可以看作买方势力的短期影响。然而，从长期来看，买方势力的出现改变了企业所处的市场环境和长期获利能力，因而有可能对企业的长期决策产生影响。目前，学术界在买方势力长期影响方面的研究重点关注了买方势力对上游企业创新行为的影响。关于这一问题，普遍的担忧是买方势力的出现压榨了上游制造商的利润空间，降低了可以用于创新的利润基础，进而会降低制造商研发激励（李凯和李伟，2015）。但是，也有部分学者持不同意见，比如Inderst和Wey（2011）认为，买方势力的增强会促进制造商创新。鉴于以上研究分歧，本章和第十章以买方势力所处的具体市场环境为背景，分别从下游市场竞争特征和上游市场竞争特征出发，揭示买方势力对企业创新的影响以及市场竞争特征对买方势力创新效应的作用。具体地，本章考察下游零售商竞争条件下，买方势力变化对上游制造商创新决策的影响，以及零售商竞争对买方势力创新效应的作用；下一章则重点考察上游制造商竞争条件下，买方势力对不同制造商创新决策的影响。

第二节　基础模型分析

本章的研究仍然采用第四章的基本模型结构，假设上游有一家垄断制造商 M，以边际成本 c 生产一种产品 Y，并由下游竞争性零售商 R_1 和 R_2 销售给最终消费者。但是，为了考察企业的创新行为，本章放松前文制造商 M 边际生产成本 c 标准化为 0 的假设，假定 $0 < c < 1$。其他设定与第四章相同，仍假设市场需求函数为 $q_i(p_i, p_j) = \dfrac{1 - \delta - p_i + \delta p_j}{1 - \delta^2}$。

与第四章不同的是，本章需要引入制造商的创新决策。根据创新理论的相关研究，企业创新行为可以分为产品创新和过程创新两类：前者是指对已有产品质量的提高或者研发新产品；后者是指对企业生产工艺进行改进，降低生产成本，这种创新形式又称工艺创新。虽然不同形式创新的机理具有很大差异，但是整体来说，影响企业创新决策的因素都是创新的收益和创新成本。所以，本章及下一章都以企业工艺创新为例，考察买方势力对制造商创新的影响，即买方势力创新效应。为了引入制造商创新决策，在上述基本模型框架下，本章进一步假设制造商 M 可以投入资金开展工艺创新，以缩减产品的边际生产成本。假设制造商 M 投入 $h(x)$ 研发资金进行创新后，可以使边际生产成本缩减 x，其中 x（$0 \leqslant x <$

c）是工艺创新的成本缩减量，衡量了上游企业的工艺创新强度高低。借鉴 Fauli – Oller 等（2011）的研究，假设边际生产成本缩减 x 是企业的决策变量，x 越大，上游企业的工艺创新强度越高。此外，还假设创新成本函数 $h(x)$ 满足如下假设：①$h(0)=0$；②$h'(x)>0$，$h''(x)>0$。条件①表明不进行工艺创新不需要付出创新成本，条件②则表明工艺创新产出越高，需要付出的创新成本也越多，且创新具有边际收益递减的特征。为了满足创新成本的以上特征，同时为了简化计算，本书假设 $h(x)=kx^2/2$，其中 k 是制造商 M 创新的成本系数，k 越大，同样的工艺创新水平下，制造商付出的成本越高，创新效率越低。为了保证创新以后企业的边际生产成本大于 0，本书假设 $k>1/(1+\delta)$。这一假设符合现实情况，因为现实经济中企业往往需要投入大量的研发成本才能创新成功。

现有研究认为，纵向一体化可以消除纵向关系中的非效率因素（比如双重加价、纵向服务外部性等），得到市场最优的结果（Tirole，1988）。所以，为了比较买方势力条件下企业创新决策与最优创新决策的偏离情况，本章将纵向一体化下企业的创新决策作为比较基准。制造商 M 进行纵向一体化相当于制造商 M 对下游零售商进行纵向兼并，形成企业集团，统一进行生产和销售决策。一体化企业的利润为：

$$\prod{}^{VI} = \sum_{i=1,2}(p_i^{VI} - c_0 + x^{VI})q_i^{VI} - h(x^{VI}) \tag{9.1}$$

其中，上标的字母 VI 表示纵向一体化的情形。将需求函数代入式（9.1），根据利润最大化的一阶条件可以求得纵向一体化时的工艺创新强度为：

$$x^{VI*} = \frac{1-c}{(1+\delta)k - 1} \tag{9.2}$$

从式（9.2）可以看出，δ 越小，纵向一体化下企业的工艺创新强度越大。这是因为 δ 越小，零售商之间的竞争程度越低，零售商 R_1 和零售商 R_2 的销售数量越大，进而对上游制造商的产品需求越多，进行工艺创新的收益就越大，制造商就更有激励进行工艺创新。从式（9.2）还可以看出，k 越大，制造商创新水平越低。由于 k 衡量了制造商的创新效率，这一结论表明，制造商创新效率越低，其创新投入越低。从这一结论得到的启发是：现实经济中很多企业（尤其是本土企业）创新投入低，自主创新能力较弱，其本质原因可能在于自身创新效率较低。如果这一推断成立，那么对于这些企业来说最重要的就是寻找创新效率较低的原因，进而提出具有针对性的解决方案。

第三节　不同买方势力情况下的制造商创新决策分析

本节重点探讨零售商没有买方势力和零售商具有买方势力两种情况下，上游制造商的创新决策。在此基础上，通过比较静态分析得出买方势力对制造商创新决策的影响及其机理。通过第二部分和第三部分的分析可知，买方势力的影响可能受上下游纵向市场环境的影响。所以，本节的分析首先假设上下游采用合作交易的模式。对于其他的纵向市场环境，比如上下游非合作交易和定价权争夺，下文在本节的研究基础上进行扩展分析。

一、零售商没有买方势力时制造商创新决策

在下游零售商 R_1 和 R_2 均无买方势力的情况下，制造商和零售商之间存在如下三阶段的博弈：第一阶段，上游制造商 M 确定最优的工艺创新强度 x^N，其中上标 N 表示下游零售商没有买方势力的情形；第二阶段，制造商 M 同时为下游零售商 $R_i(i=1,2)$ 制定要么接受要么离开的两部收费制合约 (w_i^{VSN}, F_i^{VSN})，其中 w_i^{VSN} 表示单位批发价格，F_i^{VSN} 表示下游零售商 R_i 支付给上游制造商 M 的固定费用；第三阶段，下游零售商 R_1 和 R_2 按照两部收费制合约向上游制造商购买产品，并制定零售价格 p_1 和 p_2 在最终市场上进行销售。

采用逆向归纳法进行求解，在博弈的第三阶段下游零售商 R_i 的利润为：

$$\pi_{R_i}^N = (p_i^N - w_i^N) q_i^N - F_i^N \tag{9.3}$$

利润最大化的一阶条件为：

$$\frac{\partial \pi_{R_i}^N}{\partial p_i^N} = q_i^N + (p_i^N - w_i^N) \frac{\partial q_i^N}{\partial p_i^N} = 0 \tag{9.4}$$

求解式（9.4）可以得到博弈第三阶段均衡价格和销售数量为：

$$p_i^N = \frac{2 - \delta - \delta^2 + 2w_i^N + \delta w_j^N}{4 - \delta^2} \tag{9.5}$$

$$q_i^N = \frac{2 - \delta - \delta^2 - (2 - \delta^2) w_i^N + \alpha w_j^N}{(4 - \delta^2)(1 - \delta^2)} \tag{9.6}$$

在博弈的第二阶段，上游制造商 M 在满足下游零售商参与约束的条件下，制定最优的两部收费制合约 (w_i^{VSN}, F_i^{VSN}) 以使自身利润最大化，即：

$$\max_{(w_i^N, F_i^N)} \pi_M^N = \sum_{i=1,2} \left[(w_i^N - c + x^N) q_i^N + F_i^N \right]$$

$$\text{s. t. } (p_i^N - w_i^N) q_i^N - F_i^N \geq 0 \quad i = 1, \ 2 \tag{9.7}$$

其中，π_M^N 表示制造商 M 与下游零售商 R_1 和 R_2 交易获得的利润。由于零售商不和制造商进行交易时无法存在于市场，利润为零，所以制造商在制定两部收费制合约时只需保证零售商获得的利润非负即可。[①]

利用库恩—塔克条件，可以求得均衡时的两部收费制合约为：

$$w_i^N = \frac{(2 - \delta)(c - x^N) + \delta}{2} \tag{9.8}$$

$$F_i^N = \frac{(1 - \delta)(1 - c + x^N)^2}{4(1 + \delta)} \tag{9.9}$$

在博弈的第一阶段，上游制造商 M 根据自身利润最大化制定最优的工艺创新强度 x^N，其决策可以表示为：

$$\max_{x^N} \prod_M^N = \sum_{i=1,2} \left[(w_i^N - c + x^N) q_i^N (w_i^N, F_i^N) + F_i^N \right] - h(x^N)$$

$$\text{s. t. } (w_i^N, \ F_i^N) \in \arg \max \pi_M^N \tag{9.10}$$

其中，$\prod_M^N$ 表示制造商 M 研发后获得的利润，且 $\prod_M^N = \pi_M^N - h(x^N)$。利用式（9.8）和式（9.9）的均衡结果求解式（9.10）利润最大化的一阶条件，可以得到下游零售商均无买方势力时制造商的工艺创新强度为：

$$x^{N*} = \frac{1 - c}{(1 + \delta)k - 1} \tag{9.11}$$

二、零售商具有买方势力时制造商创新决策

同第四章假设相同，假设下游零售商 R_1 具有买方势力，可以和上游制造商 M 讨价还价确定交易合约（w_1，F_1）。而下游零售商 R_2 无买方势力，只能被动地接受上游制造商 M 制定的交易合约。[②] 此时，制造商和零售商之间存在如下四阶段的博弈过程：第一阶段，上游制造商 M 制定最优的工艺创新强度 x^H，以使边际成本降低为 $c - x^H$，其中上标 H 表示下游零售商 R_1 具有买方势力的情形；第二阶段，上游制造商 M 为不具有买方势力的零售商 R_2 制定要么接受要么离开的

---

① 零售商参与约束为零与本章的模型设定有关，如果零售商不和制造商交易时仍然可以获得利润，那么零售商的参与约束就是不与制造商交易时获得的利润。但是参与约束的设定不会影响本书结论，所以本章不对其进行过多讨论。

② 关于零售商具有买方势力和没有买方势力的情景设定参见第四章，这里不再重复说明。

合约（w_2^H，F_2^H）；第三阶段，上游制造商 M 与具有买方势力的零售商 R_1 进行谈判，以确定交易合约（w_1^H，F_1^H）；第四阶段，零售商 R_1 和零售商 R_2 按照合约规定向上游制造商购买产品，并分别制定零售价格 p_1 和 p_2 将产品转售给最终消费者。

对比本章中零售商没有买方势力和具有买方势力的企业决策过程，以及第五章的企业决策过程，有以下几点需要说明：①本章中制造商和零售商的决策可以分为三种。第一，制造商的创新决策；第二，制造商和零售商之间的交易合约决策；第三，零售商的零售商价格决策。在这三种决策中，制造商的创新决策属于长期决策，而交易合约以及零售价格决策都可以看作短期决策。根据决策的先后顺序，长期决策应该优先决策，所以本章中不论零售商是否具有买方势力，博弈的第一步都是制造商的创新决策。②第五章的研究表明，在上下游合作模式下，交易合约的决策顺序会对买方势力效应产生一定的效应，但影响最大的是先确定无买方势力零售商交易合约，再谈判确定有买方势力零售商交易合约的情形。本章重点对这种合约决定模式进行探讨，所以，在具体博弈过程中假定制造商 M 为不具有买方势力的零售商 R_2 制定合约（w_2^H，F_2^H），再与零售商 R_1 谈判确定合约（w_1^H，F_1^H）。

采用逆向归纳法求解此博弈，博弈第四阶段均衡的结果与上文零售商没有买方势力时的第三阶段博弈结果相同，故不再重复说明。此处重点分析上游制造商 M 与下游零售商 R_1 的谈判过程。同上文分析相同，假设在博弈的第三阶段制造商 M 和下游零售商 R_1 采用纳什讨价还价的方式确定交易合约（w_1^H，F_1^H），谈判目标为：

$$\max_{(w_1^H, F_1^H)} \Omega = (\pi_M^H - \pi_M^{R_1})^{1-\gamma} (\pi_{R_1}^H)^{\gamma} \tag{9.12}$$

其中，$\pi_M^H = \pi_{MR_1}^H + \pi_{MR_2}^H$ 表示制造商 M 与零售商 R_1 谈判成功时上游制造商 M 所获得的利润，由两部分构成，$\pi_{MR_1}^H = (w_1^H - c + x^H)q_1^H + F_1^H$ 是制造商 M 与下游零售商 R_1 交易获得的利润；$\pi_{MR_2}^H$ 表示制造商 M 与零售商 R_2 交易获得的利润，由于 R_2 没有买方势力，上游制造商 M 会制定两部收费制合约攫取其所有的利润，因此 $\pi_{MR_2}^H = (p_2^H - c + x^H)q_2^H$。

$\pi_{R_1}^H = (p_1^H - w_1^H)q_1^H - F_1^H$ 表示谈判成功时下游零售商 R_1 所获得的利润。$\pi_M^{R_1}$ 表示与零售商 R_1 谈判破裂后上游制造商 M 所获得的利润，即外部选择价值。当制造商 M 和零售商 R_1 谈判破裂时，制造商 M 只和下游零售商 R_2 进行交易，此时零售商 R_2 将成为市场的垄断者。此时，上下游交易过程中，制造商 M 获得的利润为 $\pi_M^{R_1} = \dfrac{(1 - c + x^H)^2}{4}$。而下游零售商 R_1 与制造商谈判破裂后无法销售产品，其利润变为 0，即下游零售商 R_1 的外部选择价值为 0。同上文设定相同，$\gamma \in [0, 1]$ 表示零售商 R_1 的谈判势力，衡量了买方势力的大小，γ 越大，下游零售商 R_1 的买方势力越大。

由式（9.12）可以得到利润最大化的一阶条件为：

$$(1-\gamma)\pi_{R_1}^H \frac{\partial(\pi_M^H - \pi_M^{R_1})}{\partial w_1^H} + \gamma(\pi_M^H - \pi_M^{R_1})\frac{\partial \pi_{R_1}^H}{\partial w_1^H} = 0 \tag{9.13}$$

$$(1-\gamma)\pi_{R_1}^H \frac{\partial(\pi_M^H - \pi_M^{R_1})}{\partial F_1^H} + \gamma(\pi_M^H - \pi_M^{R_1})\frac{\partial \pi_{R_1}^H}{\partial F_1^H} = 0 \tag{9.14}$$

求解式（9.13）和式（9.14）可以得到均衡时的批发价格为：

$$w_1^H = \frac{2\delta^2 w_2^H + A(c - x^H) + B}{2(4 - 3\delta^2)} \tag{9.15}$$

其中，$A = \delta^4 + \delta^3 - 6\delta^2 - 4\delta + 8$，$B = -\delta^4 - 3\delta^3 + 4\delta$。

此时，上游制造商 M 获得的利润为：

$$\pi_M^H = (1-\gamma)\left[\sum_{i=1,2}(p_i^H - c + x^H)q_i^H\right] + \gamma \pi_M^{R_1} \tag{9.16}$$

在博弈第二阶段，上游制造商 M 制定 (w_2^H, F_2^H) 以使式（9.16）的利润最大化，根据利润最大化的一阶条件可以解得：

$$w_2^H = \frac{(2-\delta)(c - x^H) + \delta}{2}, \quad F_2^H = \frac{(1 - c + x^H)^2}{4(1+\delta)} \tag{9.17}$$

在博弈的第一阶段，上游制造商 M 确定最优的工艺创新强度 x^H 以获得最大化的利润。制造商的决策可以表示为：

$$\max_{x^H} \prod_M^H = \pi_M^H - h(x^N)$$

$$= (1-\gamma)\left[\sum_{i=1,2}(p_i^H - c + x^H)q_i^H\right] + \gamma \pi_M^{R_1} - h(x^N) \tag{9.18}$$

求解式（9.18）可得零售商具有买方势力时制造商的最优工艺创新强度为：

$$x^{H*} = \frac{(1-c)[2 - (1-\delta)\gamma]}{(1-\delta)\gamma + 2k(1+\delta) - 2} \tag{9.19}$$

第四节　买方势力和零售市场竞争对制造商创新的影响分析

基于前一节的分析，本节首先考察买方势力对制造商创新决策的影响，即买方势力的创新效应；然后探讨零售市场竞争对买方势力创新效应的影响。

一、买方势力的创新效应分析

命题 9.1 在下游零售市场竞争，且上下游合作谈判的条件下，零售商买方势力的增强会降低上游制造商的创新激励。

证明参见附录二第四部分。

命题 9.1 表明，买方势力的增强会降低制造商的创新水平，这一结论验证了目前学术界对零售商买方势力增强的担忧，也与国内外的一些实证研究结论一致。比如张赞等（2015）通过对家电行业的实证研究发现，大型零售商买方势力的增强抑制了家电产业的创新。孙晓华和郑辉（2013）针对我国制造业大中型企业的实证研究也发现，下游买方势力的增强会降低上游制造业的工艺创新水平。

虽然这一结论与现实情况相符，但仍需要深入探讨结论背后的机理。若要考察买方势力对制造商创新的影响机理，首先需要对制造商进行创新决策的机制进行分析。根据前文分析，制造商会根据式（9.18）进行创新决策，求解制造商利润最大化的一阶条件可以得到：

$$\frac{\partial \prod_{M}^{H}}{\partial x^{N}} = \frac{\partial \pi_{M}^{H}}{\partial x^{N}} - \frac{\partial h(x^{N})}{\partial x^{N}}$$

$$= 创新边际收益 - 创新边际成本$$

$$= (1-\gamma)\frac{\partial \sum_{i=1,2}(p_{i}^{H}-c+x^{H})q_{i}^{H}}{\partial x^{N}} + \gamma\frac{\partial \pi_{M}^{R_{1}}}{\partial x^{N}} - \frac{\partial h(x^{N})}{\partial x^{N}} \tag{9.20}$$

从式（9.20）的第二个等号可以看出，制造商会根据创新的边际收益和边际成本来决策创新水平，当创新边际收益大于边际成本时，制造商提高创新水平；反之则降低创新水平。而在本章的模型框架下，制造商的创新边际收益由两部分组成，即式（9.20）最后一个等式右边的第一项和第二项；制造商创新的边际成本则与制造商创新的成本函数有关。要考察买方势力对制造商创新的影响机理，就是要考察买方势力对制造商创新边际收益和边际成本的影响。根据式（9.20）可以很容易得到：

$$\frac{\partial^{2} \prod_{M}^{H}}{\partial x^{N}\partial\gamma} = -\frac{\partial \sum_{i=1,2}(p_{i}^{H}-c+x^{H})q_{i}^{H}}{\partial x^{N}} + \frac{\partial \pi_{M}^{R_{1}}}{\partial x^{N}}$$

$$= \frac{\partial\left[-\sum_{i=1,2}(p_{i}^{H}-c+x^{H})q_{i}^{H} + \pi_{M}^{R_{1}}\right]}{\partial x^{N}} \tag{9.21}$$

若要判断买方势力对制造商创新的影响就需要判断式（9.21）的正负，若想判断式（9.21）的正负就需要比较 $\sum\limits_{i=1,2}(p_i^H - c + x^H)\, q_i^H$ 和 $\pi_M^{R_1}$ 的大小关系。$\sum\limits_{i=1,2}(p_i^H - c + x^H)\, q_i^H$ 表示制造商 M、零售商 R_1 和零售商 R_2 三方联合利润；$\pi_M^{R_1}$ 表示制造商与零售商 R_1 谈判失败获得的利润，即制造商 M 与零售商 R_2 垄断市场时获得的利润。前者表示零售商竞争条件下企业利润之和，后者表示零售商垄断时的市场竞争之和，虽然零售商竞争降低了单个零售商需求，但是由于增加了新的产品销售渠道，提高了市场总需求，所以 $\sum\limits_{i=1,2}(p_i^H - c + x^H)\, q_i^H > \pi_M^{R_1}$。进而可以判断 $\dfrac{\partial^2 \prod_M^H}{\partial x^N \partial \gamma} < 0$，也就是说，零售商买方势力的增强降低了制造商创新的边际收益，所以自然会降低制造商创新激励。

以上通过数理分析考察了买方势力抑制制造商创新的机理。为了使这一机理更加直观，再对制造商和零售商谈判的外部选择价值进行分析。上文在分析制造商 M 和零售商 R_1 的谈判过程时，假设谈判失败，制造商 M 和零售商 R_2 垄断市场。实际上，还可以通过另外一种方式理解谈判失败时的市场交易情况。根据 Rubinstein（1982）、Horn 和 Wolinsky（1988）、Binmore 等（1986）的研究，外部选择价值的设定对企业决策并不起决定性作用，只是决定利润分配。基于此，借鉴 Horn 和 Wolinsky（1988）的研究，可以采用如下外部选择价值：$\pi_M^{R_1} = (p_2^H - c + x^H) q_2^H$。在此条件下，式（9.18）中制造商创新的目标利润函数则变为 $\prod_M^H = (1 - \gamma)(p_1^H - c + x^H) q_1^H + (p_2^H - c + x^H) q_2^H - h(x^N)$。可见，买方势力 γ 的增强降低了制造商 M 在联合利润 $(p_1^H - c + x^H) q_1^H$ 中的分成比例，从而降低了创新的边际收益，使制造商创新的机理降低。也就是说，零售商通过买方势力压榨了制造商的利润，从而使制造商创新投入降低。具体来说，这种利润压榨可能通过两个方面影响制造商创新决策：一方面降低了制造商可用于创新的利润基础；另一方面使制造商的创新产生了外部性，降低了制造商创新的边际收益，所以制造商创新激励降低。

二、零售市场竞争对买方势力创新效应的影响分析

命题9.2　在下游零售市场竞争，且上下游合作谈判的条件下，无论零售商是否具有买方势力，零售市场竞争程度的增强都会降低制造商的创新激励。

证明参见附录二第四部分。

已有很多文献考察了市场竞争与企业创新之间的关系，但是这些文献大多是从横向关系视角考察企业竞争对自身创新行为的影响。命题9.2则从产业链纵向关系视角，考察了下游市场竞争对上游企业创新行为的影响。命题9.2表明，下游市场竞争的增强会降低上游制造商的创新激励。对于这一结论可以从以下两个角度来理解：第一，如果将上下游看作一个整体，[1] 那么下游零售市场竞争程度的增强会降低整体利润，减少制造商创新收益，自然会降低制造商创新激励；第二，如果不将上下游看作整体，那么下游零售市场竞争的增强必然会降低零售价格，零售价格的降低会进一步倒逼制造商降低批发价格，进而降低了制造商创新的边际收益，抑制了制造商创新激励。最后，需要特别说明的是，命题9.2的结论表明，零售市场竞争程度对制造商创新的这种影响机理具有稳健性，不会随买方势力的变化产生差异。为了使这一结论更加直观，图9－1和图9－2进行了相应的数值模拟分析。

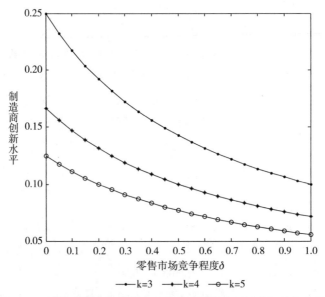

图9－1　零售商没有买方势力时制造商创新水平随市场竞争变化

　　从图9－1中可以看出，在零售商没有买方势力的情况下，随着零售市场竞争程度的增强，制造商创新水平曲线总是下降的，即零售市场竞争抑制了制造商

---

　　① 本章假设上下游采用合作交易模式，且交易合约为两部收费制合约，这时的企业决策相当于整体利润最大化的决策。

创新。图9-1对制造商创新成本系数取不同的值进行了模拟，结果不变，即零售市场竞争降低制造商创新激励的结论不随制造商创新成本系数（创新特征）改变。但是，对图9-1进行细致观察可以发现，制造商创新成本系数越大，制造商创新水平越低。这是因为创新成本系数越大，制造商创新效率越低，自然不愿意进行更多的创新。这一结论与上文纵向一体化情况下制造商创新分析一致。

图9-2则给出了零售商具有买方势力情况下，制造商创新水平随零售市场竞争的变化趋势。从图9-2可以得到类似的结论。

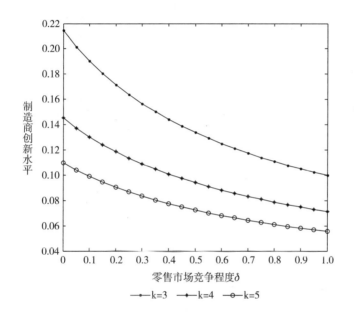

图9-2 零售商具有买方势力时制造商创新水平随市场竞争变化

命题9.3 在下游零售商竞争，且上下游合作谈判的条件下，零售市场竞争越激烈，买方势力对制造商创新的负面影响越弱。

证明参见附录二第四部分。

命题9.1给出了买方势力对制造商创新的影响，即买方势力的创新效应；命题9.2给出了零售市场竞争程度对制造商创新的直接影响；命题9.3则给出了零售市场竞争程度对买方势力创新效应的影响。具体地，零售市场竞争程度的增强会减弱买方势力对制造商创新的抑制作用。为了使命题9.3的结论更加清晰，假设上游制造商进行工艺创新之前的边际成本 $c = 0.6$，工艺创新的成本系数 $k = 3$。基于此，对纵向一体化、零售商没有买方势力和零售商具有买方势力三种情形下制造商的工艺创新水平进行模拟，可以得到表9-1。

表9-1　c=0.6，k=3时上游制造商最优的工艺创新强度

δ	x^{VI*}	x^{N*}	x^{H*}					
			$\gamma=0$	$\gamma=0.1$	$\gamma=0.3$	$\gamma=0.5$	$\gamma=0.7$	$\gamma=0.9$
0.1	0.1739	0.1739	0.1739	0.1629	0.1421	0.1228	0.1048	0.0880
0.2	0.1538	0.1538	0.1538	0.1455	0.1294	0.1143	0.1000	0.0865
0.3	0.1379	0.1379	0.1379	0.1315	0.1191	0.1073	0.0960	0.0852
0.4	0.1250	0.1250	0.1250	0.1201	0.1106	0.1015	0.0927	0.0841
0.5	0.1143	0.1143	0.1143	0.1106	0.1035	0.0966	0.0898	0.0832
0.6	0.1053	0.1053	0.1053	0.1026	0.0974	0.0923	0.0873	0.0824
0.7	0.0976	0.0976	0.0976	0.0957	0.0922	0.0886	0.0851	0.0817
0.8	0.0909	0.0909	0.0909	0.0898	0.0876	0.0854	0.0832	0.0811
0.9	0.0851	0.0851	0.0851	0.0846	0.0836	0.0825	0.0815	0.0805

表9-1中 $\gamma=0$ 所在列代表了下游零售商没有买方势力时上游制造商的最优工艺创新强度，与第二列纵向一体化下的工艺创新强度相同。给定买方势力 γ，制造商创新水平随着 δ 的增大而降低，比如当 $\gamma=0.3$ 时，上游制造商的最优工艺创新强度从 $\delta=0.1$ 时的 0.1421 降低到 $\delta=0.9$ 时的 0.0836。可见，随着零售市场竞争程度的增强，制造商创新降低，从而验证了命题9.2的结论。当 $\delta=0.1$ 时，若买方势力从 $\gamma=0$ 增加到 $\gamma=0.1$，则制造商创新水平从 0.1739 降低到 0.1629，降低量为 0.011。当 $\delta=0.9$ 时，若买方势力从 $\gamma=0$ 增加到 $\gamma=0.1$，则制造商创新水平从 0.0851 降低到 0.0846，降低量为 0.0005。由此可见，随着零售市场竞争程度的增强，买方势力对制造商创新的负面抑制作用降低。

为什么会出现命题9.3的结论呢？对于这一问题仍需要从制造商创新决策进行分析。根据对命题9.1的分析可知，买方势力影响制造商创新的主要机理在于降低了制造商创新获得的利润。具体地，对制造商创新的利润求解关于 γ 的偏导数可以得到 $\partial \prod_M^H / \partial \gamma = -(p_1^H - c + x^H) q_1^H < 0$，即买方势力的增强降低了制造商的利润，进而会降低创新边际利益，抑制制造商创新激励。而零售市场竞争越强，市场利润越低，即 $(p_1^H - c + x^H) q_1^H$ 会越小，从而使 $\partial \prod_M^H / \partial \gamma$ 越大，也就是说，买方势力导致制造商利润降低的幅度减小了，从而对制造商创新的抑制作用也降低了。

命题9.2和命题9.3给出了零售市场竞争影响制造商创新的两种不同途径：一方面，零售市场竞争程度的增强会降低制造商利润，从而直接降低制造商创新激励；另一方面，市场竞争程度的变化还会影响买方势力的创新效应，进而间接影响制造商创新激励。前一种作用途径会降低制造商创新投入，后一种作用途径会减弱买方势力对创新的抑制作用，所以可以促进制造商的创新投入。现实经济中，市场竞争的影响是这两种作用途径的综合，直观上推测，直接作用途径的作用应该更强，所以更有可能出现的结果是随着零售市场竞争程度的增强，制造商创新激励降低。

下面分析零售商具有买方势力时制造商创新水平与市场最优水平的差别。通过比较不同情形下制造商创新水平，可以得到如下命题：

命题9.4　在下游零售市场竞争，且上下游合作谈判的条件下，$x^{N*} = x^{VI*} > x^{H*}$，即零售商没有买方势力时，上游制造商的工艺创新强度最大，等于纵向一体化下的工艺创新强度，大于下游制造商具有买方势力时的工艺创新强度。

证明参见附录二第四部分。

从命题9.4可以看出，买方势力的存在使企业创新偏离了最优水平。如果市场不存在买方势力，制造商创新水平与最优水平相同，这是因为本章假设制造商和零售商之间采用两部收费制进行交易，两部收费制合约存在两个工具变量：批发价格和固定费用。在下游企业均没有势力的情况下，上游企业可以通过批发价格的制定调节下游企业之间的竞争程度，以达到纵向一体化下的均衡结果，然后再用两部收费制中的固定费用将下游企业的全部利润收回，这样上游企业的创新收益就不会产生溢出效应，因而上游企业工艺创新的投入等于纵向一体化下的投入。而当下游零售商具有买方势力时，有买方势力的零售商将会索取上游制造商的部分利润，上游制造商无法获得工艺创新的全部收益，工艺创新的收益减小，因而制造商的创新强度会降低。

以上在下游零售市场竞争、上下游合作交易模式下，探讨了买方势力对制造商创新的影响，得到的核心结论为：零售商买方势力的增强会降低制造商创新激励，抑制制造商创新水平；但是下游零售市场竞争程度的加强会缓解买方势力对创新的抑制作用。前一结论验证了学术界对买方势力抑制创新的担忧，也与现有实证研究结论相符；但是很少有学者关注零售市场竞争对买方势力抑制创新效应的影响，后一结论则对这一研究进行了补充。对于这些结论，需要从如下两个方面进行深入理解：第一，结论背后机理及局限。上文分析已经指出，买方势力降低制造商创新的机理在于买方势力的增强降低了制造商的利润空间，使制造商不能完全获取创新带来的收益。但是，需要指出的是，这种机理只是买方势力影响创新的一种途径，买方势力可能还会通过其他途径影响制造商创新，下一节将对这一问题进行详细说明。第二，结论的现实含义。首先，从反垄断的角度来说，买方势力对制造商创新的负面影响需要反垄断部门格外关注，但是这并不是说一定要对买方势力进行反垄断规制，其背后的逻辑将在本书第十一章进行详细讨论。其次，从制造商角度来说，如何应对买方势力对创新的负面影响，以增强制造商竞争力是一个需要思考的问题。笔者认为，大型零售商买方势力的增强虽然对制造商造成了负面影响，但是也为制造商提供了发展的契机。这是因为具有买方势力的零售商往往规模较大，具有较为先进的运营模式和技术水平，更为重要的是拥有大量消费者资源和市场需求信息。如果制造商能和零售商展开合作，充分利用零售商这些优势，那么就可以将负面影响转变为合作共赢。从创新的角度来说，制造商和零售商开展纵向合作创新将有利于增强制造商创新能力，消除买方势力对创新的抑制作用。

第五节　扩展讨论

本章在下游零售市场竞争的条件下，考察了买方势力和零售市场竞争对上游制造商创新的影响，揭示了买方势力影响制造商创新的机理，以及零售市场竞争和买方势力的相互作用关系。在本章的研究中假设上下游企业交易模式是合作模式。第四、第五和第六章的研究表明，在下游竞争的条件下，不同的纵向市场环境下买方势力的价格效应存在一定的差异。根据这一分析，一个很自然的问题便是：在其他纵向市场环境下，买方势力对创新的影响及机理是否相同？更具体地，当上下游企业交易是非合作模式，或者是定价权争夺模式时，本章的结论是否还成立？本节首先对这一问题进行讨论。其次，正如上一节最后指出的那样，本章所揭示的机理可能只是买方势力影响创新的一种途径，所以本节还将对买方势力影响创新的其他途径进行简单讨论。

一、买方势力创新效应的一般作用机理

从上文的分析可知，买方势力影响制造商创新是因为买方势力降低了制造商的利润，减少了制造商创新收益。结合第五章的分析，在上下游合作交易模式下

买方势力导致制造商利润降低的原理在于零售商向制造商支付的固定费用降低。根据第四章和第六章的分析，在上下游非合作交易以及定价权争夺的模式下，买方势力的增强会降低零售商向制造商支付的批发价格，而批发价格的降低会直接减少制造商获得的利润。所以，从这一角度来说，在上下游非合作交易以及定价权争夺的模式下，买方势力的增强也会降低制造商创新水平，即本章得到的结论在不同的纵向市场环境下都具有稳健性。

但是，根据第二部分的分析，不同的纵向市场环境下，买方势力给零售商带来优惠交易条款的机理不一致。在上下游合作交易模式下，买方势力导致零售商向制造商支付的固定费用降低；在上下游非合作模式下，零售商直接通过向上游制造商索要批发价格折扣来减少自身支付的批发价格；在上下游定价权争夺模式下，零售商通过获得零售加价决策优先权，获得了产品的最终定价权，从而迫使制造商降低批发价格。但这些不同的作用机制都导致同一个后果：制造商利润降低，创新的收益减少。在此情况下，制造商创新激励自然下降。以上即是买方势力影响制造商创新的一般机理，其具体作用途径可以用图9-3表示。

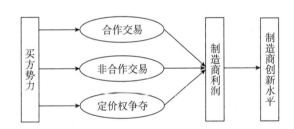

图9-3 不同纵向市场环境下买方势力创新效应的一般机理

下面分析零售市场竞争影响买方势力创新效应的一般机理。零售市场竞争越激烈，上游制造商的批发价格定价能力越弱，制造商的利润边际越小。此时，如果零售商再对制造商进行过度压榨，可能会导致制造商退出市场。此外，零售市场竞争越激烈，制造商可选择的零售商越多，这也在一定程度上降低了零售商对制造商的压榨程度，从而缓解了买方势力对创新的抑制作用。但是，值得指出的是，这种作用机制只是零售市场竞争影响制造商创新的一种途径。

二、买方势力影响创新的其他途径讨论

以上对买方势力创新效应的分析主要从上下游交易合约入手，通过考察买方势力对上下游交易合约以及利润的影响，得出买方势力对制造商创新的影响。实际上，除了合约机制外，买方势力还可能通过其他途径影响制造商创新。首先，买方势力可能通过谈判外部选择价值影响制造商创新。假如制造商投入更多的资金进行创新，那么会使其产品成本更低、质量更高，这样就会降低零售商不销售制造商产品获得的利润，即降低了零售商的外部选择价值。从这一角度来看，制造商提高创新水平可以降低零售商外部选择价值，进而获得更大收益，所以制造商可能愿意进行更多的创新。其次，具有买方势力的零售商往往是规模较大的零售商，这些零售商具有大量的消费者资源和先进的销售技术，可能对市场需求进行预测和分析，从而准确把握市场需求动向，而这些市场信息恰恰是制造商创新所需要的。从这一角度来看，买方势力的增强具有促进制造商创新的潜力。最后，影响制造商创新的一个重要因素是市场需求的不确定性，具有买方势力的零售商销售规模一般较大，从而保证了制造商需求，减少了制造商面临的需求不确定性。从这一角度来看，买方势力的存在也有可能促进制造商创新。

第六节　本章小结

本章考察了下游零售市场竞争条件下，买方势力对制造商创新的影响，并分析了市场竞争和买方势力在影响制造商创新过程中的相互作用关系。通过本章的研究发现：

（1）零售商买方势力的增强会降低上游制造商的创新投入。这一结论背后的机理在于买方势力的增强降低了制造商在联合利润中获得的分成比例，压榨了制造商的利润空间，使制造商创新产生了外部性，从而降低了制造商创新激励。在不同纵向市场环境下，买方势力导致制造商利润降低的机制不同，但是整体来看，都会降低制造商创新激励，即买方势力降低制造商创新的结论在不同的纵向市场环境下具有稳健性。

（2）零售市场竞争会对买方势力的创新效应产生影响。具体地，零售市场竞争程度的增强会降低买方势力对制造商创新的负面效应。这是因为零售市场竞争程度的增强会降低制造商边际利润，从而减弱零售商对制造商的压榨能力，缓解买方势力对创新的抑制作用。此外，零售市场的竞争还会通过制造商定价能力直接影响制造商创新。前一种作用途径是零售市场竞争对制造商创新的间接作用，后一种是直接作用；前一种作用途径对于制造商创新具有正面作用，后一种作用途径会抑制制造商的创新。

（3）本章所揭示的买方势力降低制造商创新的机制只是买方势力影响创新的一种途径。现实经济中，买方势力还可能通过其他途径影响制造商创新，甚至会出现买方势力促进制造商创新的情况。因此，要根据现实产业情况和上下游关系具体分析买方势力对创新的影响。

第十章　上游市场竞争与
买方势力创新效应

[**本章提要**] 本章以本土制造业市场特征为基础，考察下游零售商买方势力对制造商创新投入的影响，揭示买方势力和市场竞争影响制造商创新的一般机理。具体地，本章首先从本土制造业市场环境特征出发，分析阐述研究问题的实践意义；紧接着，构建国外制造商和本土制造商竞争的市场结构模型，在上下游合作交易模式下，对买方势力条件下的企业创新决策机理进行分析；然后，分析买方势力对制造商创新的影响，并探讨市场竞争对买方势力这一影响的作用；其后，对其他纵向市场环境下的买方势力创新效应进行探讨；在此基础上，结合第九章的研究，系统总结买方势力创新效应的一般结论和机理。本章研究表明：在上游市场竞争的条件下，买方势力对不同制造商的创新效应具有异质性，买方势力的增强促进了国外大型制造商的创新，抑制了本土制造商的创新；制造商之间的竞争程度不仅会直接影响制造商创新投入，还会通过影响买方势力的作用效果间接影响制造商创新。具体地，随着市场竞争程度的增强，买方势力对国外制造商的创新促进作用加强，对本土制造商创新的抑制作用降低。

第一节　问题描述

第九章在下游零售市场竞争的条件下，考察了买方势力对上游制造商创新的影响，结果表明买方势力的增强会降低制造商的创新水平。正如第七章所述，除了零售商层面的竞争外，制造商本身还面临着其他竞争对手的竞争。本章重点探讨上游制造商竞争条件下，买方势力对制造商创新决策的影响。结合本章和第九章的研究，本章试图得出一般竞争市场环境下买方势力的创新效应，以完善本书对买方势力的研究。

除了以上研究目的外，本章的研究还具有一定的现实实践意义，主要体现在我国本土制造商创新现状上。技术创新是企业获得和保持核心竞争优势的重要途径，也是引领一国经济发展的重要驱动力。但是一直以来，我国本土企业的创新投入都处于较低水平，从而在很大程度上导致了企业的自主创新能力较弱。这种较低的创新投入水平可以从两方面的对比中明显体现出来：一方面，从宏观数据来看，虽然我国研究与试验发展（R&D）经费逐年增加，到 2016 年全国共投入 R&D 经费 15676.7 亿元，R&D 经费投入强度（与国内生产总值之比）达到 2.11%，但与发达国家 3% ~ 4% 的水平相比仍有差距；① 另一方面，从具体产业层面来看，我国汽车产业、日化产业的研发投入较低也是普遍存在的现象。以汽车产业为例，根据欧盟委员会发布的"2016 全球企业研发投入排行榜"，大众汽车以研发投入 136.12 亿欧元（折合人民币 1065.62 亿元，占营业收入的 6.26%）位列全球所有乘用车生产企业之首；随后是丰田汽车（80.47 亿欧元，折合人民币 629.96 亿元）和通用汽车（68.89 亿欧元，折合人民币 539.31 亿元）。2016 年中国上市公司年报数据显示，2016 年上汽集团研发投入 94.09 亿元，仅占营业收入的 1.24%，其次是比亚迪集团研发投入 45.22 亿元，占营业收入的 4.37%，一汽轿车研发投入仅为 5.62 亿元，占营业收入的 2.47%。可见，不管是研发投入的绝对量还是占营业收入的比重，国内汽车企业和国外都相去甚远。此外，在日化产业中也存在类似的情况，2016 年日本最大日化企业花王研发投入 32.7 亿元人民币，占销售额比重为 3.53%，欧莱雅集团研发投入 58.5 亿元人民币，占销售额比重 3.1%，宝洁研发投入 128.9 亿元人民币，占销售额比重为 2.88%。而国内日化产业龙头的上海家化研发投入仅为 1.3 亿元人民币，占销售额的 2.23%。② 那么，是什么原因抑制了本土制造商的研发投入？这个问题一直是实业界和学术界关注的重点。

本章制造商竞争的背景可以反映国外制造商和本土制造商现实竞争关系，描述本土制造商面临的横向市场环境，而买方势力则体现了本土制造商面临的纵向市场环境。所以，通过本章的研究，可以间接考察横向市场环境和纵向市场环境对本土制造商创新决策的影响，探寻造成本土制造商创新投入低的因素，进而有利于提出促进本土制造商提高创新投入的政策。

---

① 详细内容参见：http://www.dzwww.com/xinwen/guoneixinwen/201710/t20171011_16519874.htm。

② 详细内容参见：http://www.sohu.com/a/119172878_474111。

第二节　基础模型构建

基于上文问题描述的分析，本章仍然采用第七章的基本市场结构研究上游制造商竞争条件下买方势力创新效应。假设上游有一家国外制造商 M_1 和一家本土制造商 M_2，分别以相同的边际成本 c 生产两种差异化产品 y_1 和 y_2，并同时由下游一家大型零售商 R 销售给最终消费者。同时，假设市场需求函数与第七章相同。借鉴第九章的研究，本章也以制造商工艺创新为例进行研究。为此，需要放松第七章对制造商边际生产成本的假设，假设制造商的边际生产成本 $0 < c < 1$，这一假设是为了保证按照边际成本销售产品时制造商的市场需求大于零。

本章假设国外制造商 M_1 和本土制造商 M_2 都可以进行降低生产成本的创新，且制造商 $M_i (i = 1, 2)$ 投入 $C_i(x_i)$ 的研发资金可以使边际生产成本降低 x_i，其中 x_i 为制造商 M_i 的成本缩减量，衡量了制造商创新水平高低，x_i 越大，制造商创新程度越大。$C_i(x_i)$ 为制造商创新成本函数，假设成本函数 $C_i(x_i)$ 满足 $C_i'(x_i) > 0$，$C_i''(x_i) > 0$，前一个假设说明制造商创新成本是创新水平的增函数，后一个假设说明创新具有边际收益递减的特征。为了排除制造商创新效率对研发决策的影响，同时为了简化本书的分析，借鉴李凯等 (2015) 的处理方法，本书假设 $C_i(x_i) = C(x_i) = x_i^2$。为了保证国外制造商和本土制造商的需求均大于 0，本书还假设 $0 < \beta < \hat{\beta} < 1$，$1 < \alpha < c + \dfrac{(6 - 5\beta^2)(1 - c)}{2\beta(2 - \beta^2)}$，其中 $\hat{\beta}$ 是 $-28\beta^6 + 121\beta^4 - 170\beta^2 + 72 = 0$ 的实数解。前一个假设说明本土制造商和国外制造商的竞争程度不能太激烈，后一个假设说明国外制造商相对于本土制造商的竞争优势不能太强，否则都有可能导致本土制造商退出市场。

第三节　买方势力条件下竞争制造商创新决策

基于以上市场结构设定，首先分析制造商和零售商之间的行为决策。国外制造商、本土制造商以及零售商三者之间的决策行为可以分为三个过程：第一，国外制造商和本土制造商的创新过程；第二，国外制造商、本土制造商与下游零售商之间的交易过程；第三，下游零售商的销售过程。由于每个过程中企业的决策都是相互联系的，所以本章将这三个决策过程划分为四个博弈阶段。T_1 阶段国外制造商和本土制造商同时决定最优的创新投入水平，这一阶段体现制造商的创新过程。T_2 阶段和 T_3 阶段为上游制造商和下游零售商的交易过程，其中 T_2 阶段国外制造商 M_1 在满足下游大型零售商参与约束的条件下，为其制定要么接受要么离开的两部收费制合约（w_1，F_1）；T_3 阶段本土制造商 M_2 与下游零售商 R 通过谈判确定两部收费制合约（w_2，F_2）。T_4 阶段为下游零售商的销售过程，即制造商和零售商交易合约确定以后，零售商向国外制造商和本土制造商订货，然后分别制定零售价格 p_1 和 p_2 销售产品 y_1 和 y_2。

上述企业行为过程的分析有几点需要说明：第一，制造商和零售商交易合约确定过程中，国外制造商与零售商的交易合约在 T_2 阶段决定，本土制造商与零售商的交易合约在 T_3 阶段决定，也就是说，国外制造商和本土制造商交易合约的确定在本质上是 Stackelberg 领导者跟随者决策。这一设定与前文一致，但是与经典研究中制造商同时和零售商确定交易合约的假设不同，比如 Horn 和 Wolinsky（1988）、Alipranti 等（2014）。本章之所以这样处理，是因为国外制造商和本土制造商存在很强的异质性，国外制造商不管是在横向市场竞争方面还是在纵向谈判势力方面都优于本土制造商，所以自然可以在交易合约的确定过程中起到领导者的作用。第二，本章假设国外制造商为下游零售商制定要么离开要么接受的两部收费制合约，这实际上是因为上文假设国外大型制造商对零售商具有完全的谈判势力，这是一种极端假设。关于零售商买方势力分布更加一般的情况分析参见第八章。第三，本章假设制造商和零售商之间的交易模式是合作交易。根据上文分析，合作交易模式具有两个特征：第一，制造商和零售商之间具有足够多的合约工具可以用于利润分配；第二，制造商和零售商之前存在合作谈判。两部收费制合约的设定可以满足前一特征，制造商和零售商之间纳什讨价还价博弈的设定可以满足后一特征。所以，本章的研究仍采用前文的这种处理方法。此外，根据 Spengler（1950）、Tirole（1988）等经典研究，两部收费制可以消除双重加价的作用，从而避免对本土制造商创新决策产生影响。

根据以上企业行为博弈设定，下面用逆向归纳法求解制造商与零售商之间的博弈。首先，在博弈 T_4 阶段零售商 R 根据自身利润最大化原则分别制定国外制造商和本土制造商产品的零售价格 p_1 和 p_2。记零售商 R 的利润为 π_R，则 π_R 是产品零售价格和上下游交易合约的函数，可以写为 π_R（P；W；F），其中向量 $P =$

（p_1，p_2）表示产品 y_1 和 y_2 零售价格，向量 $W = (w_1$，$w_2)$ 表示产品 y_1 和 y_2 批发价格，向量 $F = (F_1$，$F_2)$ 表示下游零售商支付的固定费用。在线性需求函数假设下，$\pi_R (P; W; F)$ 可以表示为：

$$\pi_R(P; W; F) = \pi_R^{M_1} + \pi_R^{M_2} = (p_1 - w_1)q_1 - F_1 + (p_2 - w_2)q_2 - F_2 \qquad (10.1)$$

可见，零售商的利润由两部分构成：$\pi_R^{M_1}(P; w_1，F_1) = (p_1 - w_1)q_1(P) - F_1$ 表示零售商 R 销售国外大型制造商 M_1 产品获得的利润；$\pi_R^{M_2}(P; w_2，F_2) = (p_2 - w_2)q_2(P) - F_2$ 表示零售商 R 销售本土制造商 M_2 的产品所获利润。

对式（10.1）求解利润最大化的条件可以得到零售商最优的价格决策：$p_1(w_1; \alpha) = \dfrac{\alpha + w_1}{2}$，$p_2(w_2) = \dfrac{1 + w_2}{2}$。结果与第七章相同。关于这一结果背后的机理及含义，参见第七章的分析，这里不再重复说明。需要特别指出的是，由于此时零售价格是相应的垄断价格，所以只与产品自身市场份额、边际成本等特征因素有关。从这一角度来说，国外制造商的产品价格一般会高于本土制造商产品价格，原因在于上述的国外制造商产品的竞争优势。较高的产品价格会提高国外制造商的利润空间，使其有更多的利润用于研发，从而进一步扩大国外制造商产品优势，这样便形成一个良性循环系统，进而增强国外制造商的竞争优势和市场地位。这一情况在现实经济中很常见，以家电产品市场为例，在家电市场整体情况不景气的情况下，英国品牌戴森却逆袭国内市场。[①] 据《北京商报》报道，自 2012 年 11 月进入中国市场以来，六年来戴森销售额增长迅速，2016 年营收增幅更是达到了 244%。一个吹风机近 3000 元，一个吸尘器 4000 多元，是一般品牌产品售价的 10 倍。较高的价格保证了戴森具有足够的利润用于研发投入，戴森曾宣布投入 800 万美元用于机器人研究，随后宣布投入 4.2 亿美元用于研发中心扩建，并且划出 15.6 亿美元投资未来新技术。据介绍，戴森在开发 Dyson Super-sonic 吹风机时，针对其气流技术投入了 5000 万英镑。此外，从零售商价格决策中可以很容易地看出 $\partial p_1 / \partial w_1 = \partial p_2 / \partial w_2$，$\partial(p_1 - w_1)/\partial w_1 = \partial(p_2 - w_2)/\partial w_2$，也就是说，不管是国外制造商产品还是本土制造商产品，其批发价格变动对零售价格、零售商边际利润的影响程度都相同。[②] 由于国外制造商和本土制造商都可以通过批发价格的调整来控制产品最终零售价格，而最终零售价格相对于批发价格

---

① 详细内容参见：http：//www.so.com/link？m = avi8tPvKFw2v87XZwZcnd430gQoSceEwSMKj7HH7%2Fi4EfXeTWiY18WvNGYXsFZqyCG68jWdEwNW3pCQJoTE0qAvhwjT%2Bm%2FZxzW51fp5ApaFKn5zei9H7HStylrz1CGvm5dPwcd%2BsXD6gt9wMGT67P951mkraClpR27IjxaRO6Wmzk1JO6。

② $\partial p_1 / \partial w_1 = \partial p_2 / \partial w_2$，$\partial(p_1 - w_1)/\partial w_1 = \partial(p_2 - w_2)/\partial w_2$。

变动的敏感程度在一定程度上反映了制造商对零售价格的控制能力，所以从这一角度来说，国外制造商和本土制造商对各自产品零售价格的控制能力相似。

更进一步地，可以求得 T_4 阶段国外制造商和本土制造商的均衡销售数量，分别记为 $q_1[p_1(w_1, \alpha), p_2(w_2)]$，$q_2[p_2(w_2), p_1(w_1, \alpha)]$。很容易验证 $\partial q_1 / \partial \alpha > 0$，$\partial q_2 / \partial \alpha < 0$；$\partial q_i / \partial w_i < 0$，$\partial q_i / \partial w_j > 0 (j = 3 - i)$，即国外制造商产品潜在市场需求规模的增大会提高其最终产品需求，同时降低本土制造商的最终产品需求数量；国外制造商（或本土制造商）批发价格的降低会提高其自身需求数量，但降低竞争对手需求数量。这些结论很容易理解，但是它们构成了跨国公司进入影响本土制造商研发决策的理论基础，下文将进行详细探讨。

再来分析制造商与零售商的交易过程，首先来看 T_3 阶段博弈，即本土制造商与下游零售商交易合约的谈判过程。和前几章分析相同，本章仍假设本土制造商 M_2 与零售商 R 通过纳什讨价还价谈判确定两部收费制合约 (w_2, F_2)，其谈判可以表示为：

$$\max_{(w_2, F_2)} \Omega = \{\pi_{M_2}[p_2(w_2), p_1(w_1; \alpha); x_2; w_2, F_2] - \pi_{M_2}^0\}^{1-\gamma} \{\pi_R^{M_2}[p_2(w_2),$$
$$p_1(w_1; \alpha); w_2, F_2] - \pi_R^0\}^{\gamma} \tag{10.2}$$

其中，$\pi_{M_2}[p_2(w_2), p_1(w_1; \alpha); x_2; w_2, F_2] = (w_2 - c + x_2) q_2[p_2(w_2), p_1(w_1, \alpha)] + F_2$，$\pi_R^{M_2}[p_2(w_2), p_1(w_1; \alpha); w_2, F_2] = (p_2 - w_2) q_2[p_2(w_2), p_1(w_1, \alpha)] - F_2$。$\pi_{M_2}^0$ 和 π_R^0 分别表示本土制造商 M_2 与零售商 R 谈判破裂后两者所获得的利润，即谈判的威胁点，或称为外部选择价值（Horn and Wolinsky, 1988；Alipranti et al., 2014）。γ 衡量了大型零售商 R 相对于本土制造商 M_2 的买方势力，Chen（2003）关于买方势力的研究中也称其为买方抗衡势力，或买方谈判势力。本书假设 $0 < \gamma < 1$，γ 越大，零售商相对于本土制造商的买方势力越强。

买方势力和谈判威胁点是决定上下游交易合约内容以及上下游利润的两个主要因素，[①] 由于本土制造商 M_2 与零售商 R 谈判破裂后没有其他的外部选择，所以 $\pi_{M_2}^0 = 0$。但是零售商 R 仍然可以和国外制造商 M_1 进行交易获取利润 π_R^0。当本土制造商 M_2 与零售商 R 谈判破裂后，国外制造商 M_1 会垄断市场，所以：

$$\pi_R^0[p_1^{mon}(w_1^{mon}, F_1^{mon}); w_1^{mon}, F_1^{mon}] = (p_1^{mon} - w_1^{mon}) q_1^{mon}(w_1^{mon}, F_1^{mon}) - F_1^{mon} \tag{10.3}$$

由于这里假设国外大型制造商相对于零售商具有较强的谈判势力，所以国外

[①] 关于纵向谈判势力和谈判威胁点的详细分析可以参见 Chen（2014）、Draganska 等（2010）。

制造商会通过两部收费制收取下游零售商所有的利润，因此 $\pi_R^0 = 0$。[①] 通过对式 (10.2) 求解利润最大化的条件可知：本土制造商 M_2 与零售商 R 谈判时，首先会制定使双方联合利润最大化的批发价格 w_2，然后再通过固定费用 F_2 来分配利润，具体的利润分配方式则取决于制造商谈判势力和外部选择价值大小。

类似地，在博弈 T_2 阶段，国外制造商 M_1 为零售商 R 制定要么接受要么离开的两部收费制合约 (w_1, F_1)，其决策可以表示为：

$$\max_{(w_1, F_1)} \pi_{M_1}[p_1(w_1; \alpha), p_2(w_2); x_1; w_1, F_1] = (w_1 - c + x_1) q_1[p_1(w_1, \alpha), p_2(w_2)] + F_1$$

$$\text{s. t. } \pi_R^{M_1}[p_1(w_1; \alpha), p_2(w_2); w_1, F_1] = (p_1 - w_1) q_1[p_1(w_1; \alpha), p_2(w_2)] - F_1 \geq 0 \tag{10.4}$$

由于本章假设国外制造商相对于零售商具有完全的买方势力，所以国外制造商 M_1 会通过两部收费制合约中的固定费用 F_1 提取零售商租金，使零售商只能获得正常利润，故式 (10.4) 的约束条件束紧。在这种情况下，国外制造商也会制定双方联合利润最大化的批发价格 w_1。由此可见，国外制造商、本土制造商和下游零售商交易合约制定方式实质是相同的，都是首先制定使联合利润最大化的批发价格，然后通过固定费用对利润进行分配。

最后来分析本土制造商和国外制造商的研发过程。在博弈的 T_1 阶段，国外制造商和本土制造商同时决定最优的研发水平以使净利润 $\prod_{M_i}$ 最大化，其决策可以表示为：

$$\max_{x_i} \prod_{M_i} = \pi_{M_i}[p_i(w_i; \alpha), p_j(w_j); x_i; w_i, F_i] - C(x_i) \tag{10.5}$$

其中，$\pi_{M_i}[p_i(w_i; \alpha), p_j(w_j); x_i; w_i, F_i] = (w_i - c + x_i) q_i[p_i(w_i; \alpha), p_j(w_j)] + F_i$ 为上下游交易过程中制造商 M_i 获得的利润，$C(x_i)$ 表示制造商研发需要付出的成本。由于成本函数是外生给定的，在一定时期内取决于制造商的研发技术水平，所以决定制造商研发投入的主要因素是上下游交易过程中获得的利润。

通过以上分析，可以求得均衡时国外制造商和本土制造商的最优创新水平分别为：

$$x_1^* = \frac{(2 - \beta^2)\{4(3 - 2\beta + \beta^4)(1 - c) + [(4 - 3\beta^2)\gamma - \beta^2(13 - \beta^2)](\alpha - c)\}}{(15\beta^4 - 38\beta^2 + 24)\gamma - 28\beta^6 + 121\beta^4 - 170\beta^2 + 72} \tag{10.6}$$

---

① 下文将详细分析放松这一假设的结果。

$$x_2^* = \frac{(1-\gamma)(4-3\beta^2)\left[(6-5\beta^2)(1-c)-2\beta(2-\beta^2)(\alpha-c)\right]}{(15\beta^4-38\beta^2+24)\gamma-28\beta^6+121\beta^4-170\beta^2+72} \tag{10.7}$$

第四节　买方势力和上游市场竞争对创新的影响分析

一、买方势力对制造商创新的影响

命题10.1　随着零售商相对于本土制造商买方势力的增强，国外大型制造商的创新水平上升，本土制造商的创新水平下降。

证明参见附录二第五部分。

对于命题10.1需要从以下几个方面进行分析：第一，与上一章命题9.1的比较分析。命题9.1表明，在上游制造商垄断，下游零售商竞争的条件下，买方势力的增强会降低制造商创新水平，命题10.1也得到了类似的结论。这说明买方势力降低制造商创新激励的结论具有稳定性，也在一定程度上印证了目前学术界对买方势力的普遍担忧。但是对于这一结论需要注意两点：①这一结论是在上下游企业合作谈判的条件下得到的，上下游合作模式的改变可能会影响结论的稳健性及背后机理，对于这一问题，下文将进行详细探讨。②这里买方势力的创新效应是零售商相对于某一制造商的买方势力对该制造商的影响，可以称之为"直接创新效应"。当上游制造商存在竞争的条件下，即使下游零售商相对于制造商没有买方势力，但只要相对于其竞争对手具有买方势力，这种买方势力也会对制造商创新产生影响，这即是命题10.1中的另外一个重要结论，可以称之为买方势力的"间接创新效应"。零售商相对于国外制造商没有买方势力，但是相对于本土制造商具有买方势力，买方势力也会间接影响国外制造商的创新，且在本章中对国外制造商的创新表现为促进作用。

第二，命题10.1背后的机理。首先来分析买方势力抑制本土制造商创新的机理，这一机理与上文第九章类似。在上下游合作谈判的情况下，买方势力的增强降低了本土制造商在联合利润中的分成比例，一方面降低了本土制造商可用于创新的利润基础，另一方面降低了本土制造商从创新中获得的收益，即对本土制造商的创新产生了负的外部性，所以本土制造商创新机理降低。其次，分析买方势力对国外制造商创新的影响机理。国外制造商的创新决策为$\max\limits_{x_1}\prod_{M_1}=\pi_{M_1}[p_1$

$(w_1; \alpha)$, $p_2(w_2)$; x_1; w_1, $F_1] - C(x_1)$，结合上文的分析可知 $\prod_{M_1}$ 不含有买方势力的变量。也就是说，买方势力没有直接影响国外制造商的创新决策。但是，进一步分析可知，制造商利润表达式 $\prod_{M_1}$ 中含有本土制造商的创新水平 x_2，而买方势力会影响 x_2。由此可以看出，买方势力会通过 x_2 间接影响国外制造商的创新水平。具体地，通过计算可知 $x_1(x_2) = -\beta x_2/(6 - 7\beta^2) < 0$，即随着本土制造商创新水平的变化，国外制造商创新水平呈相反趋势变动。又因为买方势力会抑制本土制造商创新，所以自然会促进国外制造商创新。

第三，命题 10.2 的现实经济含义。命题 10.2 从产业链纵向关系视角给出了本土制造商创新水平较低的原因，下游零售商相对于本土制造商买方势力的增强不仅直接降低了本土制造商的创新激励，还间接提高了国外制造商的创新水平，从而进一步加大了本土制造商和国外制造商之间的创新差距。本土制造商创新水平的下降进一步降低了其竞争优势，从而形成了恶性循环。这一结论可以在一定程度上解释日化品市场的情况，本土日化品牌创新投入较低使其无法获取相对于国外制造商的竞争优势，宝洁、联合利华等国外日化品牌几乎完全占据了国内市场。造成这一情况的原因之一就是纵向势力问题。从这一角度来看，本土日化品牌要想提高自身竞争力，除了加大投入，获取相对于国外日化品牌的优势外，还需要处理好上下游的渠道关系，防止下游零售商买方势力对自身创新带来的负面影响，一个可行的方案是与下游零售商开展合作创新项目，这样不仅能够降低下游零售商买方势力对自身的影响，还可以充分利用零售商的信息和优势，比如市场需求信息、消费者偏好信息等。

命题 10.2 随着国外制造商横向竞争优势的增强，国外制造商创新水平上升，本土制造商创新水平下降。

证明参见附录二第五部分。

命题 10.2 的背后机理很容易理解，从式（10.5）可以看出，$\pi_{M_i}[p_i(w_i; \alpha), p_j(w_j); x_i; w_i, F_i]$ 是国外制造商横向竞争优势 α 的函数，且进一步分析表明 $\partial \pi_{M_1}/\partial \alpha > 0$，$\partial \pi_{M_2}/\partial \alpha < 0$，即国外制造商横向竞争优势的增强会提高其利润，降低本土制造商的利润。这是因为横向竞争优势越大，国外制造商的潜在市场规模越大，进而利润也越高。竞争优势会通过利润的这种变化来影响国外制造商和本土制造商创新。此外，竞争优势越大，国外制造商的需求越大，进而可以在更大的需求规模享受创新带来的收益，提高创新的边际收益，所以制造商创新的激励也越大。

命题 10.3 随着国外制造商的竞争优势增强，买方势力对本土制造商创新的负面效应降低，同时对国外制造商创新的正面效应也降低。

证明参见附录二第五部分。

为了更加直观地反映命题10.3的结论，图10－1和图10－2模拟了国外制造商相对于本土制造商竞争优势强弱两种情况下，买方势力创新效应的变化。从图10－1可以看出：①随着买方势力的增强，国外制造商的创新水平提高，这与命题10.1的结论一致；②无论买方势力如何变化，国外制造商竞争优势强时的创新水平都高于国外制造商竞争优势弱时的创新水平，这与命题10.2的结论一致；③当国外制造商竞争优势强时，图10－1中虚线的斜率变小，即买方势力对国外制造商创新的促进作用降低。

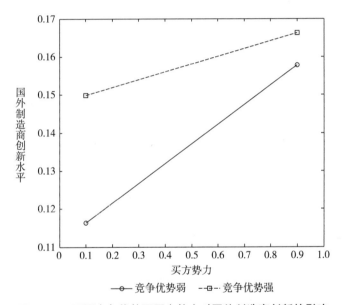

图10－1　不同竞争优势下买方势力对国外制造商创新的影响

同样地，从图10－2可以发现类似的结论。首先，无论国外制造商竞争优势如何，随着买方势力的增强，本土制造商的创新水平总是下降，即买方势力抑制了本土制造商创新。其次，在国外制造商竞争优势较强的情况下，本土制造商的创新水平整体降低。但是，当国外制造商竞争优势较强时，图中虚线的斜率变小，即买方势力对本土制造商创新的抑制作用降低。

综合图10－1、图10－2以及命题10.3可以发现，国外制造商竞争优势的变化对本土制造商创新水平的影响具有两种不同的作用机理：首先，国外制造商竞争优势的增强会直接影响本土制造商的利润，进而影响其创新决策。这一机理主要体现在命题10.2的分析中，通过命题10.2可发现，这种机理对本土制造商的创新具有负面作用。其次，国外制造商竞争优势会影响买方势力的创新效应，买方势力的增强对于本土制造商创新具有抑制作用，而国外制造商竞争优势的增强可以降低这种抑制效应，从这一角度来说，国外制造商竞争优势的变化对于本土制造商创新具有正面作用。现实经济中，竞争优势对本土制造商的影响效果是这两种效应的综合，但直观上推测，前一种效应会更强，所以，现实经济中竞争优势对本土制造商创新更可能会表现出抑制作用。

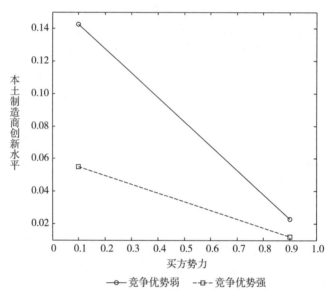

图 10 - 2　不同竞争优势下买方势力对本土制造商创新的影响

二、上游市场竞争对制造商创新的影响

以上分析了买方势力对本土制造商以及国外制造商创新的影响，同时考察了国外制造商竞争优势在这一影响中的作用，本部分重点分析国外制造商和本土制造商竞争程度对制造商创新和买方势力创新效应的影响。由于数理表达式较为复杂，所以本部分采用数值模拟的方法进行分析，并验证结果的稳健性。

首先，分析制造商竞争程度对国外制造商和本土制造商创新水平的影响。不妨令国外制造商竞争优势 $\alpha = 1.05$，制造商边际生产成本 $c = 0.5$，零售商相对于本土制造商的买方势力 $\gamma = 0.2$，在此条件下模拟出国外制造商和本土制造商的最优创新水平分别如图 10 - 3 和图 10 - 4 所示。[①] 从图 10 - 3 和图 10 - 4 中可以

---

① 为了保证 β 的取值范围满足前文假设，本部分设定 $0 < \beta < 0.7$。

看出：随着国外制造商和本土制造商竞争程度的增强，国外制造商的最优创新水平先下降后上升；本土制造商的创新水平始终降低。

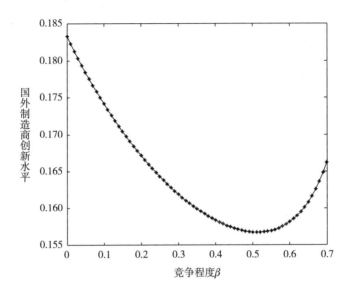

图 10 - 3　竞争程度对国外制造商创新的影响

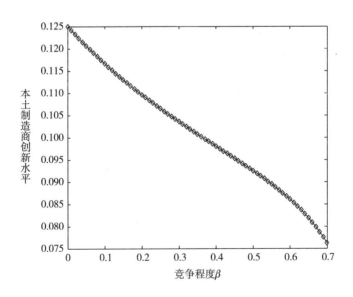

图 10 - 4　竞争程度对本土制造商创新的影响

为了验证上述结果的稳健性，将国外制造商竞争优势 α 赋不同的值分别模拟国外制造商和本土制造商的创新水平，可以得到图 10 - 5 和图 10 - 6。从图 10 - 5 中可以看出，无论竞争优势如何变化，制造商竞争程度对国外制造商创新的影响总是先抑制后促进的。

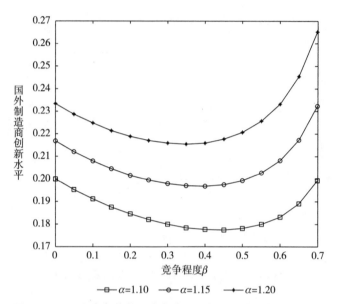

图 10 - 5　不同竞争优势下竞争程度对国外制造商创新的影响

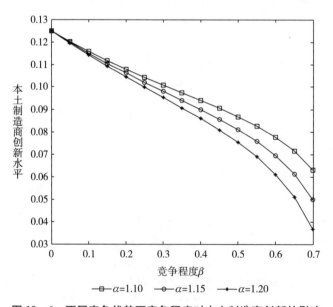

图 10 - 6　不同竞争优势下竞争程度对本土制造商创新的影响

同样地，从图 10-6 中可以看出，无论竞争优势如何变化，随着制造商竞争程度的增强，本土制造商创新水平始终是下降的。

此外，对其他参数进行赋值模拟也可以得到类似的结论，也就是说，图 10-3 和图 10-4 反映出的市场竞争程度对创新的影响结论具有稳健性。由此可以总结出如下命题：

命题 10.4 随着制造商竞争程度的增强，国外制造商创新水平呈先下降后上升的 U 型变化，本土制造商创新水平一直下降。

市场竞争对创新的影响一直是理论界争论的焦点，以熊彼特为代表的学者认为垄断有利于创新，而部分学者认为竞争更有利于创新。命题 10.4 对这一研究问题的补充在于：市场竞争程度对不同企业创新的作用可能存在异质性，在本章中市场竞争对国外制造商创新的影响是先抑制后促进的，而对本土制造商创新总是抑制的。

其次，分析市场竞争对买方势力创新效应的影响，即不同市场竞争条件下买方势力对创新影响的差异。命题 10.1 表明，买方势力增强会促进国外制造商创新，抑制本土制造商创新。本部分研究的核心就是分析市场竞争对这一结论的影响。采用命题 10.3 部分的分析方法，分别模拟出上游制造商竞争程度弱和竞争程度强两种情况下，国外制造商创新水平随买方势力变化趋势，可以得到图 10-7。从图 10-8 中可以看出：市场竞争程度弱时，国外制造商的创新水平

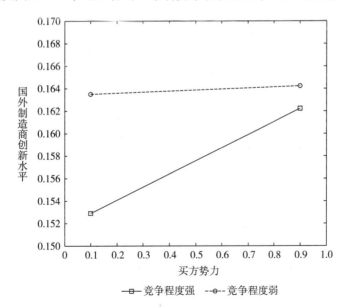

图 10-7 不同竞争条件下买方势力对国外制造商创新的影响

总是高于市场竞争程度强时的创新水平，也就是说此时竞争程度抑制了国外制造商的创新，符合命题10.4的结论。更为重要的是，图10-4中虚线（市场竞争程度弱时国外制造商创新水平随买方势力变化情况）的斜率小于实线（市场竞争程度强时国外制造商创新水平随买方势力变化情况）的斜率。也就是说，市场竞争程度的增强加强了买方势力对国外制造商创新水平的促进作用。

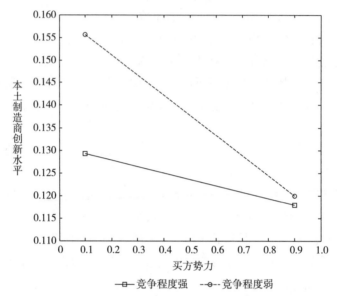

图 10 - 8　不同竞争条件下买方势力对本土制造商创新的影响

同理，可以模拟出不同竞争条件下买方势力对本土制造商创新的影响，如图10-8所示。从图10-8中可以看出，制造商竞争程度的增强降低了本土制造商创新水平。更为重要的是，可以看出，随着竞争程度的增强，买方势力对本土制造商创新的抑制作用降低。也就是说，制造商竞争程度的增强减弱了买方势力对本土制造商创新的抑制作用。

附录二第五部分对图10-7和图10-8的结论进行了稳健性检验，发现市场环境的变化不会影响这一结论。由此可以总结出如下命题：

命题 10.5　随着制造商竞争程度的增强，买方势力对国外制造商创新的促进作用加强，买方势力对本土制造商创新的抑制作用减弱。

命题10.5表明，上游市场竞争影响了买方势力创新效应的发挥。总体来看，市场竞争加强了买方势力对制造商创新的促进作用，减弱了买方势力对创新的抑制作用。所以，市场竞争具有有利于制造商创新的一面。那么，为什么上游市场竞争会表现出这种效应呢？即命题 10.5 背后的机理是什么？笔者认为，出现这一结论的原因在于：在上下游合作交易模式下，制造商竞争程度的增强降低了上下游企业的联合利润，从而导致零售商不能对制造商进行过度压榨，进而提高了制造商创新激励。

第五节　扩展讨论

　　前文在上游竞争的条件下，考察了买方势力对制造商创新的作用，以及市场竞争环境对买方势力作用的影响，探讨了买方势力和市场竞争影响制造商创新的机理。需要特别指出的是，上文的分析是在上下游合作交易模式下得出的。第七章和第八章的分析表明，在不同的上下游合作模式下，买方势力对企业价格决策的影响可能存在一些差异。那么，不同上下游合作模式下，买方势力和市场竞争对创新的影响是否有差异？上一节构建的买方势力和市场竞争之间的作用机理是否具有稳健性？本部分即对这些问题进行简单探讨。

　　首先，分析上下游非合作模式下，买方势力和市场竞争对制造商创新的影响。根据第八章的分析，在上游制造商竞争，且上下游非合作交易模式下，买方势力的增强首先会导致本土制造商批发价格的下降。本土制造商批发价格的下降一方面降低了制造商应用创新的利润基础，另一方面也降低了制造商创新的边际收益。所以，可以推断本土制造商创新投入会降低，这一结论与本章研究相同。下面来分析零售商相对于本土制造商买方势力增强对国外制造商创新的影响。本土制造商批发价格的降低会导致其产品更具有竞争力，第八章第五节的研究表明，在这种情况下，国外制造商也会降低批发价格来进行应对。但是，国外制造商批发价格的降低虽然在一定程度上提高了产品价格竞争力，但是也会造成利润的损失。在制造商可以进行创新的情况下，如果国外制造商进行更多的创新投入，不仅可以增强产品竞争力，还可以提高自身利润。所以，从这一角度来说，即使在上下游非合作交易模式下，零售商相对于本土制造商买方势力的增强也有可能提高国外制造商创新水平。而且，如果考虑到国外制造商在创新方面的优势，那么这一结论更可能出现。① 由此可见，在上下游非合作交易模式下，买方

---

　　① 国外制造商创新优势一方面表现为其产品需求量大，创新的收益较高；另一方面表现为国外制造商技术积累较强，创新效率较高。

势力的增强依然会降低本土制造商创新激励，提高国外制造商创新激励。

其次，分析上下游定价权争夺模式下，买方势力对制造商创新的影响。根据第七章的研究，在上游制造商竞争，上下游定价权争夺的模式下，买方势力的增强会降低本土制造商的批发价格，但不影响国外制造商的批发价格（命题7.1）；且买方势力的变化不会影响市场零售价格（命题7.4）。由于买方势力不影响国外制造商产品和本土制造商产品的最终零售价格，所以市场需求数量自然不会变化。根据上文制造商创新决策分析可知，本土制造商的创新决策为 $\max\limits_{x_2} \prod_{M_2} = (w_2 - c + x_2)q_2 - C(x_2)$。通过分析可以很容易地发现，买方势力导致本土制造商批发价格 w_2 降低会降低本土制造商创新的边际收益，所以自然会导致本土制造商创新投入的降低。对于国外制造商，由于买方势力增强不影响市场零售价格及国外制造商产品需求，所以国外制造商获得的利润不随零售商买方势力的增强而变化。从这一角度来说，零售商相对于本土制造商买方势力的增强不会影响国外制造商的创新。但是，根据命题10.1的分析可知，在创新决策过程中，国外制造商和本土制造商之间的创新决策呈反向变动关系。从这一角度来看，在买方势力导致本土制造商创新水平降低的情况下，国外制造商创新水平会上升。所以，本章主要结论在上下游定价权争夺的模式下仍然成立。

综合以上分析可知，在上游制造商竞争的情况下，无论上下游纵向市场环境如何变化，零售商相对于本土制造商买方势力的增强都会降低本土制造商创新水平，但是提高了国外制造商创新水平。制造商竞争程度的增强会增强买方势力对国外制造商的正面促进作用，减弱买方势力对本土制造商创新的抑制作用。

第六节　买方势力影响创新的一般结论及机理

第九章和本章分别在下游零售商竞争和上游制造商竞争的背景下，考察了买方势力变化对制造商创新的影响。本节对这两章的研究进行总结，提炼出买方势力影响制造商创新的一般结论和机理。即使零售商相对于国外制造商没有买方势力，但是相对于本土制造商的买方势力也会对国外制造商创新产生影响。也就是说，即使零售商相对于某一制造商没有买方势力，但是相对于该制造商的竞争制造商的买方势力也会影响该制造商创新。以本章的情景设定为例，零售商相对于制造商 R_1 具有买方势力，相对于制造商 R_2 没有买方势力。此时，零售商的买方势力不仅会影响制造商 R_1 的创新，也会影响制造商 R_2 的创新。为了给出一般性的结论以及表述方便，对下文的语言情景进行简单设定，称制造商 R_1 为"制造商"或"该制造商"，称制造商 R_2 为"竞争制造商"。在此情景设定下可以得到一般性结论：零售商相对于某一制造商买方势力的增强会降低该制造商的创新水平，但是会增强竞争制造商的创新水平。

买方势力影响制造商创新的基本原理在于改变了制造商创新的边际收益，但是不同市场环境下买方势力对创新边际收益的影响途径存在差异。首先来分析买方势力相对制造商买方势力的增强对该制造商创新的影响途径，结论如图 10 – 9 所示。

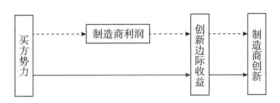

图 10 – 9　买方势力影响制造商创新的基本途径

从图 10 – 9 中可以看出，买方势力影响制造商创新有两种基本途径：首先，买方势力的增强降低了制造商的利润，制造商利润的降低会导致其创新边际收益下降，所以制造商创新水平下降。这一作用途径主要出现在上下游合作交易模式中，在上下游合作交易模式下，买方势力的增强不影响批发价格，但是提高了零售商利润分成，降低了制造商利润，进而会降低制造商创新边际收益和创新水平。其次，买方势力的增强可能会直接降低制造商创新的边际收益，进而降低制造商创新水平。这一作用途径主要表现在上下游非合作交易和定价权争夺模式下，在这两种模式下，买方势力的增强会降低制造商的批发价格，批发价格的降低会减少制造商的边际利润。制造商边际利润的降低自然会引发其创新边际收益下降，所以会导致制造商创新水平降低。

再来分析买方势力对竞争制造商创新的影响途径，结果如图 10 – 10 所示。

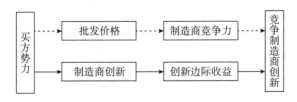

图 10 – 10　买方势力影响竞争制造商创新的基本途径

从图 10-10 中可以看出，买方势力影响竞争制造商创新也有两种途径：首先，由于制造商之间存在竞争，买方势力导致制造商批发价格的降低会减弱竞争制造商的产品价格竞争力，竞争制造商为提高自身竞争力会增强自身投入水平。这一作用途径主要表现在上下游非合作交易模式下，具体说明参见上一节的扩展讨论。其次，制造商在创新决策过程中也存在竞争和相互作用，买方势力导致制造商创新决策的变化会改变竞争制造商创新的边际收益，进而会引起竞争制造商创新决策的变化。通过命题 10.1 以及上一节的扩展分析可知，这种作用途径也会提高制造商创新水平。总结来看，在买方势力对竞争制造商创新的影响的两种途径中，前一种是通过制造商价格竞争发挥作用的，而后一种则是通过制造商创新竞争发挥作用的。

第七节　本章小结

本章在上游市场竞争的条件下，研究了买方势力对竞争制造商创新激励的影响，并探讨了市场竞争和买方势力之间的相互作用关系，揭示了买方势力和市场竞争影响企业创新的一般机理。在具体研究过程中，本章以我国制造业的横向竞争环境和纵向交易环境为背景，构建了上游国外制造商和本土制造商竞争、下游大型零售商垄断的纵向市场结构模型，并表现出下游零售商相对于上游制造商买方势力的差异，进而探讨零售商买方势力和市场竞争特征对上游制造商创新投入的影响。研究结果表明：

（1）零售商相对于本土制造商的买方势力不仅会影响本土制造商的创新，还会影响国外制造商的创新；但在具体影响上存在异质性，买方势力增强会抑制本土制造商的创新，促进国外制造商创新。

（2）制造商之间的竞争程度也会影响制造商创新激励，具体来说，随着竞争程度的增强，国外制造商创新投入呈现先下降后上升的 U 型变化特征，而本土制造商的创新投入始终降低。

（3）买方势力和市场竞争对制造商创新投入的影响具有相互交叉作用，即随着市场竞争程度的增强，买方势力对国外制造商创新的促进作用增强，对本土制造商创新的抑制作用降低。

第五部分

买方势力理论
构建与应用

　　本部分是全书研究的总结和提炼部分。基于前文的理论研究，本部分试图总结提炼买方势力的一般性理论，揭示买方势力作用的一般机理，并对买方势力理论研究的应用进行探讨。本部分共有两章内容，其中第十一章重点总结买方势力的作用机理和理论应用；第十二章则对本书进行进一步提炼，总结本书最核心研究结论，并对未来研究进行展望。

第十一章　基于市场环境的买方势力
理论构建及应用研究

[**本章提要**]　本章对第二、第三和第四部分的理论研究进行提炼，总结买方势力作用的一般结论；并以市场环境为基础，以买方势力效应为重点，以买方势力影响机理为核心，构建买方势力一般理论。基于这一理论，尝试探讨买方势力的一般规制路径，对零售产业、医药产业和煤电产业中的买方势力规制问题进行探讨，并对买方势力理论在企业竞争战略实践中的应用进行探讨。具体地，本章首先从市场环境与买方势力之间的作用关系、买方势力价格效应、买方势力创新效应三个方面构建买方势力一般理论；然后探讨买方势力的一般规制路径；最后对三个典型产业中的买方势力规制问题进行探讨，对买方势力在企业竞争战略实践中的应用进行分析。

第一节　基于市场环境的买方势力理论构建

本书在不同的市场环境下，考察了买方势力的价格效应和创新效应，揭示了买方势力作用的机理，探讨了市场环境与买方势力之间的相互关系。基于这些研究，本节重点对本书的研究结论进行总结提炼，构建基于市场环境的买方势力一般理论，一方面提升本书研究的理论意义，另一方面为下文的应用研究做铺垫。具体地，从三个方面构建买方势力一般理论：首先，系统阐述市场环境与买方势力之间的相互作用关系；其次，构建买方势力的价格效应理论，即不同市场环境下买方势力变化对交易价格以及市场影响价格的影响及其作用机理；最后，构建买方势力的创新效应理论，探讨不同条件下买方势力对创新的影响及其机理。

一、市场环境与买方势力之间的相互作用关系

市场环境与买方势力之间存在双向作用关系，主要表现在如下四个方面：

第一，市场环境会影响买方势力的大小。本书第二部分和第三部分研究表明，上游市场竞争程度和下游市场竞争程度都会影响下游企业的买方势力。在下游市场竞争较为激烈的条件下，上游企业可以选择的交易对象较多，对下游企业的依赖程度较低。所以，下游企业相对于上游企业的买方势力较弱。类似地，在上游市场竞争较为激烈的条件下，供下游企业选择的上游交易对象也较多，下游企业便可以以此作为威胁，迫使上游在谈判中做出更多的让步。也就是说，此时下游企业的买方势力较强。

第二，市场环境会影响买方势力的作用，这点主要体现在纵向市场环境的作用上。本书第二部分的研究表明，在不同的纵向市场环境下，买方势力的价格效应存在较大差异：在上下游非合作交易模式下，买方势力会影响批发价格和市场零售价格；但是上下游合作交易和定价权争夺模式下，买方势力的变化不会改变市场零售价格。类似地，本书第三部分的研究也表明，即使在上游制造商竞争的条件下，买方势力的价格效应也与纵向市场环境有关。

第三，买方势力的变化和作用会影响上下游纵向市场环境。这一结论最为明显的表现就是上下游定价权争夺的情形。第六章和第七章的研究表明，在零售商没有买方势力的情况下，上下游交易过程中，上游企业往往会对下游企业的价格进行控制。但是，一旦下游企业买方势力较强，便会突破这种控制，和上游企业争夺定价权。这种情况表明，下游企业买方势力的增强改变了上下游交易过程的纵向市场环境。

第四，买方势力的作用还会影响企业的横向竞争关系。本书第二部分研究表明，在上下游非合作交易模式下，买方势力不仅会影响自身批发价格，还会影响竞争对手批发价格，批发价格的变化会改变零售市场的竞争特征，进而会对零售商之间的竞争关系产生影响。此外，本书第四部分研究表明，下游零售商买方势力的变化还会对上游竞争制造商的创新决策产生影响，创新的变化会在长期内影响制造商的竞争力和市场竞争结构。由此可见，买方势力的作用会对上游市场竞争关系和下游市场竞争关系产生影响。

二、基于市场环境的买方势力价格效应理论

基于市场环境的买方势力价格效应理论就是要回答不同市场环境下买方势力

对企业价格决策的影响及其机理。需要再次指出的是，本书中的市场环境是指微观的市场结构环境，包含横向市场竞争、纵向交易模式等因素。根据本书第三章的分析，买方势力的影响可以分为对自身的影响和对其他企业的影响：前者是企业行使买方势力的过程，为了表述方便，本书称为买方势力的作用机理；后者称为买方势力的影响机理。基于这一分类，再结合本书第二和第三部分的具体研究，本节首先对不同环境下买方势力的一般作用机理进行总结；然后分析提炼买方势力作用的一般途径；最后总结买方势力价格效应的一般结论。

1. 买方势力价格效应的一般作用机理

不同市场环境下，买方势力价格效应的一般作用机理可以总结为图 11-1。

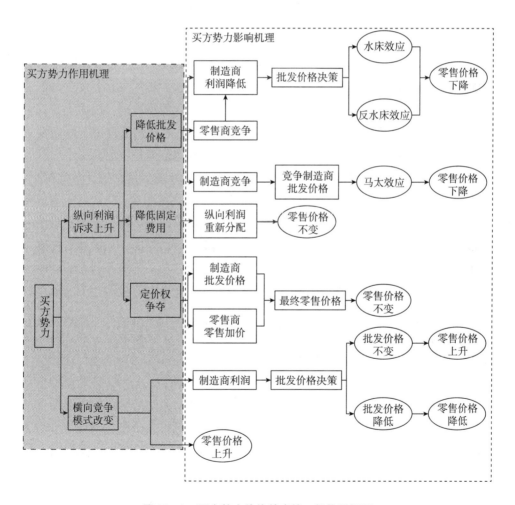

图 11-1　买方势力价格效应的一般作用机理

图 11 – 1 可以分为两个区域：左侧阴影部分表示买方势力的作用机理，即买方势力增强对企业自身的影响及其机理。右侧虚线框中的部分表示买方势力的影响机理，即买方势力增强对其他企业（包括制造商和竞争对手）行为的影响及其机理。从买方势力的作用机理来看，零售商买方势力的增强一方面增强了零售商相对于竞争对手的竞争力，从而使零售市场的横向价格决策模式发生改变；另一方面也增强了零售商相对于上游制造商的地位，从而使零售商在上下游纵向交易中产生更高的利润诉求。前者可以称为买方势力的横向影响，后者可以称为买方势力的纵向影响。横向影响的具体机制在于零售商买方势力的增强使其可以主导零售市场的价格决策。根据第二部分的分析，买方势力的出现往往伴随着零售商规模的扩大以及市场主导地位的增强，这样就使零售价格决策模式由原来的 Bertrand 竞争模式转变为 Stackelberg 竞争模式，具有买方势力的零售商成为了价格决策的主导者。纵向影响的机理则与上下游纵向交易模式有关，具体参见图 11 – 1。在上下游非合作交模式下，买方势力增强会使零售商向上游索要更低的批发价格；在上下游合作交易模式下，买方势力的增强使零售商可以向上游支付更低的固定费用，从而提高在联合利润中的分成比例；在上游企业对下游企业进行价格控制的情况下，买方势力的增强会使零售商和制造商争夺定价权。

买方势力的上述作用改变了其他企业所处的外部环境：从制造商角度来看，买方势力的增强一方面直接影响了制造商利润，另一方面改变了制造商面临的下游市场环境；从零售商竞争对手来看，买方势力的增强改变了其他竞争对手所处的横向竞争环境。这些外部环境的变化会使其他企业做出反应，从而改变市场中其他企业的行为。上述机制是买方势力影响企业行为的核心。但是，在不同的市场环境下，买方势力的其他企业行为的具体影响机理又存在差异。在下游零售市场竞争的条件下，零售商买方势力的增强不仅会影响零售商自身交易价格和零售价格，还可能影响竞争对手（没有买方势力）的交易价格和零售价格。但具体影响结果又取决于上下游纵向市场环境，具体地：

（1）在上下游非合作交易模式下，买方势力的增强降低了自身批发价格和制造商利润，此时制造商会通过批发价格的调整来应对买方势力。根据第四章的研究，随着零售商买方势力的增强，制造商制定的基准批发价格呈现先上升后下降的变化趋势。也就是说，买方势力既可能导致"水床效应"，也可能导致"反水床效应"，主要取决于买方势力大小。这一作用机理参见图 11 – 1 右侧区域的第一行。此外，买方势力的增强会改变下游零售竞争环境，主要原因在于买方势力增强降低了零售商批发价格，从而使下游零售商的竞争力发生变化，零售商竞争力的变化进一步导致市场需求的变化，市场需求的变化导致了对上游制造商的引致需求发生变化，即改变了制造商面临的下游市场结构。此时，制造商也会通过批发价格的调整作用应对，这即是图 11 - 1 右侧区域第二行的作用机理。通过第四章的分析，这种作用机理对批发价格的具体影响与上一种机理相同。如果上游制造商之间存在竞争，那么买方势力相对于某一制造商买方势力的增强还会改变其他制造商的批发价格。这是因为零售商相对于制造商买方势力的增强降低了批发价格，从而使该制造商的产品更具有竞争力。这会使竞争制造商处于不利的地位，所有竞争制造商也会对此做出反应。根据第三部分的研究，竞争制造商也会降低批发价格，从而降低其产品的零售价格，增强产品的竞争力。也就是说，零售商相对于某一制造商买方势力的增强不仅会使该制造商降低批发价格，还会使竞争制造商降低批发价格，本书称为"马太效应"。这种效应的作用机理参见图 11 - 1 右侧区域的第三行。

（2）在上下游合作交易模式下，买方势力的增强不会影响市场批发价格和零售价格，只会导致利润在上下游企业之间的重新分配。但是在上游制造商竞争的条件下，买方势力的增强不仅降低了零售商向该制造商支付的固定费用，还降低了零售商向竞争制造商支付的固定费用。这是"马太效应"在上下游合作交易模式下的表现。

（3）在上下游定价权争夺模式下，零售商买方势力的增强会降低制造商定价能力，从而迫使制造商降低批发价格。但是批发价格的降低完全转化为了零售商零售加价，所以不会导致市场零售价格的变化。此外，在上下游定价权争夺模式下，买方势力不会影响竞争对手的交易合约和零售价格。这是因为竞争对手和制造商之间的交易模式没有改变，制造商仍然可以对其进行价格控制。

以上分析了买方势力提高零售商纵向利润诉求所带来的企业决策影响。实际上，买方势力对零售商横向决策模式的改变也会带来企业行为的变化。首先，零售商横向决策模式的变化会直接影响市场零售价格。根据第四章的分析，横向决策模式的变化会降低零售市场竞争程度，提高市场零售价格。这种途径主要表现为图 11 - 1 的最后一行。此外，零售商横向决策模式的变化改变了市场需求结构，从而也改变了制造商面临的下游市场环境。制造商也会对此变化做出反应，根据第二部分的研究，在不同的纵向市场环境下制造商的反应不同。这一作用机理参见图 11 - 1 倒数第二行。

2. 买方势力价格效应的基本作用途径

综合以上分析可以发现，买方势力的影响及机理都较为复杂，在不同的市场环境下具有较大的变化。这些较为复杂的影响和机理削弱了理论的分析和应用价值，因此有必要对这些较为详细的影响和机理进行进一步提炼，概括为几点具有指导性的分析路径。下面先对买方势力价格效应作用的基本途径进行总结，具体作用途径参见图11-2。

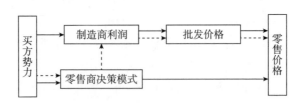

图11-2 买方势力价格效应作用的基本途径

从图11-2可以看出，买方势力对批发价格的影响主要有两种途径：第一，买方势力的变化提高了零售商在纵向关系中的利润诉求，降低了制造商利润，制造商会通过批发价格调整来应对买方势力导致的利润下降，这种作用途径表示为图11-2中的实线箭头作用过程；第二，买方势力的变化改变了零售商价格决策模式，产生了横向价格效应，横向价格效应会进一步改变制造商面临的市场环境和获得的利润，进而影响其批发价格决策，这种作用途径表示为图11-2中的虚线箭头作用过程。

在买方势力对最终零售价格的影响方面，买方势力影响最终零售价格主要有两种大途径：第一，横向竞争途径，即买方势力的横向价格效应。买方势力的增强会改变下游零售商零售价格决策模式，从而影响最终零售价格，从而会提高市场零售价格，这种作用途径表示为图11-2中最下方实线箭头作用过程。第二，纵向批发价格途径，买方势力的变化会改变制造商批发价格决策模式，批发价格决策的改变会进一步影响市场最终零售价格。由于买方势力会通过两种途径影响批发价格，所以纵向批发价格途径对零售价格的影响又可以细分为两种小途径。

3. 买方势力价格效应的一般结论

通过对本书第二部分和第三部分的研究进行总结，可以发现买方势力对上下游交易价格以及市场零售价格的影响主要与纵向交易环境和横向竞争环境有关，其中纵向市场环境的作用更突出。在上下游非合作交易下，买方势力的增强不仅降低了零售商支付的批发价格，还可能降低其他零售商支付的批发价格；如果上游制造商存在竞争，那么，零售商相对于某一制造商买方势力的增强不仅降低了该制造商的批发价格，还降低了竞争制造商的批发价格。在上下游非合作交易模式下，批发价格的降低导致了最终零售价格的降低。由此可见，买方势力的增强提高了最终消费者的福利。

在上下游合作交易模式下，买方势力的增强不改变批发价格，但是降低了零售商向制造商支付的固定费用。在上游制造商竞争的条件下，即使零售商相对于某一制造商没有买方势力，但是相对于竞争零售商买方势力的增强也会降低向其他制造商支付的固定费用，这一结论与非合作交易模式下的结论类似。在合作交易模式下，买方势力的增强不改变市场零售价格，只会导致利润在上下游企业之间的重新分配。

在定价权争夺模式下，买方势力的增强降低了零售商支付的批发价格，但是对其他企业（包括制造商和零售商）交易的批发价格没有影响，而且批发价格降低带来的优惠完全转化为了零售商零售加价，所以最终零售价格不会改变。

综上所述，买方势力的增强一般不会提高市场零售价格，损害消费者福利。但是，需要指出的是，上述结论没有考察买方势力的横向价格效应。根据前文的分析可知，买方势力的横向价格效应会提高零售价格，损害消费者福利。此外，还需要再次特别指出的是，本书是在不存在纵向控制的纵向关系模式下展开研究的，当考虑到买方势力对纵向控制的影响时，上述结论也有可能发生变化。[①]

三、基于市场环境的买方势力创新效应理论

根据本书第九章的研究可知，零售商买方势力的增强会降低制造商创新水平。如果上游制造商之间存在竞争，零售商相对于制造商买方势力的增强还会影响竞争制造商的创新投入。具体地，零售商相对制造商买方势力的增强会促进竞争制造商创新投入。从影响机理来看，不管是买方势力对制造商创新的影响，还是对竞争制造商创新的影响，其作用途径都有两种。第十章第六节已对买方势力影响创新的一般机理进行系统总结，本小节仅在此基础上进行概括提炼。

在买方势力影响制造商创新方面，零售商买方势力的增强一方面可能降低了制造商的总利润，另一方面可能降低了制造商销售产品的边际利润，这两种变化都会导致制造商创新的边际收益下降，从而导致制造商创新投入降低。从作用情景来看，买方势力通过具体通过哪一种途径发挥作用主要与市场环境有关：在上下游合作交易的模式下，买方势力会降低制造商在联合利润中的分成比例，进而降低制造商创新的边际收益，导致创新水平下降，即第一种途径发挥作用；在上

---

　　① 关于纵向关系的类型以及不同类型下买方势力的影响可以参见前文第二章第四节和第三章第一节的分析。

下游非合作交易和定价权争夺模式下，买方势力的增强会改变零售商向制造商支付的批发价格，进而降低了制造商的边际利润和边际创新收益，从而使制造商降低创新投入，此时第二种途径发挥作用。

在买方势力影响竞争制造商创新方面，买方势力的增强一方面会影响制造商的产品价格竞争，另一方面会影响制造商的创新竞争，这两方面的影响都会促使竞争制造商提高创新水平。具体来说，在制造商产品竞争方面，零售商相对于制造商买方势力的增强降低了该制造商产品批发价格和零售价格，进而提高了该制造商产品竞争力。面对这一情况，竞争制造商会加大创新投入，提升自身竞争力。在制造商竞争方面，根据第十章的分析，制造商创新水平会影响竞争制造商创新投入。所以，买方势力引发的制造商创新投入变化会间接影响竞争制造商创新投入。

第二节　基于市场环境的买方势力一般规制路径

基于以上对买方势力价格效应和创新效应的分析，本节构建买方势力的一般规制路径，基本思想是：从市场环境入手，厘清不同市场环境下买方势力的社会福利效应；在此基础上，以市场环境为起点，以买方势力福利效应为标准，提出不同的规制策略。笔者认为，买方势力一般规制路径的制定要依次考虑下游零售商竞争环境、上游制造商竞争环境以及制造商研发创新特征三个方面的市场环境因素，具体的规制路径参见图 11 - 3。

当下游市场竞争较为激烈时，对买方势力的变化应该采用"不规制"的策略，即图 11 - 3 中的规制路径 1。其中的原因在于：①根据本书第二部分研究，在下游市场竞争条件下，零售商买方势力较弱，影响有限；②在下游零售市场竞争的条件下，买方势力带来的优惠交易条款会向最终消费者传递。

当下游市场竞争不激烈时，零售商买方势力较强，而且买方势力可能会对社会福利产生负面影响。但此时是否需要对买方势力进行规制还需要考虑上游市场竞争特征。当上游市场竞争不激烈，即上游市场集中度较高时，买方势力的程度有限，所以也不太可能产生负面影响，所以同样可以采用图 11 - 3 中的"不规制"的路径。但是当上游市场竞争较为激烈时，下游企业通过买方势力压榨上游企业的能力较强。如果此时上游又是研发密集型的企业，那么买方势力极有可能

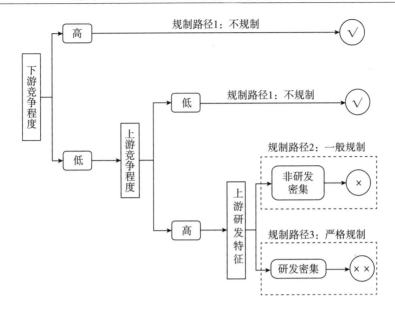

图 11 - 3　买方势力的一般规制路径

注：√表示不规制，×表示规制，×越多表示规制越严格。

对上游研发产生很大的负面影响，而如果上游是非研发密集型的产业，那么买方势力的负面影响就相对较弱，所以规制程度也应稍微宽松。因此，反垄断部分要根据上游企业的研发特征采用不同的规制路径：当上游是非研发密集型产业时，只需采用"一般规制"的策略，即图 11 - 3 中的规制路径 2。"一般规制"是指反垄断部门应对买方势力的负面效应有所提防，当发现其反竞争行为时应采取行动，同时反垄断部门可以对零售商进行道义性劝告，起到警戒的作用。而当上游是研发密集型产业时，则应采用"严格规制"的策略，即图 11 - 3 中的规制路径 3。"严格规制"是指反垄断部门应针对市场的竞争情况及买方势力影响主动展开反垄断调查，进行买方势力的经济效应评估，如发现负面效应，则积极采取相应的处罚措施。需要注意的是，第十章的研究表明，在上游制造商竞争的条件下，买方势力对不同制造商创新激励的影响不同。所以，在分析和评估买方势力对创新的影响时，理论上应该关注买方势力对上游创新总水平的影响。①

---

① 这一论断是从社会总福利出发得到的。当相关部门针对某种产业政策考察买方势力的影响时，关键点就会有过不同。比如，从提高本土制造商的创新角度来说，即使买方势力对国外制造商创新促进作用大于对本土制造商创新抑制作用（净效应为正），那么也应该对买方势力采取必要的规制手段。

最后需要指出的是，上述规制路径只是为相关反垄断部门的规制提供分析思路，并不能代表具体的规制策略。实际上，在具体的反垄断规制实践中，规制策略的制定还需要考虑很多其他问题，比如相关市场的界定、市场势力的认定、反垄断行为的确定、行为效应的认定等。在这些相关规制步骤中，行为效应的分析和认定无疑是最重要的环节之一，而本书的研究只是要提供买方势力效应的分析逻辑，本节的反垄断规制路径也正是基于这些研究为反垄断部门提供一种分析框架。此外，根据本书的分析，买方势力的增强本身可能带来一些正面效应，比如零售商自身效率的提高等。在分析买方势力综合福利效应的过程中，也应对这些因素进行考虑。

第三节　具体产业中的买方势力规制策略建议

上一节结合本书研究，给出了买方势力的一般规制路径。然而，在具体的规制实践中，买方势力的反垄断规制会遇到很多难点和挑战。这主要是因为：

第一，买方势力的表现具有多样性。虽然从理论上来说买方势力本质形式为下游企业在产业链主导地位的增强，但是具体到产业实践中，这种地位的增强在不同的产业具有不同的表现，即使在同一产业也有可能有多种表现。以零售产业为例，往往表现为长期拖欠制造商货款、收取名目繁多的费用（如上架费、通道费、促销费等）、强迫制造商签订不公平条款、对制造商实施纵向控制等。买方势力表现形式的多样性使反垄断规制的目标不易制定，同时也提高了监督、执法成本。

第二，买方势力的作用具有隐蔽性。买方势力作用的隐蔽性主要体现在两个方面：①买方势力与其他市场环境相互作用，可能使其他市场因素掩盖了买方势力的作用。比如引起煤电冲突的因素一方面有买方势力的作用，另一方面也有电力价格机制的因素，但是后一因素往往掩盖了前一因素的作用。②买方势力的反垄断作用不容易引发反垄断部门的注意，主要表现在零售产业，大型零售商对终端渠道的绝对控制，使制造商对其产生了严重的依赖，即使零售商行使其买方势力，对制造商施加不公平条款，大多制造商也都是"敢怒不敢言"，这就使买方势力引发的反垄断行为不容易被反垄断部门发现。

第三，买方势力的效应具有复杂性。正如本研究结论所显示的，买方势力的增强可以提高零售效率，促进零售业的高效发展，从这一角度来说买方势力的效应是积极的。但是，如果考虑到买方势力对制造商研发激励的影响，买方势力又会产生负面影响。再加上市场环境的复杂性，买方势力产生的作用会更加多变，这也加大了反垄断执法的难度。所以，对不同产业中买方势力规制策略的制定要根据产业实际情况具体分析。本节即在分析零售、医药和煤电产业特征的基础之上，给出这些产业的买方势力规制策略建议。需要指出的是，这里的规制策略是广义的概念，不单指对买方势力的规制，还可以指利用买方势力，提高市场绩效的情况。

一、零售产业买方势力规制建议

结合本研究的结论以及我国零售市场具体特征，笔者认为目前不需要对我国零售市场的买方势力进行过度担忧，其原因有如下两点：第一，我国零售市场集中度较低，市场竞争程度较为激烈，加之近年来网络零售商的发展，进一步加剧了传统零售市场的竞争程度。在这种竞争较为激烈的市场环境下，买方势力大小和作用都极其有限。第二，根据第二部分研究结果，在下游市场竞争的条件下，买方势力会在一定程度上降低市场零售价格，给消费者带来福利。虽然不需要对零售产业的买方势力进行过多规制和干预，但还是需要反垄断部门关注零售产业买方势力的发展，防止买方势力损害社会福利。具体地，可以从如下两方面入手：

（1）建议反垄断执法部门和零售行业协会合作，对中国零售市场竞争情况进行集中调查和评估。[①] 调查内容应该包括行业整体情况和个别大型零售商具体情况两个方面。在行业整体竞争情况的调查中，建议反垄断部门对不同年度零售行业的整体市场集中度、盈利水平以及行业运营效率等指标进行评估。[②] 其中，集中度和盈利水平可以粗略反映零售市场竞争情况和买方势力变化，[③] 行业整体运营效率则可以反映零售效率的变化。反垄断的最终目的绝不是消除市场势力，

---

① 目前，中国连锁经营协会每年都会发布《中国连锁经营年鉴》，其中就含有对连锁经营行业运营情况的报告，但是这些报告一方面不是太完整，尚不能对整体零售行业做出评估；另一方面其统计和报告导向都偏向指导行业经营实践，不能直接用于行业规制参考。但是这些行业协会的工作为反垄断部门与其合作提供了基础。

② 市场集中度可以采用 CR4 和 CR8 的统计指标，盈利水平可以采用行业整体利润与行业营业收入的比值来衡量，行业运营效率可以采用行业运营成本与行业营业收入的比值计算。

③ 根据上文的研究结论，买方势力增强会导致其边际利润增加，所以如果零售行业的盈利能力在逐年增加，再加之市场集中度在提高，则可以在一定程度上说明买方势力在增强。

而是防止市场势力的不正当发挥，进而保护市场竞争，提高市场效率。通过这些调查可以对零售商行业整体竞争情况以及买方势力大小有一个粗略的了解，这样可以为反垄断机构的下一步规制工作奠定现实基础，定下基本基调。① 在个别零售商买方势力的评估方面，建议反垄断部门针对目前市场中份额较大、零供冲突多发的零售商展开重点调查，② 主要关注这些零售商在行业中的市场份额、盈利水平以及运营效率。通过对这些数据的纵向比较以及与行业整体水平的横向比较，判断单个零售商在零售市场中的地位及其买方势力情况。这一分析比较一方面可以帮助反垄断执法部门确定重点执法对象，从而降低执法成本；另一方面也为下一步正式执法过程中的理论分析提供了必要的数据和前期准备（如企业的盈利状况和运营效率等）。此外，这种调查实质上也是在向大型零售商发出一种信号，表明反垄断部门对其行为的规制倾向，促使其规范自身行为，达到规制震慑的作用。

（2）在对行业和个别企业进行调查评估的基础上，如果发现个别大型零售商表现出明显的买方势力迹象，那么反垄断执法机构则要对这些企业进行重点跟踪调查，进而采取适当的规制措施。在跟踪调查过程中建议执法部门参考以下两种规制策略：第一种是主动出击的策略。反垄断部门一旦发现某一大型零售商具有很强的买方势力迹象，且该大型零售商以往和制造商发生过冲突矛盾，则可以主动对这些零售商展开反垄断调查，即主动出击的策略。在具体的调查过程中，需要进一步缩小调查范围。因为大型零售商往往销售很多制造商的产品，买方势力更准确的含义应该是相对于某一特定制造商或制造业的买方势力，所以在选定零售商的调查对象后，还需要选择相应的上游制造商作为分析目标，这一目标的选择可以根据中国制造业发展的具体情况而定，优先选定对消费者生活影响较大的、对技术进步驱动较强的制造产业。然后参考上一节中的规制路径，分析买方势力对这一制造业的影响，继而提出规制措施。第二种策略是举报调查的策略，即反垄断部门在接受到针对零售商的反垄断举报以后才启动反垄断调查程序，这种策略适合用于规制买方势力不是太大的零售商。通过这种策略既可以达到充分累积、发挥零售市场效率的作用，又可以防范买方势力的不利影响。一般而言，反垄断行为的举报针对性都较强，往往都是零售商的具体的可能产生反竞争效

---

① 零售产业是规模经济和范围经济很明显的行业，与发达国家相比中国零售市场集中度还较低，整体运营效率和创新效率也都比较低，所以对零售行业的反垄断执法要适时适度，一方面要注意培育市场集中度，提高运营效应；另一方面又要防止大型零售商行使自身势力，妨碍市场竞争和经济效率提高。

② 可以参考附录中给出的零供冲突案例总结。

的垄断行为（如零售商对制造商采用的纵向控制），所以在这一策略的具体执行过程中反垄断部门除了参考上一节提出的规制路径外，还需要对具体垄断行为的绩效进行经济分析。

二、医药产业买方势力规制建议

医药产业买方势力现象也较为严重，主要表现为医院和政府部门在药品采购过程中的势力。但是在医药产业中买方势力有利面（降低药品价格）和不利面（可能抑制了医药公司研发）的表现都较为明显。所以，关于药品采购过程中买方势力的利用和规制要综合考虑其影响。笔者认为，可以从以下两方面进行分析：

（1）权衡买方势力降低药品价格和抑制制药企业创新之间的关系。通过本书的研究发现，买方势力在一定条件下确实可以降低产品价格。所以，可以通过集中采购的方式增强政府、医药的买方势力，降低药品价格。实际上，目前我国实行基本药物政府招投标制度的一个重要方面就是降低医药采购价格，稳定基本药物价格，保障药品的供给。但是，本书的研究还发现，买方势力在降低产品价格的同时会抑制上游企业创新。具体到医药产业，药品采购过程中的买方势力增强可能会降低制造企业的创新投入。这一影响对于制药产业的发展不利，尤其在我国制药产业整体创新能力较弱的情况下，买方势力的过度作用势必会影响制药企业的创新机理，降低制药产业的竞争力，从而在长期内降低社会整体福利。从这个角度来看，医药产业的买方势力的作用既有正面效应，也有负面效应。相关机构在政策决策过程中要充分权衡这两种效应的影响，一方面充分发挥买方势力降低药品价格的正面作用，另一方面也要激励制药企业的创新。

（2）按照创新投入指标对药品进行分类，不同药品类型采用不同的采购模式。如前所述，通过买方势力降低药品采购价格和销售价格最重要的一个方面就是防止买方势力对制药企业创新的负面影响。为此，可以根据药品开发过程中的创新投入对药品进行分类，对于创新投入低的药品，可以采用集中采购、招标的方式增大采购规模，提升买方势力，以降低采购价格；对于药品开发过程中需要创新投入较多的药品，则应充分考察集中采购对制造企业创新的负面影响，对于这类药品不建议通过政府招标、集中采购等方式压低价格。

三、煤电产业买方势力规制建议

煤电产业买方势力导致的问题主要表现为煤炭企业和发电企业谈判过程中的

冲突。笔者认为造成这一冲突的原因有两点：第一，煤炭企业的卖方势力和发电企业的买方势力均较强，从而使电煤价格谈判上互不让步；第二，下游电力市场是一个受管制的市场，电价受到政府的规制，从而使电煤价格不能顺利地向下游传导。煤电产业的买方势力问题就是要破除煤电谈判过程中的冲突问题。根据本书的研究，提出如下建议：

（1）推进煤电企业的纵向合作，形成利益联合体。本书的研究表明，在上下游合作交易模式下，买方势力的增强不会导致中间交易价格的变化，只会带来上下游利润的重新分配。由此可见，如果可以实现煤电企业之间的纵向合作，则可以将两者的利润目标相统一，使交易向着联合利润最大化的方向进行。再辅之一定的利润分配手段，即可破解煤电冲突问题。在具体实施过程中，可以考虑的方式有两种：第一，煤电企业的纵向一体化；第二，改变煤电企业的交易模式，实行收益共享的交易策略。

（2）完善市场价格监控和发布体制，为煤电企业谈判提供良好的参考依据。根据前文的分析可知，决定上下游谈判的因素主要有上下游谈判势力和外部选择价值，其中外部选择价值是最为重要的一个方面。企业对外部选择价值的认知不同，必然会导致其谈判目标的差异，从而使谈判处于僵局，这也是造成煤电谈判矛盾的重要因素。市场价格需求波动和价格变动情况，不同地区煤电交易情况都是影响煤电企业外部选择价值的重要因素。所以，完善这些数据的搜集、监控和发布机制有利于企业形成对外部选择价值的共同知识，从而可以在一定程度上破解煤电谈判矛盾。

第四节　买方势力在企业实践中的应用

目前，在买方势力理论研究的应用方面，绝大多数学者都关注于买方势力理论研究对于反垄断实践的意义。实际上，如同卖方市场势力一样，买方势力本身并不具有反垄断、抑制竞争的本性，相反，甚至具有促进竞争的属性。那么，在买方势力不会造成社会福利降低的情况下，企业就可以利用买方势力来提高自身绩效。也就是说，买方势力理论在企业实践中具有一定的应用价值。笔者认为，买方势力在企业实践中的应用可以从两个角度来思考：从企业微观决策的角度来看，买方势力的增强可以提高企业利润。那么，企业采取哪些措施可以增强买方势力，提高自身绩效呢？这即是买方势力的一个重要应用。从宏观理论层面来看，买方势力在企业竞争战略基础理论的分析中具有重要的地位。以下笔者分别从这两个方面简单考察买方势力理论在企业实践中的应用。需要特别指出的是，这些应用，尤其是买方势力在企业竞争战略基础理论中的作用，只是笔者的一些初步的、简单的思考，其合理性和正确性还需要进一步探讨。

一、应对和增强企业买方势力的决策选择

从狭义的角度来看，买方势力在企业决策中的应用主要表现在两个方面：第一，上游企业如何应对下游企业买方势力对自身的不利影响；第二，下游企业如何增强自身买方势力以提高自身绩效。对于前一问题，笔者认为企业可以从两方面入手：第一，寻求与下游企业的纵向合作。纵向合作的形成不仅可以缓解买方势力的不利影响，而且可以实现上下游企业的优势互补，提高产业链整体绩效。第二，增强自身外部选择价值。从前文的分析可以看出，上游制造商外部选择价值的增强可以提高制造商在上下游交易过程中获得的利润，进而可能在一定程度上减弱买方势力的影响。在具体实践中，上游企业可以通过后向一体化、寻找新的合作伙伴、开展研发等策略来提高自身外部选择价值。对于后一个问题，笔者认为可以从买方势力的形成研究中寻找答案。比如，下游企业既可以通过兼并扩大自身规模，从而提高买方势力，也可以通过和其他企业进行联合采购的方式提高自身买方势力。

二、买方势力在企业竞争战略基础理论中的地位

竞争战略是企业战略的重要组成部分，其核心关注问题是如何通过确定顾客需求、竞争者产品及本企业产品这三者之间的关系，来奠定本企业产品在市场上的特定地位并维持这一地位。自从"竞争战略之父"迈克尔·波特在1980年出版《竞争战略》（Competitive Strategy：Techniques for Analyzing Industries and Competition）一书后，竞争战略已逐渐成为一门重要的理论学科，吸引了大量研究者对其进行学术探讨。

波特的重要贡献之一在于为竞争战略的分析提供了理论框架，其提出的"五力模型""三大一般性战略"成为了竞争战略分析的重要理论基础（巴尼，2011）。在竞争战略的理论基础中，买方势力扮演着重要的角色。

1. 买方势力与"五力模型"

企业竞争战略关注的首要问题就是"产业吸引力"，产业吸引力是决定企业

获利能力的首要因素。波特教授提出了著名的"五力模型"来分析产业吸引力，这五种影响产业吸引力的因素分别是新进入者的威胁、替代品或服务的威胁、既有竞争者、客户的议价能力和供应商的议价能力。

买方势力理论对"五力模型"的意义在于：买方势力来源的理论研究可以为五力模型的分析提供启发。五力模型中的一个重要因素就是客户的议价能力，这种议价能力本质上就是买方势力。所以，从这一角度来看，买方势力的来源研究可以为五力模型中的客户议价能力的分析提供理论参考。

2. 买方势力与企业战略分类：一些不成熟的思考

产业吸引力的分析可以为企业确定可进入的产业，但在进入某一产业后，或者对于产业现有企业来说，最重要的工作就是制定合理的竞争战略，以提高自身利润。竞争战略理论提出了很多增强企业竞争力的战略，笔者认为有必要按照一定的标准对这些战略进行分类。这种分类的目的一方面可以梳理不同战略之间的内在联系，另一方面可以为其他竞争战略的提出提供启发。

简单来说，企业的利润就是价格和成本之差。所以，从这个角度来说，决定企业获利能力的就是企业影响价格的能力以及决定成本的能力。更进一步地，再来分析企业价格和成本的决定过程。在图 11－4 所示的简单纵向市场结构中，价格是企业与客户之间的交易关系，根据上文分析，由客户的买方势力和企业的买方势力决定；成本在本质上是企业与供应商之间的价格，根据上文分析，成本由供应商的买方势力和企业的买方势力决定。

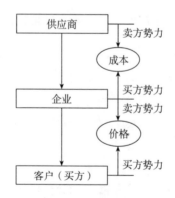

图 11－4　纵向市场结构下的价格和成本决定

根据上文分析，企业相对于客户的卖方势力越强，其定价能力就越强，相应的价格就越高；企业相对于上游供应商的买方势力越强，其支付给供应商的价格就越低，相应的成本就越低。从这一角度来看，企业要想获得竞争优势，本质上就是要增强相对于下游客户的卖方势力，以及相对于上游供应商的买方势力。相应地，企业竞争战略也就可以分为提高买方势力的竞争战略和提高卖方势力的竞争战略。那么，这种竞争战略的分类方法有什么意义呢？

笔者认为，正是因为企业的绩效由买方势力和卖方势力共同决定，所以以可以根据此标准对企业进行分类。从理论上来说，按照企业买方势力和卖方势力的高低可以将企业分为四类（见图 11 - 5）：低买方势力低卖方势力、低买方势力高卖方势力、高买方势力低卖方势力、高买方势力高卖方势力。

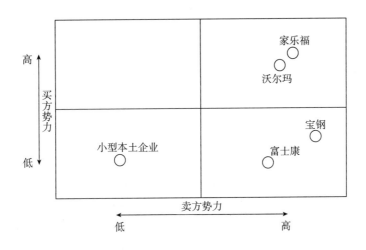

图 11 - 5　根据买方势力和卖方势力对企业的分类

上述企业分类的意义在于，对于不同企业可以采用不同的竞争战略，对于低买方势力低卖方势力的企业，需要同时采用提高买方势力的竞争战略和提高卖方势力的竞争战略；对于低买方势力高卖方势力的企业，需要采用买方势力的竞争战略；对于高买方势力低卖方势力的企业，则需采用提高卖方势力的竞争战略。

第五节　本章小结

本章是全书的理论提炼和应用研究部分。基于本书的研究，本章系统总结了买方势力价格效应和创新效应，并以市场环境为基础，以买方势力的效应和作用机制为核心，构建了买方势力的一般理论。在此基础上，探讨了买方势力的反垄断应用和企业战略实践应用。通过本章的研究发现：买方势力的作用与市场环境之间存在密切关系，一方面，市场环境会影响买方势力的作用机理和作用效应；另一方面，买方势力的作用也会在一定程度上改变市场环境。从价格效应来看，买方势力的增强一般会降低市场零售价格，提高消费者福利；但是，从创新效应来看，买方势力的增强往往会抑制制造商创新，从而降低社会福利。所以，对于买方势力的规制要充分考虑不同市场环境下买方势力的价格效应和创新效应，综合评估买方势力的净福利效果。

第十二章 结论和未来研究展望

第一节 主要研究结论

本书在已有理论研究的基础之上，系统总结了买方势力的理论研究体系，提出了买方势力理论研究应该重点关注三个方面，即买方势力的基础研究、买方势力的理论研究以及买方势力的应用研究。结合笔者近几年对买方势力的研究，本书首先对买方势力的概念和作用机理进行了简要分析；然后从横向竞争环境和纵向交易环境出发，重点探讨了不同市场环境下买方势力的价格效应和创新效应，构建了买方势力作用的一般理论；在此基础上，探讨了买方势力理论的反垄断应用和企业实践应用。本书的主要研究结论可以总结为如下几个方面：

（1）买方势力与市场环境之间的关系。买方势力与市场竞争之间存在双向作用关系：一方面，上游市场竞争和下游市场竞争都会影响买方势力的存在和大小，同时也影响了买方势力的作用效果；另一方面，买方势力的作用也会在一定程度上改变上游市场竞争结构和下游市场结构。

（2）买方势力的价格效应。买方势力的价格效应可以分为横向价格效应和纵向价格效应两种。横向价格效应是指买方势力增强后改变零售商的横向价格决策模式，进而导致市场零售价格发生的变化。买方势力横向价格效应在本质上是买方势力增强导致的企业卖方势力变化及其影响，它倾向于提高市场零售价格。纵向价格效应是指买方势力变化对上下游交易价格的影响。纵向价格效应的作用效果与上下游纵向交易环境有关：在非合作交易模式下，买方势力的纵向价格效应会降低具有买方势力的交易价格，对其他零售商交易价格的影响不确定；在合作交易模式下，买方势力不会影响上下游交易价格；在定价权争夺模式下，买方势力的纵向价格效应会降低具有买方势力零售商的价格，对其他零售商交易价格没有影响。市场零售价格的变化同时受横向价格效应和纵向价格效应的影响，横向价格效应倾向于提高零售价格，纵向价格效应对零售价格的影响不确定，但更可能出现的情况是降低零售价格。从整合作用效果来说，买方势力的增强往往会降低市场零售价格，提高消费者福利。

（3）买方势力的创新效应。在买方势力的创新效应方面，零售商相对于某一制造商买方势力的增强会降低该制造商的创新投入。这种结果的出现存在两种不同的作用途径：一方面，买方势力的增强降低了制造商获得的利润，减少了其用于创新的利润基础；另一方面，买方势力的增强降低了制造商产品的边际收益，从而降低了创新的边际收益，抑制了制造商创新投入。此外，在上游制造商竞争的条件下，零售商相对于某一制造商买方势力的增强还会影响竞争制造商的创新投入。从作用结果来看，买方势力的增强会促进竞争制造商的创新投入。从这一结论来看，我国制造业制造商中下游企业相对于本土制造商买方势力的增强不仅抑制了本土制造商创新，还促进了国外制造商创新，从而降低了本土的自主创新能力。此外，从制造商竞争程度的影响来看，制造商竞争程度的加强会减弱买方势力对创新的负面作用，加强买方势力对创新的正面作用。

（4）买方势力的规制和应用。本书的研究表明，买方势力的增强既存在有利于社会福利的一面，主要表现为降低市场价格；也具有不利于社会福利的一面，主要表现为买方势力对创新的抑制作用。所以，对于买方势力的规制要综合考虑这两种相反福利效应的作用。具体地，反垄断部门应该从下游市场竞争环境、上游市场竞争环境、上游市场创新特征三个方面综合分析买方势力的福利效果，进而制定科学合理的规制策略。结合我国市场环境特征，本书还提出了具体产业中的买方势力规制建议：对于零售产业，本书认为当前我国零售产业的买方势力问题不需过多的规制；对于医药产业，本书认为政府和相关医疗机构可以通过集中采购的方式增强自身买方势力，降低采购成本，但需注意制造商买方势力可能对制药企业创新造成的负面影响，最好的措施是根据药品创新特征采用不同的采购模式；对于煤电产业，本书认为加强煤电企业纵向合作，完善电煤需求、价格等数据的监控发布机制有利于破解煤电谈判矛盾，促使产业良性发展。

第二节　研究不足和未来研究展望

正如本书第一章所述，买方势力是与传统卖方势力相对应的一种市场势力形式，对其进行研究具有重要的理论意义。但是，很长一段时间来学术界对买方势力没有给予足够的重视。虽然 Galbraith（1952）提出了抗衡势力的概念，使买方势力第一次以较为完整的理论形态出现于学术研究中，但是种种原因导致买方势力的理论研究再次被学术界所忽视。直到近三十年，西方发达国家大型零售组织买方势力不断增强，并引发了一系列反垄断担忧，从而使买方势力的研究受到学术界的重视。就我国市场环境而言，伴随着各产业市场集中度的增强、国家产业结构调整以及去产能政策的实施，各产业市场集中度势必会有所提高，买方势力的现象也会越来越严重，由此引发的买方势力理论问题也将越来越重要。所以，买方势力的研究也具有重要的现实意义。

但是，买方势力是一个较为庞大的理论研究体系，虽然笔者对这些问题进行了一些探索，但限于个人学术能力，远不能对这些问题进行较为全面的研究。实为遗憾！好在通过笔者近六年的研究，对买方势力问题或多或少有些体会，下面即根据个人研究经历指出买方势力理论以后研究可以深入之处，以期能够有更多的读者来一起揭开买方势力背后的奥秘。

从整体上来看，本书第三章买方势力理论研究体系中的许多内容都是值得未来进行深入探讨的理论问题。但是，为了使这些研究方向更加具体，以下笔者从两个方面详细阐述未来研究方向：一是较为微观的研究问题，这些研究问题主要是本书研究的不足和有待深入、扩展之处；二是买方势力理论研究的大方向。对于这些研究方向，有些内容笔者进行了初步探讨，有些还未来得及进行具体研究。为了方便后续研究，在进行研究展望的同时，笔者会提供一些简单的研究思路和参考文献。

一、本书不足和未来的扩展方向

1. 基本纵向市场环境对买方势力的影响研究

本书将上下游企业纵向交易模式看作纵向市场环境因素的一种。但实际上，上下游纵向交易模式往往是企业在不同的市场环境下而选择的交易方式，它本质上是纵向市场环境在上下游交易过程中的表现，而非基本的纵向市场环境。正如上文所述，如果某种纵向交易模式是行业普遍做法，那么，纵向交易模式则成为了行业特征，可以看作企业进入该产业面临的纵向市场环境。本书正是在这种思想下展开研究的，但是这一处理方式不够准确，也不能代表所有情况。所以，未来的研究可以从分析更加基本的纵向市场环境入手，考察不同纵向市场环境下买方势力的作用和影响。笔者认为，上下游企业所处的纵向信息环境，比如信息不确定、信息不对称等，是一个可行的切入点。

2. 定价权争夺的其他模型化方法

定价权争夺既是我国本土市场下买方势力所处的重要市场环境，也是买方势力的重要表现形式。对定价权争夺情形下的买方势力进行研究可以反映买方势力在我国市场中特定的作用效应。正如本书第六章所述，在现实产业中，制造商控制定价权具有不同的表现形式。本书主要采用了企业决策顺序的差异来对定价权争夺模式下的买方势力进行模型化。未来可以采用其他模型方法，深入探讨定价权争夺模式下买方势力的影响。

3. 买方势力对上下游交易合约的影响研究

本书重点分析了买方势力对企业价格决策和创新决策的影响，这些影响的一个直接后果就是降低了制造商的利润。但是，在不同的纵向市场环境下，买方势力对制造商利润的影响可能存在差异。在此情况下，制造商可能会选择一个最优的交易方式，以使买方势力的负面影响最小化。由此可以派生出一个研究问题，即买方势力对制造商合约的影响。对这一问题的研究可以参考李凯等（2014）及李凯等（2017）。

4. 买方势力条件下的企业合作创新问题

本书第四部分的研究表明，买方势力的增强会降低制造商创新水平。从产业链整体视角来看，制造商创新的降低会降低产业链整体竞争力，不仅不利于制造商，也不利于零售商。对于这一情况，一个可行的解决方法就是进行上下游纵向合作创新。现实经济中，具有买方势力的零售商和上游制造商进行合作创新的案例也十分常见。比如大润发，凭借大量的销售数据，可以敏锐地洞察市场的需求，为制造商开发新产品提供指导意见；据资料显示，大润发曾多次外派工作人员深入生产厂家，学习交流研发、生产、销售等环节的优化方案，效益显著①。2017 年 6 月，华润万家乐购和 Ocean Fleet 卓越海鲜合作进行了零售方式的创新，

---

① 大润发的 8 个秘密：与供应商共成长　重视机制的力量［EB/OL］. http：//hb. winshang. com/news‐272816. html，2014‐08‐07.

满足了客户最舒心的购物体验①。由此，便产生了一个重要的理论研究问题，即买方势力与企业合作创新之间的关系。具体研究问题包括买方势力对企业合作创新会产生哪些影响，包括对合作创新水平的影响、对合作创新对象选择的影响等。

5. 买方势力反垄断规制的进一步细化

买方势力的反垄断规制策略是买方势力研究的重要目的，本书给出了买方势力规制的一般路径和特定产业中的买方势力规制策略。正如上文所述，本书给出的买方势力规制路径更多的是一种分析逻辑，在实际的买方势力规制实践中还需要对其进行细化，包括买方势力规制对象的确定、相关市场的界定、买方势力的评估等。也就是说，要想真正将买方势力的理论研究应用于买方势力的反垄断实践中，还需要很长的路要走，这也正是本书买方势力规制未来研究需要进一步深入之处。笔者认为，买方势力反垄断规制实践未来的研究可以从相关市场的界定、买方势力的衡量、买方势力的效应评估等几个方面入手。在关于这方面的研究中，Dobson 等（1998）、Kirkwood（2005）、Chen（2007）、Clarke 等（2002）等都是较具有启发意义的参考文献。

二、买方势力相关的其他研究问题

通过第三章的买方势力理论研究体系构建可以发现，买方势力的理论研究是一个较为庞大的体系，现有理论文献对其中的一些问题进行了探讨，本书则基于横向竞争环境和纵向交易环境对买方势力的作用和影响进行了探讨。但是，从买方势力的理论研究体系来看，还有很多其他重要问题值得进行更深入研究。本小节就结合第三章的理论研究体系以及现有研究现状提出买方势力未来研究值得深入的方面。

1. 买方势力的基本研究问题再探讨

笔者认为，在买方势力的基础研究中，还存在一些关键性的基础性的理论问题值得思考。首先，在买方势力概念和内涵方面，虽然目前对买方势力的内涵认识比较统一，但是买方势力与传统（卖方）市场势力之间的关系，以及买方势力在企业行为中的作用和在经济学研究中的作用还需要再思考。尽管笔者在第三章第二节对这些问题进行了一些分析，但是还需要更加深入地思考和分析。比如，企业买方势力与卖方势力之间的相关关系以及转化关系等。其次，买方势力

---

① 华润万家乐购与 OceanFleet 合作试点零售创新项目［EB/OL］. http：//www. linkshop. com. cn/web/archives/2017/379368. shtml，2017 - 06 - 07.

的衡量也是未来研究的重要方面，这一研究对于买方势力的实证研究和反垄断应用具有重要的意义。但是，目前学术界还没有探索出普遍认可的买方势力衡量标准。对于买方势力衡量指标的研究，一些可供参考的文献包括 Noll（2005）、Blair 和 Harrison（2010）以及辛欣等（2017）。

2. 买方势力与纵向控制的理论研究

笔者在本书第六章和第七章的研究中指出，上下游交易过程中，上游企业往往对下游企业的定价行为进行控制。这种上游企业对下游企业行为进行控制的现象在理论研究中被称为纵向控制。现实经济中，纵向控制行为十分常见，但是这种纵向控制行为往往是上游企业对下游企业实施的控制，即上游主导的纵向控制。上游主导的纵向控制反映了上游企业在产业链中占据主导地位，具有较强的市场势力。买方势力的增强挑战了上游企业的市场地位，从而会对传统纵向控制行为产生影响。[①] 那么，买方势力对传统的纵向控制会产生哪些影响？这一问题也是买方势力理论研究的一个重要方面。笔者认为，买方势力对纵向控制的影响研究可以从两个方面展开：一方面，可以研究买方势力增强会对上游主导的纵向控制的实施条件以及作用效果产生影响；另一方面，买方势力的增强也会产生新的纵向控制形式，即买方主导的纵向控制，这种纵向控制形式的机理及其福利效应也是一个重要的研究方面。

在买方势力对传统纵向控制的影响方面，笔者进行了一些初步探讨，比如笔者在 2014 年的硕士学位论文《买方抗衡势力条件下的两部收费制研究》中即对买方势力对两部收费制的影响进行了研究（李伟，2014）；2014 年笔者在另外一篇学术论文中具体考察了买方势力对两部收费制和转售价格维持这两种纵向控制形式实施条件的影响（李凯等，2014）。在这方面的研究中，笔者认为未来可以在不同的市场环境下，进一步考察买方势力对传统纵向控制实施条件及效果的影响，其中一个重要的方面就是转售价格维持、排他交易等。

在买方主导的纵向控制研究方面，国内外学者都有所关注，且近年来越来越多的学者对零售商主导的纵向控制机理及其效应进行了探讨。这方面研究较好的参考文献有 Dobson（2008）、Rey 和 Whinston（2013）、Gabrielsen 和 Johansen（2015）、岳中刚（2008）、石奇和岳中刚（2008）、张赞（2006）等。对于具体研究问题，笔者认为可以从市场需求特征、服务特征、信息特征等微观市场环境入手，探讨不同市场环境下，零售商实施纵向控制的机理及其影响。比如，可以

---

① 第三章买方势力理论研究体系构建部分将买方势力作用途径分为价格条款的作用途径和非价格条款的作用途径，其中非价格条款作用途径一个很重要的方面就是买方势力通过纵向控制发挥影响。

考察上下游信息不对称条件下，下游买方实施纵向控制的机理及其影响。

3. 买方势力的实证研究

从研究方法上来看，目前关于买方势力的研究多是采用数理模型的方法，从逻辑上分析买方势力的作用机理及其影响。但是，这些分析结论能否成为具有普遍性的理论用于反垄断和企业实践中还需要现实的检验。所以，采用实证研究的方法对买方势力的相关问题进行实证研讨也是未来的重要研究方向之一。

从研究内容上来看，买方势力未来的实证研究内容包括如下几个方面：第一，买方势力对产业链利润结构的影响。从现有理论研究来看，买方势力的增强会降低制造商的利润。但是现实经济中这种结论是否成立还需要进一步验证。关于这类研究方向较好的参考文献包括 Lustgarten（1975）、Schumacher（1991）、辛欣等（2017）。第二，买方势力对企业创新激励的影响。关于买方势力对企业创新影响的实证研究可以参考 Weiss 和 Wittkopp（2005）、孙晓华和郑辉（2013）。

4. 买方势力对零售商创新行为的影响

在买方势力对创新的影响方面，学术界关注的重点都是买方势力对制造商创新的影响。很少有学者谈到买方势力对零售商自身创新的影响。之所以会出现这种情况，原因可能是以往的学者都没有重视零售商的创新行为，或者说认为现实中零售商不存在创新行为。但实际上，零售商创新的现象是十分常见的。2013年《全球零售业创新报告》中将零售业创新分为前台创新与后台创新。其中，前台创新包括产品创新、服务创新、价格创新、沟通创新、店铺创新。以前台创新中的产品创新为例，它是指零售商开发出新的产品，也称自有品牌产品或者零售商品牌产品。例如，沃尔玛推出的惠宜品牌，涉及糖果、饼干、小吃、巧克力、干货、纸品、清洁用品等十几个品类。前台创新还包括服务创新，它是指零售商对服务进行改进，推出以往没有的服务形式，比如沃尔玛推出一款新的软件，可以帮助顾客扫描产品条形码，帮助消费者进行自助结账。除此之外，前台创新还有价格创新、沟通创新和店铺创新。根据本书的分析，买方势力不仅影响了零售商之间的横向竞争关系，还影响了零售商相对于制造商的纵向交易关系，所以势必会对零售商创新产生影响。所以，买方势力对零售商创新的影响研究也是未来一个有待深入的研究方向。对于这一问题，笔者进行了一些初步研究，其中李凯和李伟等（2016）即从买方势力的角度探讨了本土零售商创新投入较低的原因。

5. 买方势力与企业战略理论

正如第十一章买方势力应用研究中所阐述的那样，买方势力在企业战略中具有一定的应用价值，一方面表现为买方势力在竞争战略的基本理论框架中占据重要的地位；另一方面也表现在买方势力对于企业竞争战略选择的作用。但由于笔者学识和能力有限，还未能揭示买方势力在企业竞争战略理论中的真正价值，期待未来能有更多同人一起来对这些问题进行探讨。

参考文献

［1］Adams W. Competition, monopoly and countervailing power ［J］. The Quarterly Journal of Economics, 1953, 67 （4）: 469 – 492.

［2］Adilov N. , Alexander P. J. Horizontal merger: Pivotal buyers and bargaining power ［J］. Economics Letters, 2006, 91 （3）: 307 – 311.

［3］Aghadadashli H. , Dertwinkel – Kalt M. , Wey C. The Nash bargaining solution in vertical relations with linear input prices ［J］. Economics Letters, 2016 （145）: 291 – 294.

［4］Ailawadi K. L. , Harlam B. An empirical analysis of the determinants of retail margins: The role of store – brand share ［J］. Journal of Marketing, 2004, 68 （1）: 147 – 165.

［5］Alipranti M. , Milliou C. , Petrakis E. Price vs. quantity competition in a vertically related market ［J］. Economics Letters, 2014, 124 （1）: 122 – 126.

［6］Ashenfelter O. C. , Farber H. , Ransom M R. Labor market monopsony ［J］. Journal of Labor Economics, 2010, 28 （2）: 203 – 210.

［7］Battigalli P. , Fumagalli C. , Polo M. Buyer power and quality improvements ［J］. Research in Economics, 2007, 61 （2）: 45 – 61.

［8］Baye I. , von Schlippenbach V. , Wey C. One – stop shopping behavior, buyer power and upstream merger incentives ［J］. The Journal of Industrial Economics, 2018, 66 （1）: 66 – 94.

［9］Bedre – Defolie ö. , Caprice S. Merger efficiency and welfare implications of buyer power ［R］. Working Paper, 2011.

［10］Bhattacharyya S. , Nain A. Horizontal acquisitions and buying power: A product market analysis ［J］. Journal of Financial Economics, 2011, 99 （1）: 97 –

115.

［11］ Binmore K. , Rubinstein A. , Wolinsky A. The Nash bargaining solution in economic modelling ［J］. The RAND Journal of Economics, 1986, 17 （2）: 176 – 188.

［12］ Blair R. D. , DePasquale C. Considerations of countervailing power ［J］. Review of Industrial Organization, 2011 （39）: 137 – 143.

［13］ Blair R. D. , Harrison J. L. Monopsony in law and economics ［M］. Cambridge University Press, 2010.

［14］ Bloom P. N. , Perry V. G. Retailer power and supplier welfare: The case of Wal – Mart ［J］. Journal of Retailing, 2001, 77 （3）: 379 – 396.

［15］ Boal W. M. , Ransom M. R. Monopsony in the labor market ［J］. Journal of Economic Literature, 1997, 35 （1）: 86 – 112.

［16］ Bontems P. , Monier – Dilhan S. , Réquillart V. Strategic effects of private labels ［J］. European Review of Agricultural Economics, 1999, 26 （2）: 147 – 165.

［17］ Bowley A. L. Mathematical groundwork of economics ［M］. Oxford: Clarendon Press, 1924.

［18］ Caprice S. , Rey P. Buyer power from joint listing decision ［J］. The Economic Journal, 2015, 125 （589）: 1677 – 1704.

［19］ Caprice S. , Schlippenbach V. One – stop shopping as a cause of slotting fees: A rent – shifting mechanism ［J］. Journal of Economics & Management Strategy, 2013, 22 （3）: 468 – 487.

［20］ Caprice S. , Shekhar S. On the countervailing power of large retailers when shopping costs matter ［R］. Working Paper, 2017.

［21］ Carlton D. W. , Israel M. Proper treatment of buyer power in merger review ［J］. Review of Industrial Organization, 2011, 39 （1 – 2）: 127.

［22］ Carlton D. W. , Perloff J. M. Modern industrial organization ［M］. Boston: Pearson Addison – Wesley, 2005.

［23］ Chae S. , Heidhues P. Buyers' alliances for bargaining power ［J］. Journal of Economics & Management Strategy, 2004, 13 （4）: 731 – 754.

［24］ Chambolle C. , Villas – Boas S B. Buyer power through the differentiation of suppliers ［J］. International Journal of Industrial Organization, 2015 （43）: 56 – 65.

［25］ Chen Y. , Li X. Group buying commitment and sellers' competitive advantages [J]. Journal of Economics & Management Strategy, 2013, 22 (1): 164 –183.

[26] Chen Z., Ding H., Liu Z. Downstream competition and the effects of buyer power [J]. Review of Industrial Organization, 2016, 49 (1): 1 –23.

[27] Chen Z. Buyer power: Economic theory and antitrust policy [J]. Research in Law & Economics, 2007, 22 (1): 17 –40.

[28] Chen Z. Countervailing power and product diversity [R]. Working Paper, 2004: 1 –25.

[29] Chen Z. Defining buyer power [J]. The Antitrust Bulletin, 2008, 53 (2): 241 –249.

[30] Chen Z. Dominant retailers and the countervailing – power hypothesis [J]. The RAND Journal of Economics, 2003, 34 (4): 612 –625.

[31] Chen Z. Supplier innovation in the presence of buyer power [R]. Working Paper, 2014.

[32] Chipty T., Snyder C. M. The role of firm size in bilateral bargaining: A study of the cable television industry [J]. Review of Economics and Statistics, 1999, 81 (2): 326 –340.

[33] Chipty T. Horizontal integration for bargaining power: Evidence from the cable television industry [J]. Journal of Economics & Management Strategy, 1995, 4 (2): 375 –397.

[34] Christou C., Papadopoulos K. G. The countervailing power hypothesis in the dominant firm – competitive fringe model [J]. Economics Letters, 2015 (126): 110 – 113.

[35] Clarke R. Buyer power and competition in European food retailing [M]. Edward Elgar Publishing, 2002.

[36] Corstjens M., Lal R. Building store loyalty through store brands [J]. Journal of Marketing Research, 2000, 37 (3): 281 –291.

[37] Crawford G. S., Yurukoglu A. The welfare effects of bundling in multichannel television markets [J]. American Economic Review, 2012, 102 (2): 643 – 685.

[38] Dana Jr J. D.. Buyer groups as strategic commitments [J]. Games and Economic Behavior, 2012, 74 (2): 470 –485.

[39] Dertwinkel – Kalt M., Haucap J., Wey C. Raising rivals' cost through

buyer power [J]. Economics Letters, 2015 (126): 181 – 184.

[40] Dobson P. W. , Clarke R. , Davies S. , et al. Buyer power and its impact on competition in the food retail distribution sector of the European Union [J]. Journal of Industry, Competition and Trade, 2001, 1 (3): 247 – 281.

[41] Dobson P. W. , Inderst R. Differential buyer power and the waterbed effect: Do strong buyers benefit or harm consumers? [J]. European Competition Law Review, 2007, 28 (7): 393 – 400.

[42] Dobson P. W. , Waterson M. , Davies S. W. The patterns and implications of increasing concentration in European food retailing [J]. Journal of Agricultural Economics, 2003, 54 (1): 111 – 125.

[43] Dobson P. W. , Waterson M. Countervailing power and consumer prices [J]. The Economic Journal, 1997, 107 (441): 418 – 430.

[44] Dobson P. W. Exploiting buyer power: Lessons from the British grocery trade [J]. Antitrust Law Journal, 2005, 72 (2): 529 – 562.

[45] Dobson P. , Waterson M. , Chu A. The welfare consequences of the exercise of buyer power [R]. Office of Fair Trading London, 1998.

[46] Doyle C. , Han M. A. Cartelization through buyer groups [J]. Review of Industrial Organization, 2014, 44 (3): 255 – 275.

[47] Doyle C. , Inderst R. Some economics on the treatment of buyer power in antitrust [J]. European Competition Law Review, 2007, 28 (3): 210 – 219.

[48] Draganska M. , Klapper D. , Villas – Boas S. B. Determinants of margins in the distribution channel: An empirical investigation [R]. 2007.

[49] Du L. , Harrison A. , Jefferson G. FDI spillovers and industrial policy: The role of tariffs and tax holidays [J]. World Development, 2014 (64): 366 – 383.

[50] Ellison S. F. , Snyder C. M. Countervailing power in wholesale pharmaceuticals [J]. The Journal of Industrial Economics, 2010, 58 (1): 32 – 53.

[51] Engle – Warnick J. , Ruffle B. Buyer concentration as a source of countervailing power: Evidence from experimental posted – offer markets [R]. Working Paper, 2005.

[52] Erutku C. Buying power and strategic interactions [J]. Canadian Journal of Economics, 2005, 38 (4): 1160 – 1172.

[53] Faulí Oller R. , Sandonís J. , Santamaría J. Downstream mergers and up-

stream investment [J] . The Manchester School, 2011, 79 (4): 884 – 898.

[54] Faulí Oller R. , Sandonís J. , Santamaría J. Downstream mergers and up-stream investment [J] . The Manchester School, 2011, 79 (4): 884 – 898.

[55] Foros Ø. , Jarle Kind H. Do slotting allowances harm retail competition? [J] . The Scandinavian Journal of Economics, 2008, 110 (2): 367 – 384.

[56] Fumagalli C. , Motta M. Buyers' miscoordination, entry and downstream competition [J] . The Economic Journal, 2008, 118 (531): 1196 – 1222.

[57] Gabrielsen T. S. , Johansen B. O. Buyer power and exclusion in vertically related markets [J] . International Journal of Industrial Organization, 2015 (38): 1 – 18.

[58] Gabrielsen T. S. , Johansen B. O. Resale price maintenance and up – front payments: Achieving horizontal control under seller and buyer power [R] . Working Paper, 2013.

[59] Galbraith J. K. American capitalism: The concept of countervailing power [M] . New York: Houghton Mifflin, 1952.

[60] Galbraith J. K. Countervailing power [J] . The American Economic Review, 1954, 44 (2): 1 – 6.

[61] Galbraith J. K. Mr. Hunter on countervailing power: A comment [J] . The Economic Journal, 1959, 69 (273): 168 – 170.

[62] Gaudin G. Vertical bargaining and retail competition: What drives countervailing power? [J] . The Economic Journal, 2017, 127 (603): 1 – 34.

[63] Genakos C. , Valletti T. Testing the "waterbed" effect in mobile telephony [J] . Journal of the European Economic Association, 2011, 9 (6): 1114 – 1142.

[64] Haskel J. , Iozzi A. , Valletti T. Market structure, countervailing power and price discrimination: The case of airports [J] . Journal of Urban Economics, 2013 (74): 12 – 26.

[65] Heimeshoff U. , Klein G. Bargaining Power and Local Heroes [R] . Working Paper, 2014.

[66] Hoch S. J. , Banerji S. When do private labels succeed? [J] . Sloan Management Review, 1993, 34 (4): 57.

[67] Horn H. , Wolinsky A. Bilateral monopolies and incentives for merger [J]. The RAND Journal of Economics, 1988, 19 (3): 408 – 419.

［68］ Hunter A. Notes on countervailing power ［J］. The Economic Journal, 1958, 68 (269): 89 – 103.

［69］ Ikonnikova S. , Zwart G. T. Trade quotas and buyer power, with an application to the EU natural gas market ［J］. Journal of the European Economic Association, 2014, 12 (1): 177 – 199.

［70］ Inderst R. , Mazzarotto N. Buyer power in distribution ［M］. Competition Law and Policy, 2008: 1953 – 1978.

［71］ Inderst R. , Mazzarotto N. Can the SIEC test be used to assess effects from buyer power? ［J］. Journal of European Competition Law & Practice, 2016, 8 (3): 185 – 189.

［72］ Inderst R. , Montez J. Buyer power and dependency in a model of negotiations ［R］. Working Paper, 2015.

［73］ Inderst R. , Shaffer G. Buyer power in merger control ［M］. Competition Law and Policy, 2008: 1611 – 1635.

［74］ Inderst R. , Shaffer G. Retail mergers, buyer power and product variety ［J］. The Economic Journal, 2007, 117 (516): 45 – 67.

［75］ Inderst R. , Valletti T. M. Buyer power and the "waterbed effect" ［J］. The Journal of Industrial Economics, 2011, 59 (1): 1 – 20.

［76］ Inderst R. , Wey C. Bargaining, mergers, and technology choice in bilaterally oligopolistic industries ［J］. The RAND Journal of Economics, 2003 (34): 1 – 19.

［77］ Inderst R. , Wey C. Buyer power and supplier incentives ［J］. European Economic Review, 2007, 51 (3): 647 – 667.

［78］ Inderst R. , Wey C. Countervailing power and dynamic efficiency ［J］. Journal of the European Economic Association, 2011, 9 (4): 702 – 720.

［79］ Inderst R. Contract design and bargaining power ［J］. Economics Letters, 2002, 74 (2): 171 – 176.

［80］ Inderst R. Leveraging buyer power ［J］. International Journal of Industrial Organization, 2007, 25 (5): 908 – 924.

［81］ Inderst R. Models of vertical market relations ［J］. International Journal of Industrial Organization, 2010, 28 (4): 341 – 344.

［82］ Innes R. , Sexton R. J. Customer coalitions, monopoly price discrimination

and generic entry deterrence [J]. European Economic Review, 1993, 37 (8): 1569 –
1597.

[83] Iozzi A., Valletti T. M. Vertical bargaining and countervailing power [J].
American Economic Journal: Microeconimics, 2014, 6 (3): 106 – 135.

[84] Ito B., Yashiro N., Xu Z., et al. How do Chinese industries benefit from
FDI spillovers? [J]. China Economic Review, 2012, 23 (2): 342 – 356.

[85] Jeon D., Menicucci D. Buyer group and buyer power when sellers compete
[R]. Working Paper, 2017.

[86] Johansen B. R. O. The buyer power of multiproduct retailers: Competition
with one – stop shopping [R]. Working Paper, 2011.

[87] Jullien B., Rey P. Resale price maintenance and collusion [J]. The
RAND Journal of Economics, 2007, 38 (4): 983 – 1001.

[88] Katz M. L. The welfare effects of third – degree price discrimination in inter-
mediate good markets [J]. The American Economic Review, 1987: 154 – 167.

[89] King S. P. Buyer groups, antitrust and outsiders [J]. Economic Record,
2013, 89 (284): 1 – 18.

[90] Kirkwood J. B. Buyer power and exclusionary conduct: Should Brooke
Group set the standards for buyer – induced price discrimination and predatory bidding?
[J]. Antitrust Law Journal, 2005, 72 (2): 625 – 668.

[91] Kirkwood J. B. Buyer power and healthcare prices [J]. Washington Law
Review, 2016 (91): 253 – 293.

[92] Köhler C., Rammer C. Buyer power and suppliers' incentives to innovate
[R]. Working Paper, 2012.

[93] Lal R. Price promotions: Limiting competitive encroachment [J]. Market-
ing Science, 1990, 9 (3): 247 – 262.

[94] Lustgarten S. H. The impact of buyer concentration in manufacturing indus-
tries [J]. The Review of Economics and Statistics, 1975: 125 – 132.

[95] Ma L., Zhang R., Guo S., et al. Pricing decisions and strategies selection
of dominant manufacturer in dual – channel supply chain [J]. Economic Modelling,
2012, 29 (6): 2558 – 2565.

[96] Majer T. Does the waterbed effect harm consumers? [R]. Working Pa-
per, 2008.

［97］ Majumdar A. Waterbed effects and buyer mergers ［R］. Working Paper, 2005.

［98］ Marvel H. P. , McCafferty S. Resale price maintenance and quality certification ［J］. The RAND Journal of Economics, 1984: 346 - 359.

［99］ Marx L. M. , Shaffer G. Break - up fees and bargaining power in sequential contracting ［J］. International Journal of Industrial Organization, 2010, 28 (5): 451 - 463.

［100］ Marx L. M. , Shaffer G. Upfront payments and exclusion in downstream markets ［J］. The RAND Journal of Economics, 2007, 38 (3): 823 - 843.

［101］ Matsushima N. , Yoshida S. The countervailing power hypothesis when dominant retailers function as sales promoters ［R］. Working Paper, 2017.

［102］ Mazzarotto N. Competition policy towards retailers: Size, seller market power and buyer power ［R］. University of East Anglia Centre for Competition & Policy, CCR Discussion Paper, 2001.

［103］ Meehan J. , Wright G. H. The origins of power in buyer - seller relationships ［J］. Industrial Marketing Management, 2012, 41 (4): 669 - 679.

［104］ Mérel P. , Sexton R. J. Buyer power with atomistic upstream entry: Can downstream consolidation increase production and welfare? ［J］. International Journal of Industrial Organization, 2017 (50): 259 - 293.

［105］ Messinger P. R. , Narasimhan C. Has power shifted in the grocery channel? ［J］. Marketing Science, 1995, 14 (2): 189 - 223.

［106］ Meza S. , Sudhir K. Do private labels increase retailer bargaining power? ［J］. Quantitative Marketing and Economics, 2010, 8 (3): 333 - 363.

［107］ Miklós - Thal J. , Rey P. , Vergé T. Buyer power and intrabrand coordination ［J］. Journal of the European Economic Association, 2011, 9 (4): 721 - 741.

［108］ Mills D. E. Buyer power and industry structure ［J］. Review of Industrial Organization, 2010, 36 (3): 213 - 225.

［109］ Mills D. E. Buyer - induced exclusive dealing ［J］. Southern Economic Journal, 2017, 84 (1): 66 - 81.

［110］ Mills D. E. Countervailing power and chain stores ［J］. Review of Industrial Organization, 2013, 42 (3): 281 - 295.

［111］ Mills D. E. Why retailers sell private labels ［J］. Journal of Economics &

Management Strategy, 1995, 4 (3): 509 – 528.

[112] Montez J. V. Downstream mergers and producer's capacity choice: Why bake a larger pie when getting a smaller slice? [J] . The RAND Journal of Economics, 2007, 38 (4): 948 – 966.

[113] Morton F. S. , Zettelmeyer F. The strategic positioning of store brands in retailer – manufacturer negotiations [J] . Review of Industrial Organization, 2004, 24 (2): 161 – 194.

[114] Narasimhan C. , Wilcox R. T. Private labels and the channel relationship: A cross – category analysis [J] . The Journal of Business, 1998, 71 (4): 573 – 600.

[115] Noll R G. Buyer power and economic policy [J] . Antitrust Law Journal, 2005, 72 (2): 589 – 624.

[116] Normann H. T. , Ruffle B. J. , Snyder C. M. Do buyer – size discounts depend on the curvature of the surplus function? Experimental tests of bargaining models [J] . The RAND Journal of Economics, 2007, 38 (3): 747 – 767.

[117] O'Brien D. P. The welfare effects of third – degree price discrimination in intermediate good markets: The case of bargaining [J] . The RAND Journal of Economics, 2014, 45 (1): 92 – 115.

[118] OECD. Buying power of multiproduct retailers [R] . 1998.

[119] OECD. Buying power: the exercise of market power of dominant buyers [R] . 1981.

[120] OECD. Competition and regulation in agriculture: Monopsony buying and joint selling [R] . 2004.

[121] OECD. Monopsony and buyer power [R] . 2008.

[122] Orland A. , Selten R. Buyer power in bilateral oligopolies with advance production: Experimental evidence [J] . Journal of Economic Behavior & Organization, 2016 (122): 31 – 42.

[123] Peters J. Buyer market power and innovative activities [J] . Review of Industrial Organization, 2000, 16 (1): 13 – 38.

[124] Porter M. E. Competitive strategy: Techniques for analyzing industries and competition [M] . Social ence Electronic Publishing, 1980.

[125] Puppe C. , Rosenkranz S. Why Suggest Non – Binding Retail Prices? [J] . Economica, 2011, 78 (310): 317 – 329.

［126］Raff H. , Schmitt N. Buyer power in international markets ［J］. Journal of International Economics, 2009, 79 (2): 222 – 229.

［127］Raskovich A. Pivotal buyers and bargaining position ［J］. The Journal of Industrial Economics, 2003, 51 (4): 405 – 426.

［128］Rey P. , Whinston M. D. Does retailer power lead to exclusion? ［J］. The RAND Journal of Economics, 2013, 44 (1): 75 – 81.

［129］Robinson J. The economics of imperfect competition ［M］. London: Macmillan & Co Ltd. , 1965.

［130］Ru J. , Shi R. , Zhang J. Does a store brand always hurt the manufacturer of a competing national brand? ［J］. Production and Operations Management, 2015, 24 (2): 272 – 286.

［131］Rubinstein A. Perfect equilibrium in a bargaining model ［J］. Econometrica: Journal of the Econometric Society, 1982: 97 – 109.

［132］Ruffle B. J. Buyer countervailing power: A survey of the theory and experimental evidence ［R］. Working Paper, 2005.

［133］Sayman S. , Hoch S. J. , Raju J. S. Positioning of store brands ［J］. Marketing Science, 2002, 21 (4): 378 – 397.

［134］Scheffman D. T. , Spiller P. T. Buyers' strategies, entry barriers, and competition ［J］. Economic Inquiry, 1992, 30 (3): 418 – 436.

［135］Schumacher U. Buyer structure and seller performance in US manufacturing industries ［J］. The Review of Economics and Statistics, 1991: 277 – 284.

［136］Singh N. , Vives X. Price and quantity competition in a differentiated duopoly ［J］. The RAND Journal of Economics, 1984: 546 – 554.

［137］Skitol R. A. Concerted buying power: Its potential for addressing the patent holdup problem in standard setting ［J］. Antitrust Law Journal, 2005, 72 (2): 727 – 744.

［138］Smith H. , Thanassoulis J. Upstream competition and downstream buyer power ［R］. Working Paper, 2006.

［139］Smith H. , Thanassoulis J. Upstream uncertainty and countervailing power ［J］. International Journal of Industrial Organization, 2012, 30 (6): 483 – 495.

［140］Snyder C. M. A dynamic theory of countervailing power ［J］. The Rand Journal of Economics, 1996: 747 – 769.

［141］Spengler J. J. Vertical integration and antitrust policy ［J］. The Journal of Political Economy, 1950: 347 - 352.

［142］Steiner R. L. Vertical competition, horizontal competition, and market power ［J］. The Antitrust Bulletin, 2008, 53 (2): 251 - 270.

［143］Stigler G. J. The economist plays with blocs ［J］. The American Economic Review, 1954, 44 (2): 7 - 14.

［144］Sutton - Brady C. , Kamvounias P. , Taylor T. A model of supplier - retailer power asymmetry in the Australian retail industry ［J］. Industrial Marketing Management, 2015 (51): 122 - 130.

［145］Symeonidis G. Downstream competition, bargaining, and welfare ［J］. Journal of Economics & Management Strategy, 2008, 17 (1): 247 - 270.

［146］Thanassoulis J. Upstream competition and downstream buyer power ［R］. Working Paper, 2009.

［147］Tirole J. The theory of industrial organization ［M］. Massachusetts: MIT Press, 1988.

［148］Viscusi W. K. , Harrington J. E. , Vernon J. M. Economics of regulation and antitrust ［M］. Massachusetts: MIT Press, 2005.

［149］von Ungern - Sternberg T. Countervailing power revisited ［J］. International Journal of Industrial Organization, 1996, 14 (4): 507 - 519.

［150］Wang H. Buyer power, transport cost and welfare ［J］. Journal of Industry, Competition and Trade, 2010, 10 (1): 41 - 53.

［151］Weiss C. R. , Wittkopp A. Retailer concentration and product innovation in food manufacturing ［J］. European Review of Agricultural Economics, 2005, 32 (2): 219 - 244.

［152］Whitney S. N. Errors in the concept of countervailing power ［J］. The Journal of Business of the University of Chicago, 1953, 26 (4): 238 - 253.

［153］安岗, 李凯, 崔哲, 等. 基于合作博弈的买方抗衡势力市场绩效与卖方工艺创新强度分析 ［J］. 运筹与管理, 2015 (5): 206 - 213.

［154］［美］巴尼. 战略管理: 获得与保持竞争优势 ［M］. 朱立等译, 上海: 格致出版社, 2011.

［155］白让让. 买方主垄断: 政府规制与电煤价格的长期扭曲 ［J］. 世界经济, 2009 (8): 83 - 96.

［156］陈阿兴，陈捷．我国零售产业集中度的实证研究［J］．产业经济研究，2004（6）：8－13.

［157］陈大强．我国本土零售业与外资零售业竞争力的对比分析［D］．南京财经大学硕士学位论文，2011.

［158］陈小毅，周德群．中国煤炭产业买方市场势力实证研究［J］．当代财经，2011（3）：101－109.

［159］陈甬军，胡德宝．中国的买方垄断势力研究［J］．产业经济评论，2008（4）：41－57.

［160］程贵孙．买方势力理论研究评述［J］．经济学动态，2010（3）：115－119.

［161］窦一杰．买方势力与产品环保：基于二阶段博弈模型的分析［J］．产业组织评论，2012（3）：1－17.

［162］付红艳，李长英．国有连锁企业买方势力的福利分析［J］．产业经济评论，2009（4）：1－11.

［163］付红艳，张鹏举．自有品牌与买方抗衡势力假说［J］．财经问题研究，2016（10）：22－29.

［164］付红艳，赵爱姣，刘强．买方势力、产品创新与社会福利［J］．产业组织评论，2014（3）：14－28.

［165］付红艳，赵爱姣．买方势力、工艺创新与社会福利——基于多阶段博弈分析［J］．中外企业家，2015（25）：71－74.

［166］郭竞成．发展知识经济的先行者优势与竞争策略分析［J］．贵州财经学院学报，1999（Z1）：96－98.

［167］韩敬稳，赵道致．零售商主导型供应链绩效的行为博弈分析［J］．管理科学，2012（2）：61－68.

［168］黄建军，李英．零售商控制的经济效应及其政策含义［J］．云南社会科学，2014（3）：75－79.

［169］黄建军．渠道控制的经济分析及其政策含义［J］．财经问题研究，2012（1）：24－30.

［170］吉福林．零售商买方势力滥用刍议［J］．经济师，2004（11）：42.

［171］江秀辉，马宇．买方市场势力、电煤价格与煤炭产业经济效率［J］．云南财经大学学报，2016（2）：155－160.

［172］李剑．消费者价格决策方式与建议零售价的法律规制——行为经济学

下的解释、验证及其启示 [J]. 法商研究, 2012 (1): 66-74.

[173] 李凯, 陈浩. 消费者偏好背景下的买方抗衡势力形成与影响 [J]. 管理科学, 2011 (5): 70-77.

[174] 李凯, 丁正良, 于冠一. 买方势力对医药产业利润的空间溢出效应 [J]. 产经评论, 2017 (6): 81-96.

[175] 李凯, 李伟, 安岗. 跨国零售商买方抗衡势力条件下的制造商工艺创新决策 [J]. 东北大学学报 (自然科学版), 2016 (9): 1353-1358.

[176] 李凯, 李伟, 安岗. 买方抗衡势力对上游企业定价形式决策的影响——基于讨价还价博弈的分析 [J]. 运筹与管理, 2017 (5): 37-44.

[177] 李凯, 李伟, 崔哲. 买方抗衡势力与制造商定价决策 [J]. 产经评论, 2014 (1): 72-85.

[178] 李凯, 李伟, 崔哲. 什么因素抑制了本土小型零售商自主创新?——基于纵向市场势力的分析 [J]. 经济评论, 2016 (3): 122-134.

[179] 李凯, 李伟, 马亮. 考虑买方议价能力的双寡头供应商技术创新决策 [J]. 技术经济, 2015 (5): 22-28.

[180] 李凯, 李伟, 马亮. 买方抗衡势力条件下的特许费、通道费研究 [J]. 产经评论, 2016 (1): 35-49.

[181] 李凯, 李伟, 司马林. 考虑受让企业谈判势力的技术转移定价研究 [J]. 预测, 2016 (2): 62-68.

[182] 李凯, 李伟. 零售商具有买方抗衡势力时的竞争供应链纵向结构决策 [J]. 管理学报, 2016 (3): 454-460.

[183] 李凯, 李伟. 买方抗衡势力条件下零售商的最优价格和服务联合决策 [J]. 系统工程, 2016 (4): 70-74.

[184] 李凯, 李伟. 买方势力条件下的供应链扭曲与协调问题研究 [J]. 系统工程学报, 2017 (4): 522-534.

[185] 李凯, 李伟. 主导零售商买方势力背景下的制造商技术创新决策 [J]. 技术经济, 2015 (2): 21-26.

[186] 李凯, 刘馨阳, 安岗, 等. 抗衡势力视角的大型零售商"温和排他"与"激进排他"比较 [J]. 产经评论, 2016 (6): 12-26.

[187] 李凯, 刘智慧, 苏慧清, 等. 买方抗衡势力对上游企业质量创新的影响——基于零售商 Stackelberg 竞争的分析 [J]. 运筹与管理, 2014 (6): 274-280.

［188］李凯，刘智慧，苏慧清．买方抗衡势力对上游产品创新的激励研究［J］．产业经济评论，2014（3）：98－115.

［189］李凯，苏慧清，刘智慧，等．需求弹性、抗衡势力与价格歧视［J］．运筹与管理，2016（2）：120－127.

［190］李凯，苏慧清，刘智慧．基于消费者异质性偏好的零售商抗衡势力研究［J］．中国管理科学，2016（9）：53－63.

［191］李世杰，蔡祖国．建议零售价、消费者偏好偏离与转售价格控制［J］．管理世界，2016（12）：133－144.

［192］李伟，李凯．零售商买方势力一定会导致通道费吗？——基于纵向市场结构的合作博弈分析［J］．产经评论，2014（6）：92－103.

［193］李伟．买方抗衡势力条件下的两部收费制研究［D］．东北大学硕士学位论文，2014.

［194］凌超，张赞．纵向市场结构与企业创新——一个文献综述［J］．商业经济与管理，2014（9）：79－85.

［195］刘红宁，袁杰．对医院药品经营中反常现象的分析［J］．卫生经济研究，2001（3）：6－8.

［196］刘伟．论竞争法对买方势力滥用的法律规制［J］．华东政法大学学报，2012（6）：24－30.

［197］刘伟．买方市场势力与卖方绩效——基于我国制造业数据的实证检验［J］．财经问题研究，2014（7）：30－35.

［198］刘玉海，黄超．中国钢铁产业市场势力与规模经济的直接测度——基于劳动力市场不完全竞争的视角［J］．当代经济科学，2017（1）：43－54.

［199］罗党论，唐清泉．市场环境与控股股东"掏空"行为研究——来自中国上市公司的经验证据［J］．会计研究，2007（4）：69－74.

［200］罗伟，葛顺奇．跨国公司进入与中国的自主研发：来自制造业企业的证据［J］．世界经济，2015（12）：29－53.

［201］马龙龙，裴艳丽．零售商买方势力的滥用及其对策研究［J］．商业经济与管理，2003（5）：4－8.

［202］綦勇，李凯，刘智慧．买方抗衡势力对上游企业竞争策略的影响——基于讨价还价均衡的分析［J］．运筹与管理，2012（5）：217－222.

［203］綦勇，刘智慧，苏慧清．买方抗衡势力对上游企业产品策略的影响［J］．东北大学学报（自然科学版），2012（4）：597－600.

［204］秦阳洋．中国煤电纵向关系研究［D］．山东大学硕士学位论文，2010.

［205］曲创，秦阳洋．中国煤电谈判势力的来源与比较［J］．财经问题研究，2009（10）：46－51.

［206］任国英，窦一杰．基于买方势力的产品安全水平博弈模型分析［J］．产业组织评论，2014（1）：10－21.

［207］石奇，孔群喜．消费网络效应与专业零售商买方势力规制［J］．中国工业经济，2009（10）：77－85.

［208］孙汝攀，任俊生．大型零售商买方势力的理论回顾与分析［J］．黑龙江社会科学，2014（3）：73－76.

［209］孙汝攀．零售商买方势力、零供关系质量与零售企业绩效关系研究［D］．吉林大学博士学位论文，2015.

［210］孙晓华，郑辉．买方势力、资产专用性与技术创新——基于中国汽车工业的实证检验［J］．管理评论，2011（10）：162－170.

［211］孙晓华，郑辉．买方势力对工艺创新与产品创新的异质性影响［J］．管理科学学报，2013（10）：25－39.

［212］孙妍．从实际失业率看我国行业劳动力市场买方垄断［J］．经济导刊，2010（6）：94－96.

［213］汪秋明．零售商主导的纵向约束：理论评述与政策含义［J］．产业经济评论，2007（2）：95－104.

［214］王德章，张斌，毕经丹．中国零售市场竞争格局与政策选择［J］．商业研究，2004（20）：93－97.

［215］王德章，张斌．中国零售市场竞争现状与发展趋势［J］．当代财经，2005（10）：79－84.

［216］王力宏，鄢仁秀．大型家电B2C零售商谈判行为与谈判势力的博弈分析［J］．财经问题研究，2014（10）：126－129.

［217］王再平．零售商买方势力：福利分析及公共政策［J］．上海财经大学学报，2007（4）：56－62.

［218］沃德曼，詹森．产业组织理论与实践（第3版）［M］．李宝伟等译．北京：机械工业出版社，2009.

［219］吴清萍，忻红．零售商买方势力的消费者福利效应分析［J］．江苏商论，2010（11）：36－39.

［220］吴清萍，忻红．零售商买方势力定义辨析［J］．产业经济研究，2009（3）：51-57.

［221］吴清萍，忻红．上游市场价格歧视的形成机理及影响——大型零售商买方势力的水床效应分析［J］．价格理论与实践，2008（4）：67-68.

［222］吴清萍，忻红．我国零售商买方势力的反垄断规制研究［J］．商业经济与管理，2008（10）：36-41.

［223］吴清萍．外资零售商买方势力的经济影响及规制研究［J］．北京工商大学学报（社会科学版），2008（3）：6-10.

［224］吴绪亮，孙康，侯强．存在治理垄断的第三条道路吗？——买方抗衡势力假说研究的近期突破［J］．财经问题研究，2008（6）：36-41.

［225］吴绪亮．单侧垄断、买方势力与横向合并的反垄断政策［J］．财经问题研究，2011（5）：33-41.

［226］吴绪亮．买方集中、纵向限制与抗衡势力——解析"加尔布雷斯假说"的反垄断涵义［J］．财经问题研究，2005（8）：47-52.

［227］吴绪亮．纵向市场结构与买方抗衡势力研究［J］．产业经济研究，2010（1）：39-47.

［228］伍德宝．零售业买方势力对商品零售价格的动态影响——基于状态空间模型的实证研究［J］．商业经济研究，2015（32）：4-5.

［229］谢申祥，石慧敏，张铭心．谈判势力与战略性贸易政策［J］．世界经济，2016（7）：3-23.

［230］辛欣，孙汝攀，刘文超，等．强势零售商是否直接获得较高的采购绩效？——基于中国大型零售商数据的实证研究［J］．商业经济与管理，2017（8）：5-18.

［231］辛欣，孙汝攀，刘文超．零售商买方势力的测评［J］．税务与经济，2017（3）：32-38.

［232］徐薇，程新章．基于 INTERNET 的消费者抗衡势力研究［J］．云南财贸学院学报，2004（3）：8-11.

［233］杨静．零售业买方势力经济影响研究［J］．价格理论与实践，2013（9）：81-83.

［234］杨丽，沈丽君，车明明．零售价格控制理论研究评述——基于抗衡势力视角［J］．价格理论与实践，2012（1）：47-48.

［235］应珊珊，朱蓓，高洁．基于制造商投资和讨价还价模型的零售通道费

形成机理研究［J］．经济理论与经济管理，2016（12）：83－92.

［236］于立宏，郁义鸿．美国煤电产业链纵向关系实证研究综述［J］．煤炭经济研究，2006（4）：28－33.

［237］于立宏，郁义鸿．需求波动下的煤电纵向关系安排与政府规制［J］．管理世界，2006（4）：73－86.

［238］于立宏，郁义鸿．纵向结构特性与电煤价格形成机制［J］．中国工业经济，2010（3）：65－75.

［239］郁培丽，朱建峰，石俊国．企业横向竞争行为与其买方势力关系研究——以钢铁产业为背景［J］．产业经济评论，2013（2）：19－30.

［240］岳中刚，石奇．零售商主导的纵向约束及规制研究综述［J］．商业经济与管理，2008（3）：3－8.

［241］岳中刚，石奇．通道费的规制失灵：基于双边市场的研究［J］．商业经济与管理，2009，215（9）.

［242］岳中刚．基于零售商主导的纵向约束研究述评［J］．产业经济研究，2008（1）：70－78.

［243］岳中刚．零售商抗衡势力的理论与实证研究综述［J］．产业经济研究，2010（1）：87－94.

［244］岳中刚．通道费的规制困境：买方势力抑或市场规则［J］．当代财经，2009（7）：77－82.

［245］张庆霖，郭嘉仪．政府规制、买方势力与技术创新：中国制药产业的研究［J］．当代财经，2013（6）：98－109.

［246］张庆霖．医疗机构市场势力对药品价格形成的影响与规制——基于纵向市场框架下的考察［J］．价格月刊，2013（12）：48－51.

［247］张维今，李伟，李凯．基于我国零售业市场特征的大型零售商买方势力效应研究［J］．中国软科学，2016（8）：175－183.

［248］张晔．论买方垄断势力下跨国公司对当地配套企业的纵向压榨［J］．中国工业经济，2006（12）：29－36.

［249］张赞，郝林，余海．零售商买方势力对生产商创新影响研究——基于我国家电行业的实证分析［J］．商业经济研究，2015（22）：16－18.

［250］张赞，郁义鸿．零售商垄断势力、通道费与经济规制［J］．财贸经济，2006（3）：60－65.

［251］张赞．基于零售商垄断势力的纵向约束——一个经济分析框架［J］．

财经问题研究, 2006 (3): 16 - 22.

[252] 赵玻. 主导零售商并购的政府规制取向研究 [J]. 学习与实践, 2009 (3): 50 - 61.

[253] 赵凯. 对我国零售产业市场集中度的实证分析——从业态和组织形式的角度 [J]. 财贸经济, 2007 (1): 92 - 97.

[254] 钟代立, 胡振华. "后长协时代"中国铁矿石国际贸易市场势力实证研究 [J]. 系统工程, 2017 (1): 77 - 84.

[255] 仲伟周, 郭彬, 彭晖. 我国零售业市场集中度影响因素的实证分析 [J]. 北京工商大学学报 (社会科学版), 2012 (1): 15 - 22.

[256] 周琳. 买方势力下通道费的新制度经济学分析 [J]. 经济研究导刊, 2015 (1): 4 - 5.

[257] 周梦艳, 马洪云. 煤电纵向关系中的电力产业买方势力研究 [J]. 资源与产业, 2013 (4): 137 - 142.

[258] 朱恒鹏. 管制的内生性及其后果: 以医药价格管制为例 [J]. 世界经济, 2011 (7): 64 - 90.

[259] 庄尚文, 赵亚平. 跨国零售买方势力的福利影响与规制思路——以通道费为例的模型分析 [J]. 财贸经济, 2009 (3): 113 - 118.

附　录

附录一　我国零售市场中零供冲突案例

一、案例基本情况汇总

附表1　我国零售市场部分零供冲突案例总结

序号	时间	零售商	供应商	冲突原因	冲突结果
（1）	2003年	家乐福	上海炒货企业	进场费	炒货企业停止供货
（2）	2004年	国美电器	格力	国美擅自降价	格力空调全线撤出国美
（3）	2006年	家乐福	青岛蒙牛	促销费、返利费	蒙牛撤柜
（4）	2007年	家乐福	郑州蒙牛	摊派月饼	治安冲突
（5）	2010年	家乐福	本土日化企业	进场费	无后续结果
（6）	2010年	家乐福	康师傅	康师傅提价	康师傅下架
（7）	2010年	联华超市	卡夫食品	采购合同	卡夫下架
（8）	2011年	家乐福	中粮（福临门食用油）	采购合同	关系恶化
（9）	2012年	百安居	品牌供应商	拖欠货款、逐年提高返点扣利	百安居关店
（10）	2015年	大润发	蓝月亮	合作模式	蓝月亮下架
（11）	2015年	华润万家	威露士	交易合同	威露士下架

二、案例具体情况介绍

（1）家乐福与上海炒货企业的冲突。自 2003 年 4 月，上海炒货行业及其下属企业多次向家乐福超市发出要求，希望就企业所缴纳的进场费进行探讨。但经过多次协调和谈判后，双方仍未能达成一致。2003 年 6 月 13 日，上海炒货行业协会秘书长陈恩国在与家乐福就降低进场费第二次谈判破裂后，向媒体宣布了该协会的决定：从 14 日起，上海炒货行业麾下的 11 家会员单位集体向全国的 34 家家乐福大卖场停止供货。6 月 18 日，上海糖烟酒茶商业行业协会、上海豆制品行业协会、上海百货行业协会、上海交电家电商业行业协会、上海冷冻食品协会、上海内衣行业协会、上海冷藏库协会七家协会登门拜访上海炒货行业协会，表示支持该协会的行动。①

（2）国美电器与格力的冲突。2004 年 2 月 21 日，国美在成都发起一场"空调大战"。根据成都媒体的报道，在这场"战争"中，国美把格力零售价原本为 1680 元的 1P 空调降为 1000 元，零售价原本为 3650 元的 2P 柜机降为 2650 元。这让格力无法忍受，四川新兴格力电器销售有限公司要求其立即终止低价销售行为，但国美依旧我行我素，格力电器当即宣布正式对成都国美停止供货。②

（3）家乐福与青岛蒙牛的冲突。2006 年，作为国内牛奶行业龙头的蒙牛将其所有产品从青岛的家乐福超市撤柜，原因是超市开出的过高的返利、促销费让蒙牛吃不消。据《青岛早报》的记者报道，因不堪家乐福超市名目繁多且数额巨大的费用（如陈列费、堆头费、促销人员管理费、扣点费、条码费等），蒙牛公司决定从 9 月后停止给青岛家乐福供货。③ 据了解，在家乐福超市销售奶制品的成本高达销售收入的 10%，是在其他超市销售成本的 4 ~ 5 倍，过高的销售成本严重压缩了供应商的利润空间。

（4）家乐福与郑州蒙牛的冲突。2007 年 9 月 15 日，郑州北环的家乐福超市发生保安殴打顾客事件，在冲突中多人被打伤。经调查，这起事故是由家乐福和蒙牛之间的冲突引起的。郑州蒙牛在家乐福超市拥有销售摊位。但中秋节来临的时候，家乐福却让郑州蒙牛购买价值 3 万元的月饼，并且每个促销员还摊派大约

---

① 杨定青. 上海炒货行业会员发难，家乐福遭遇采购风波 ［EB/OL］. http：//business. sohu. com/ 99/70/article210337099. shtml.

② 吴伟洪，黄汉英. 格力国美分道扬镳，当事双方各执一词 ［EB/OL］. http：//business. sohu. com/ 2004/03/12/79/article219407944. shtml.

③ 青岛早报. 家乐福返利费高蒙牛撤柜　其它奶也欲退场 ［EB/OL］. http：//www. qingdaonews. com/content/2006 – 10/24/content_ 7684250. htm.

1000 元的月饼销售任务。郑州蒙牛对家乐福的这一行为十分不满，进而派人拿百元大钞买小件物品，换走超市零钱，给超市正常经营制造障碍，以此报复家乐福。①

（5）家乐福与本土日化产品制造商的冲突。媒体报道，好迪、拉芳、霸王等本土日化企业最近被家乐福告知要想继续上架，就要缴纳 8% ~ 15% 的额外费用，这部分加价足以抵消其卖场利润，甚至被迫退出卖场。② 虽然媒体没有报道这一事件后续的进展，但是大型零售商对制造商进行压榨的情况又一次引起了社会的广泛关注。

（6）家乐福与康师傅的冲突。2010 年，康师傅决定将其部分品种产品从 11 月 1 日开始在全国进行 10% 的涨价，由原来的 2 元每包上调到 2.2 元。2010 年 12 月，有媒体报道，由于家乐福拒绝康师傅的涨价行为，康师傅决定对家乐福全国的门店采取断货处理。③ 据了解，康师傅早在 10 月 19 日就向全国零售商下发了商品调价的通知。康师傅希望零售商通过 10 天的时间来进行相应的库存调整，11 月 1 日按照调价后的商品进行销售。由于家乐福拒绝调价，所以康师傅停止向其供货。

（7）联华超市与卡夫食品的冲突。2009 年 6 月，联华超市并购华联超市后，两家企业进入了长达一年的整合期，并实施集约统一采购。而此前两家企业和供应商之间的合同扣点是不一样的，如卡夫给华联超市的扣点比联华超市高出 30%，于是合并后的联华要求享受与华联同样的扣点，但卡夫方面非但没有同意，反而还额外增加了其他附加条件，导致最终谈判破裂，于是联华超市一怒之下决定从 2010 年 11 月 1 日开始将全国 2000 多家直营门店的 250 多种卡夫食品全部下架。④

（8）家乐福与中粮（福临门食用油）的冲突。2011 年，家乐福因在年度采购合同的相关条款中表现强硬，致使其与中粮集团旗下的福临门食用油品牌发生冲突。中粮食品营销有限公司负责粮油销售的副经理孙晨亮对媒体表示，福临门

① 联商网资讯中心. 郑州家乐福向蒙牛摊派月饼 引发暴力冲突 [EB/OL]. http：//www. link-shop. com. cn/web/archives/2007/77678. shtml.

② 王飞，刘俊. 家乐福提高收费，外资涉联合绞杀本土日化产品 [EB/OL]. http：//finance. qq. com/a/20100820/002028. htm.

③ 北京青年报. 康师傅与家乐福缘何翻脸 [EB/OL]. http：//finance. ifeng. com/news/special/jialefu-kangshifu/20101214/3054888. shtml.

④ 每日经济新闻. 合作谈判破裂 联华全线下架卡夫旗下饼干 [EB/OL]. http：//finance. qq. com/a/20101109/000223. htm.

食用油与家乐福今年的年度合作谈判进行得非常艰难，谈判从合作的返点、进场费用，到具体海报宣传、货物上架摆放等细节，都需要一一敲定。家乐福希望福临门把供货价格定得再低一点，但是粮油的利润本身并不是很高，所以双方都不愿意让步。①

（9）百安居与供应商的冲突。百安居来自英国，是欧洲大型国际家居建材零售集团，1999 年 6 月 18 日，百安居凭借其全球先进的零售管理经营模式，在上海成功开办了该品牌中国内地的第一家连锁店。经过多年的发展，百安居已成为国内建材家具连锁超市的知名品牌。但是其由于拖欠供应商货款、收取过高的返点费等和供应商发生了多起矛盾和冲突。例如，百安居因长期拖欠韩丽橱柜货款，被其告上法庭，这一案件成为了我国"家居零供第一案"。② 由于百安居私自扣账及拖欠货款，与其合作长达 6 年的"模范"橱柜供应商雅迪尔居饰用品有限公司决定向百安居停止供货，并将百安居投诉到相关部门。③

（10）大润发与蓝月亮的冲突。2015 年，在大润发与蓝月亮的合作谈判中，蓝月亮要求其旗下产品由货架转为做长期专柜，同时终止目前的进货模式，改成自主定价。但是大润发称这一要求既不符合公司的商品陈列制度，也打乱了其营销规则、采购规则。双方没有达成一致。随后，大润发将蓝月亮的产品从卖场中下架。④

（11）华润万家与威露士。继大润发与蓝月亮冲突之后，又一个日化大牌威露士与零售商分道扬镳。由于进场费、堆头费、扣点等多项费用开支增加，威露士不堪重负，加之就原有合同条款未能达成共识，在合作细节条款上分歧较大，威露士决定全面退出华润万家。⑤

---

① 丁磊. 家乐福再战中粮，与供应商关系恶化［EB/OL］. http：//chihe. sohu. com/20110119/n278965048. shtml.

② 北京商报. 供应商百安居败诉 "中国家居零供第一案"［EB/OL］. http：//www. jia360. com/2012/0206/17048. html.

③ 联商网资讯中心. 百安居遭遇"断货门" 供应商追讨 2 年旧账［EB/OL］. http：//www. link-shop. com. cn/web/archives/2007/73809. shtml.

④ 新快报. 蓝月亮与大润发"开撕" 又是零供矛盾惹的祸［EB/OL］. http：//money. 163. com/15/0613/09/ARVRDI7600253B0H. html.

⑤ 中国经济网. 又一日化品牌跟商超决裂：威露士遭华润万家下架［EB/OL］. http：//business. so-hu. com/20151207/n430032783. shtml.

附录二　本书部分命题证明

一、第四章命题证明

（1）命题 4.1 的证明

从原文的分析可知，在没有买方势力时，零售商的零售价格决策为：

$$p_i(w_i, w_j) = \frac{(2\delta+1)(\delta-1) + 2w_i + \delta w_j}{(2-\delta)(2+\delta)}$$

在具有买方势力的情况下，零售商的零售价格为：

$$p_1(w_1, w_2) = \frac{(2\delta+1)(\delta-1) + (2-\delta^2)w_1 + \delta w_2}{2(2-\delta^2)},$$

$$p_2(w_2, w_1) = \frac{(1-\delta)(1-\delta-\delta^2) + (4-\delta^2)w_2 + \delta(2-\delta^2)w_1}{4(2-\delta^2)}$$

分别用上标 N 和 H 表示零售商没有买方势力和具有买方势力的情况，则零售商具有买方势力和没有买方势力两种情况下的零售价格之差为：

$$\Delta p_1 = p_1^H(w_1, w_2) - p_1^N(w_1, w_2)$$

$$= \frac{\delta^2\left[(2+\delta)(1-\delta) - (2-\delta^2)w_1 + \delta w_2\right]}{2(2-\delta^2)(4-\delta^2)} > 0$$

$$\Delta p_2 = p_2^H(w_1, w_2) - p_2^N(w_1, w_2)$$

$$= \frac{\delta^3\left[(2+\delta)(1-\delta) - (2-\delta^2)w_1 + \delta w_2\right]}{4(2-\delta^2)(4-\delta^2)} > 0。命题 4.1 得证。$$

（2）命题 4.2 的证明

对均衡的批发价格 w_1^* 求解关于 γ 的偏导数可得：

$$\frac{\partial w_1^*}{\partial \gamma} = \frac{(1-\delta)f(\delta, \gamma)}{2\left[(2-\delta^2)\gamma^2 - 2(1+\delta)(4-4\delta+\delta^3)\gamma + 8-4\delta-7\delta^2+2\delta^3+\delta^4\right]^2}$$

其中，$f(\delta, \gamma) = A\gamma^2 + B\gamma + C$，$A = \delta^6 + 6\delta^5 - 24\delta^3 - 12\delta^2 + 24\delta + 16$，

$B = -(2\delta^6 + 6\delta^5 - 14\delta^4 - 28\delta^3 + 16\delta^2 + 32\delta)$，$C = \delta^6 - 15\delta^4 + 2\delta^3 + 44\delta^2 - 32$。

可以很容易判定 $sign\left\{\dfrac{\partial w_1^*}{\partial \gamma}\right\} = sign\{f(\delta, \gamma)\}$，所以只需判断 $f(\delta, \gamma)$ 便知

$\dfrac{\partial w_1^*}{\partial \gamma}$ 的正负。可以将 $f(\delta, \gamma)$ 看作关于 γ 的二次函数，其极值和端点值分别为：

$$f\left(\delta, -\frac{B}{2A}\right) = -\frac{4(1+\delta)(4-3\delta^2)(8+4\delta-3\delta^2-\delta^3)}{\delta^2+6\delta+4} < 0$$

$$f(\delta, 0) = \delta^6 - 15\delta^4 + 2\delta^3 + 44\delta^2 - 32 < 0$$

$$f(\delta, 1) = -(4-3\delta^2)(4+2\delta-\delta^2) < 0$$

根据一元二次函数的性质可知，$f(\delta, \gamma)<0$ 在 $\gamma \in (0, 1)$ 恒成立，所以 $\frac{\partial w_1^*}{\partial \gamma} <$

0，即随着买方势力的增强，大型零售商批发价格下降。

同理，$\frac{\partial w_2^*}{\partial \gamma} = \frac{(1-\delta)(2-\delta^2)g(\delta, \gamma)}{2\left[(2-\delta^2)\gamma^2 - 2(1+\delta)(4-4\delta+\delta^3)\gamma + 8-4\delta-7\delta^2+2\delta^3+\delta^4\right]^2}$。

其中，$g(\delta, \gamma) = D\gamma^2 + E\gamma + H$，$D = 6\delta^5 + 2\delta^4 - 4\delta^3 - 8\delta^2 + 4\delta + 8 > 0$，

$E = -(2\delta^5 + 6\delta^4 - 12\delta^3 - 28\delta^2 + 16\delta^2 + 32)$，$H = \delta^5 + 4\delta^4 - 3\delta^3 - 18\delta^2 + 16$。

利用同样的方法，将 $g(\delta, \gamma)$ 看作关于 γ 的一元二次函数，且对称轴为 $-\frac{E}{2D} =$

$\frac{8+4\delta-3\delta^2-\delta^3}{(2+\delta)(2-\delta^2)}$，通过数值模拟可知，$-\frac{E}{2D} > 1$，又因为 $D > 0$，所以 $g(\delta, \gamma)$ 在

$\gamma \in (0, 1)$ 区间是关于 γ 的减函数。可以判断：

$$g(\delta, 0) = \delta^5 + 4\delta^4 - 3\delta^3 - 18\delta^2 + 16 > 0$$

$$g(\delta, 1) = 5\delta^3 + 2\delta^2 - 12\delta - 8 < 0$$

所以，存在临界值 $\hat{\gamma} \in (0, 1)$，当 $0 < \gamma < \hat{\gamma}$ 时，$g(\delta, \gamma) > 0$；当 $\hat{\gamma} < \gamma < 1$

时，$g(\delta, \gamma) < 0$，其中 $\hat{\gamma} = \frac{-E + \sqrt{\Delta}}{2D}$，$\Delta = 16(1+\delta)(8+4\delta-3\delta^2-\delta^3)(2-\delta^2)^2$。

由此可以判断：当 $\gamma \in (0, \hat{\gamma})$ 时，$\frac{\partial w_2^*}{\partial \gamma} > 0$；当 $\gamma \in (\hat{\gamma}, 1)$ 时，$\frac{\partial w_2^*}{\partial \gamma} < 0$。即随着

大型零售商买方势力的增强，小型零售商的批发价格先上升后下降。命题4.2
得证。

（3）命题4.3的证明

首先来证明命题4.3的第（2）部分：

$$\frac{\partial p_1^*}{\partial \gamma} = \frac{(1-\delta)(2-\delta^2)h(\delta, \gamma)}{2\left[(2-\delta^2)\gamma^2 - 2(1+\delta)(4-4\delta+\delta^3)\gamma + 8-4\delta-7\delta^2+2\delta^3+\delta^4\right]^2}$$

其中，$h(\delta, \gamma) = J\gamma^2 + K\gamma + L$，$J = 4 + 8\delta - 4\delta^3 - \delta^4$，$E = 2\delta(\delta^3 + 3\delta^2 - 4\delta -$

8），$L = -\delta^4 - 2\delta^3 + 7\delta^2 + 4\delta - 8$。利用同样的方法可以证明 $\frac{\partial p_1^*}{\partial \gamma} < 0$。

同理可以证明存在临界值 $\tilde{\gamma} \in (0, 1)$，当 $0 < \gamma < \tilde{\gamma}$ 时，$\frac{\partial p_2^*}{\partial \gamma} > 0$；当 $\tilde{\gamma} < \gamma < 1$

时，$\dfrac{\partial p_2^{*}}{\partial \gamma} < 0$。

令 $\gamma = 0$，可以很容易证明具有买方势力情况下的零售价格高于没有买方势力时的零售价格，这一结果即是由横向价格效应导致的。再结合上述命题即可证明命题 4.3 的第（1）部分。

二、第六章命题证明

（1）命题 6.1 的证明

从表 6 - 1 可以看出，无论大型零售商是否具有买方势力，小型零售商的批发价格始终为 1/2。这里重点分析买方势力对大型零售商批发价格的影响。记零售商没有买方势力和零售商具有买方势力两种情况下，批发价格的差为 Δw_1。利用表 6 - 1 的均衡结果可以求得：

$$\Delta w_1 = \frac{(1-\delta)(2+\delta)}{4(2-\delta^2)} > 0$$

命题 6.1 得证。

（2）命题 6.2 的证明

$$\frac{d\Delta w_1}{d\delta} = -\frac{2+\delta^2}{4(2-\delta^2)^2} < 0$$

三、第七章命题证明

（1）命题 7.1 的证明

从表 7 - 1 中可以很容易发现，无论零售商是否具有买方势力，国外制造商的批发价格都不变，即买方势力对国外制造商的批发价格无影响。下面证明本土制造商批发价格变化。

记零售商没有买方势力和零售商具有买方势力两种情况下，本土制造商的批发价格差为 Δw_2，则通过表 7 - 1 计算可得：

$$\Delta w_2 = \frac{2-\alpha\beta}{4} - \frac{\beta^2}{4(2-\beta^2)} - \left[\frac{2-\alpha\beta}{8} - \frac{\beta^2}{8(2-\beta^2)}\right]$$

$$= \frac{1-\alpha\beta}{4(2-\beta^2)} + \frac{1-\beta^2}{4(2-\beta^2)} + \frac{\beta^2(\alpha-1)}{8(2-\beta^2)}$$

上式等号右侧的三项均大于 0，所以 $\Delta w_2 > 0$。命题 7.1 得证。

（2）命题 7.2 的证明

$$\frac{\partial \Delta w_2}{\partial \beta} = -\frac{4\alpha(1-\beta^2) + \alpha\beta^4 + 4\beta}{8(2-\beta^2)^2} < 0$$

（3）命题7.3 的证明

$$\frac{\partial \Delta w_2}{\partial \alpha} = \frac{\beta(\beta-2)}{8(2-\beta^2)} < 0$$

四、第九章命题证明

（1）命题9.1 的证明

从正文中的求解过程可知，在零售商具有买方势力的情况下，制造商最优创新水平为：

$$x^{H*} = \frac{(1-c)[2-(1-\delta)\gamma]}{(1-\delta)\gamma + 2k(1+\delta) - 2}$$

最优的创新水平对 γ 求导可得 $\dfrac{\partial x^{H*}}{\partial \gamma} = -\dfrac{2k(1-\delta)(1+\delta)(1-c)}{[(1-\delta)\gamma + 2k(1+\delta) - 2]^2} < 0$。命题9.1 得证。

（2）命题9.2 的证明

$$\frac{\partial x^{N*}}{\partial \delta} = -\frac{(1-c)k}{[(1+\delta)k-1]^2} < 0$$

$$\frac{\partial x^{H*}}{\partial \delta} = -\frac{4k(1-\gamma)(1-c)}{[(1-\delta)\gamma + 2k(1+\delta) - 2]^2} < 0$$

（3）命题9.3 的证明

$$\frac{\partial^2 x^{H*}}{\partial \gamma \partial \alpha} = \frac{4k(1-c)[2k(1+\delta) - (1-\delta)\gamma - 2\delta]}{[(1-\delta)\gamma + 2k(1+\delta) - 2]^3}$$，因为 $k > 1/(1+\delta)$，且 $\delta \in (0,1)$，所以 $2k(1+\delta) - (1-\delta)\gamma - 2\delta > (1-\delta)(2-\gamma) > 0$，$(1-\delta)\gamma + 2k(1+\delta) - 2 > (1-\delta)\gamma > 0$，从而可以证明 $\dfrac{\partial^2 x^{VSH*}}{\partial \gamma \partial \alpha} > 0$。

（4）命题9.4 的证明

由命题9.1 可知，随着抗衡势力 γ 的增大，上游企业的工艺创新强度降低，所以 $x^{H*} < x^{H*}\big|_{\gamma=0} = \dfrac{1-c}{(1+\delta)k-1} = x^{N*}$。

五、第十章命题证明

（1）命题10.1 的证明

$$\frac{\partial x_1^*}{\partial \gamma} = \frac{4\beta(4-3\beta^2)(2-\beta^2)^2[(6-5\beta^2)(1-c) - 2\beta(2-\beta^2)(\alpha-c)]}{[(15\beta^4 - 38\beta^2 + 24)\gamma - 28\beta^6 + 121\beta^4 - 170\beta^2 + 72]^2} > 0$$

$$\frac{\partial x_2^*}{\partial \gamma} = -\frac{4(4-3\beta^2)(6-7\beta^2)(2-\beta^2)^2[(6-5\beta^2)(1-c) - 2\beta(2-\beta^2)(\alpha-c)]}{[(15\beta^4 - 38\beta^2 + 24)\gamma - 28\beta^6 + 121\beta^4 - 170\beta^2 + 72]^2} < 0$$

（2）命题 10.2 的证明

$$\frac{\partial x_1^*}{\partial \alpha} = \frac{(2-\beta^2)\left[(4-3\beta^2)\gamma - 13\beta^2 + 4\beta^4 + 12\right]}{(15\beta^4 - 38\beta^2 + 24)\gamma - 28\beta^6 + 121\beta^4 - 170\beta^2 + 72} > 0$$

$$\frac{\partial x_2^*}{\partial \alpha} = -\frac{2\beta(2-\beta^2)(4-3\beta^2)(1-\gamma)(\alpha-c)}{(15\beta^4 - 38\beta^2 + 24)\gamma - 28\beta^6 + 121\beta^4 - 170\beta^2 + 72} < 0$$

（3）命题 10.3 的证明

$$\frac{\partial^2 x_1^*}{\partial \gamma \partial \alpha} = -\frac{8\beta^2(2-\beta^2)^3(4-3\beta^2)}{\left[(15\beta^4 - 38\beta^2 + 24)\gamma - 28\beta^6 + 121\beta^4 - 170\beta^2 + 72\right]^2} < 0$$

$$\frac{\partial^2 x_2^*}{\partial \gamma \partial \alpha} = \frac{8\beta(2-\beta^2)^3(4-3\beta^2)(6-7\beta^2)}{\left[(15\beta^4 - 38\beta^2 + 24)\gamma - 28\beta^6 + 121\beta^4 - 170\beta^2 + 72\right]^2} > 0$$

（4）命题 10.5 的稳健性检验

检验命题 10.5 的稳健性就相当于考察市场竞争程度 β 变化时，$\partial x_1^*/\partial \gamma$ 和 $\partial x_2^*/\partial \gamma$ 的变化趋势。从附图 1 中可以看出，随着 β 的增大，$\partial x_1^*/\partial \gamma$ 增大，且始终大于 0，即竞争程度 β 增强加强了买方势力对国外制造商创新的促进作用。

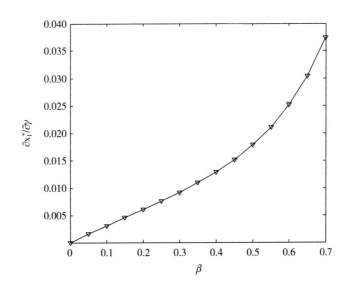

附图 1　β 对 $\partial x_1^*/\partial \gamma$ 的影响

同理，从附图 2 中可以看出，随着 β 的增大，$\partial x_2^*/\partial \gamma$ 增大，但是 $\partial x_2^*/\partial \gamma$ 始终小于 0，竞争程度 β 的增强减弱了买方势力对本土制造商创新的抑制作用。命题 10.5 具有稳健性。

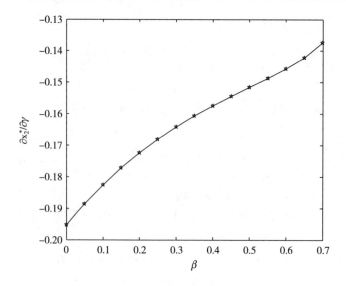

附图 2　β 对 $\partial x_2^* / \partial \gamma$ 的影响